17
2
18
10
12
16
14
7
13
4
3
15

Mosaik

Feel the force, don't force the feel!

Golfweisheit

Bernd H. Litti

Spielend GOLF *lernen*

Mosaik Verlag

Inhaltsverzeichnis

Vorwort

Durch Golf ihrem Leben eine entscheidende Wende zu geben – das gelingt immer mehr Menschen. Aber Anfänger müssen sich durchbeißen, um halbwegs mitspielen und -reden zu können. Sie fristen in den ersten Monaten ein eher bescheidenes Dasein auf dem trockenen Übungsplatz. Doch wer den Golfschläger nicht nur hin und wieder in die Hand nimmt, erhält rasch den Ritterschlag: die Platzerlaubnis. Und schon bald überfällt ihn auf der Runde unbändige Freude über den ersten geglückten Schlag.

Auf dem Golfkurs sind alle gleich. Spätberufene finden in der freien Natur wieder zu Vitalität und Enthusiasmus. Erfahrungsgemäß sind Menschen, die im reifen Alter anfangen, Golf zu spielen, die Verrücktesten. Denn durch Golf sind Spätberufene einfach fit und besser drauf als vorher. Wer die Erfahrung, daß er sich wohl fühlt, wenn er golft, nicht gemacht hat, dem ist der Sport schwer zu vermitteln. »No sports«-Typen haben oft schon nach der ersten Runde ein positives Körpergefühl. Vielleicht weckt Golf auch Urinstinkte? Golfer leben trotz Handicap gesund und sind glücklich unterwegs. Vorausgesetzt, sie schaffen es, mißratene Schläge sofort aus ihrem Bewußtsein auszublenden.

Golfen ist besser als jede Diät

Auf der kilometerlangen Runde verbrennen Golfer Kalorien. Im Turnier- und Zock-Streß schmelzen die Fettpolster. Die frische Luft stärkt Herz und Kreislauf. Spätberufene werden biologisch jünger, weil Sauerstoff für sie nicht limitiert ist. In einem Jahr hat sich der ganze Körper umgestaltet. Selbst Depressionen verschwinden nach lockeren und gelungenen Schwüngen. Der Griff zu den Schlägern kann sogar in Krisenzeiten Halt geben. Allein auf der Runde und im Dialog mit sich selbst werden auch Alltagsprobleme spielend bewältigt. Golfer behaupten gar, daß ein Spiel hellwach macht und das Gehirn aktiviert. Doch es gibt nicht nur eitel Sonnenschein! Auch beim Golf finden sich Charaktere unterschiedlicher Couleur unter Aspiranten und Arrivierten. Einige hasten mit Schweiß auf der Stirn, glasigen Augen und gefletschten Zähnen über den Kurs. Hetzen verbissen ihrem Schwung hinterher, dem Infarkt entgegen. Golf ist für sie kein spannendes Naturerlebnis, der Umgang mit Schläger und Ball Krieg. Ihre Schlachten schlagen ihnen aufs Gemüt und stürzen sie nach Niederlagen in triefendes Selbstmitleid. Solche verkniffenen Typen mögen Ihnen als Flight-Partner erspart bleiben – in diesem Buch haben sie keinen Platz.

Willkommen auf der weltweiten Runde

Um Lernen und Spielen gelassen anzugehen, kehren wir dem Alltag den Rücken, vergessen den Streß und wenden uns gezielt sonnigen Plätzen zu.

Natürlich weiß jeder, daß das Golfspiel seinen Ursprung an der rauhen Ostküste Schottlands hat, und natürlich möchte jeder einmal im Leben den berühmten Old Course von St. Andrews spielen, doch heute ist Globalisierung das Modewort. Computerfreaks surfen seit geraumer Zeit um die ganze Welt. Golfer haben die gute Mutter Erde schon um die Jahrhundertwende in den Griff bekommen. Nun rücken Newcomer und Cracks täglich näher zusammen. Jetten nach Asien, rüber nach Australien oder düsen direkt nach Amerika.

Die Golfkulissen sind eindrucksvoll. Jedes Kapitel beginnt mit einem spektakulären Foto. Als Journalist besuchte ich

Golfplätze rund um die Welt, und ich stelle Ihnen hier meine Favoriten vor – auf denen jeder spielen darf. Auf diesen Plätzen werden **wir** – einverstanden? – »Spielend Golf lernen«.

Lernschritte, Schlag für Schlag

Schritt für Schritt steigert eine Lernstation nach der anderen die Spielstärke von Einsteigern und Eingeweihten. Unser Motto: learning by doing. Jeder Bereich wird mit Illustrationen und Bildern gründlich und lebendig unter die Lupe genommen. Dabei stoßen wir unweigerlich auf Details, die ausschlaggebend sind für die Handhabung der Königsschläger auf dem Kurs, der Drive-Kanonen. Wir kommen über die langen, mittleren und kurzen Eisen zum gefühlvollen Pitchen, Chippen und Sandspiel. Danach geht es ums verflixte Putten und die schwierigen Schläge rund ums Grün. Je ein Kapitel klärt über kapitales Fehlverhalten im Schwung, verschiedene Schräglagen und schwierige Situationen im Rough auf, gibt Ratschläge, sich vernünftig zu befreien.

Alle reden übers Wetter, wir tun's auch. Vor allem über seinen Einfluß auf der Runde. Planvolles, strategisches Golfen und den komplizierten Bereich zwischen den Ohren behandeln wir umfassend. Auch das verpönte, aber weltweit heißgeliebte Wetten kommt auf den Tisch. Die Nacht vor dem Turnier, Spielplanerstellung und Grundkenntnisse der Etikette bilden das Finale unserer Golfreise. Und: Wem die Golfstunde schlägt, dem wird Nützliches über Pros, Unterricht, Erstausstattung etc. im »Nachschlag« geboten.

Konstruktive und praktische Trainings- und Equipment-Tips für schnelle Fortschritte in der Golflaufbahn sind wichtiger Bestandteil. Wir (ewigen) Golfschüler gehen bei den Lernschritten gründlich vor. Einfach, sachlich und hilfreich, ohne Dogmen und verführerische Tricks, damit Träume bald Wirklichkeit werden. Doch ehrlich: Bei aller Geduld, Gelassenheit und Fairneß – ohne langwieriges Üben und regelmäßiges Spielen kommt auch in diesem Sport keiner weiter.

Die Fachsimpeleien sind fett gedruckt und für Einsteiger in einer Randspalte erklärt. Im Glossar finden Sie nicht nur die volkstümlichen Golfausdrücke alphabetisch geordnet, sondern auch alle klassischen Fachbegriffe. Langjährige Spieler überfliegen diesen Service einfach. Mit genügend wertvollen Schwungtips und mentalen Informationen werden sie hinreichend entschädigt.

Schönes Spiel

Gute Laune vor, während und nach dem Spiel steht in meinem Buch im Vordergrund. Schlechte Schläge gehören natürlich zu meinem Erfahrungsschatz. Auch ich habe gelernt, Selbstbeherrschung im Kampf gegen die eigenen Unzulänglichkeiten zu bewahren. Schließlich liegt der Charme des Spiels in Ruhe und Demut – als ich das begriffen hatte, wurde mein Spiel immer besser. Heute bringt mich beim Golfen nichts mehr aus der Fassung, wo immer auf der Welt ich die Golfschläger auspacke. Meine langjährige Erfahrung, meine erworbene Gelassenheit und meine tiefe Freude am Golfen möchte ich allen Lesern dieses Buchs vermitteln. In diesem Sinne: viel Spaß!

Ihr

Bernd Litti

125
Wilson
100
Wilson

Aufwärmen
mit Schwung

Driving Range

Um gut in Schwung zu kommen, ist es wichtig, daß die Grundlagen – Griffhaltung, Stand, Ballposition und Tempo – stimmen!

◀ ***Hartl Golf Resort, Bad Griesbach.***
Auf dem Golfodrom, Europas größter Übungswiese, können ganzjährig bis zu 300 Golfer gleichzeitig abschlagen

▲ *Uttlau, einer von vier Meisterschaftsplätzen um Griesbach*

▲ *Clubhaus mit Indoor-Anlage, Pro-Shop und Fitting-Center*

Driving Range

Der Einstieg

Auf dem Übungsplatz bahnt sich in unserem Land jede Golflaufbahn an. In Schottland, der Wiege des Golfsports, und in anderen Commonwealth-Ländern suchen wir auf historischen oder modernen Plätzen oft vergeblich eine Driving Range. Hier ging und geht es gleich auf die Runde. Motto: learning by doing. Wahrlich ein langatmiger Weg zur Meisterschaft, aber von den zur Bequemlichkeit neigenden Golfaristokraten gern eingeschlagen, die schnellen Genuß mühevoller Transpiration vorzogen. Qualität kommt von quälen. Sagten sich jedenfalls strebsame Amerikaner und konzipieren seit rund einem halben Jahrhundert immer häufiger Golfanlagen mit weitläufig angelegten Übungsfeldern. Kein Wunder, daß in den letzten Jahrzehnten US-Spieler im Kampf gegen den Rest der Welt ihren letzten ***Putt*** schlagartig – oft zum Sieg – versenkten. Ein Blick in die Top ten der Weltranglisten, Frauen, Männer und Senioren, genügt.

Pros
Kurzform für Professionals, Golflehrer (Teaching-Pros) oder Berufsspieler (Playing- oder Tour-Pros)

Driver
Der längste Schläger in der Tasche. Er wird für weite Abschläge verwendet: Holz 1

Putt
Ein Schlag zum Loch auf dem Grün, einer auffällig kurz geschnittenen Rasenfläche. Das passiert mit einem besonderen Schläger, dem Putter

Platz der Verführung

Verantwortungsbewußte ***Pros*** meiden das Wort Driving Range. Ihre Zöglinge nehmen es zu wörtlich. Sie schlagen sofort leidenschaftlich mit dem ***Driver,*** einem sehr schwer zu beherrschenden Gerät, los. Gute Golfer zügeln sich, spielen erst mit halbem Schwung, bis Timing und Rhythmus stehen, ehe sie gegen Einschlagende ihren Driver aus der Tasche ziehen. Sehr sinnvoll! Practice-Area – zu deutsch Übungswiese, nicht Driver-Bolzplatz – wäre wohl für die Golfgelehrten die treffendere Bezeichnung. Auf das schnelle Glück, sich an einem satt getroffenen Power-Drive, einem außergewöhnlichen Treibschlag, zu berauschen, verzichten wir besser.

Warm-up und Stretching

Skeptisch blicken wir zur Seite. Was für ein ganz Genauer, denken wir im stillen. Mit sanfter Miene stimmt sich der »Wichtigtuer« vor seinem ersten Aufschwung ein: Der Streber hüpft und tritt, dehnt, streckt, reckt, dreht und schüttelt sich. Er sprüht vor Stretching-, Gymnastik- und Aufwärmlaune. Toll! Ja, ja, es ist sicher sinnvoll, sich vor dem Schlagen mit einem Trimm-dich-Kurzprogramm fit zu machen. Leider stehen wir aber unter Zeitdruck und atmen befreit auf, als wir hören, daß der Flieger für unsere gemeinsame Studienreise »Auf 18 Löchern um die Welt« bereits am Finger dockt.

▲ *Im* ***Discovery Bay Golf Club in Hongkong*** *ist die Übungswiese ein See: Bojen zeigen die Distanzen an. Vor Sonnenuntergang fischen Caddies alle schwimmenden Bälle heraus*

◀ *Überdachter Abschlagplatz mit Ball-Auftee-Automat in* ***Singapur***

Der Standardgriff

Wie die Hand zum Schläger greift, ist entscheidend für unser Vorwärtskommen. Welcher Griff der sicherste für unseren Schwung ist, entscheidet das Gefühl. Doch Vorsicht, die zu beherzigenden Grundelemente der zur Wahl gestellten Griffe haben eines gemeinsam: Sie fühlen sich anfangs fremd an. Auf keinen Fall in eine bequemere Griffhaltung rutschen, indem wir den Schläger mehr mit der Handfläche als mit den Fingern greifen. Der legendäre Golfgroßmeister Harry Vardon gab zur Jahrhundertwende dem Standardgriff, der für Hände und Handgelenke viel Bewegungsfreiheit erlaubt, seinen Namen. Jedoch soll vor ihm schon Johnny Laidlay, ein Amateur, diesen Griff erfunden haben.

Greifen wir nun mit links spannungsfrei zu, um endlich einen technisch korrekten und konstanten Griff kennenzulernen. Nehmen wir uns Zeit. Viel Zeit. Es lohnt sich. Der Schlägergriff liegt in der linken Hand an den vorderen zwei Gliedern des Zeigefingers und läuft dann auf demselben Niveau hinunter bis zum kleinen Finger. Diese Erklärung gilt für Rechtshänder, Linkshänder siehe Seite 14. Schließen wir jetzt den Handballen auf dem Schlägergriff, die linke Hand wird natürlich nach rechts gedreht. Der Daumen neigt sich etwas nach rechts von der Schaftmitte. Die Linke-Hand-V-Spalte, die sich zwischen Daumen und Zeigefinger bildet, zeigt zwischen rechtes Ohr und rechte Schulter. Hier stellen wir bereits die Weichen für den richtigen Radius unserer Schwungbahn. Die rechte Hand wird oberhalb der linken an den Schaft geführt. Der Daumen liegt auf der linken Seite des Griffs. Der rechte kleine Finger liegt in der Rille zwischen linkem Zeige- und Mittelfinger. Nun bildet sich zwischen Daumen und Zeigefinger die Rechte-Hand-V-Spalte, die zur rechten Schulter zeigen soll. Dieses V liegt optimal, wenn es sich parallel zur linken Hand befindet. Für die Schlägerkontrolle ist entscheidend, daß sich zwischen Daumengelenk und Zeigefinger während des gesamten Schwungs nie eine Lücke bildet. Übrigens: Ein ***starker Griff*** – die beiden Vs werden noch mehr nach rechts gedreht – ist immer besser, er beschert uns soliden Ballkontakt und mehr Weite. Einen ***schwachen Griff*** – die beiden Vs weisen über die Mitte (neutral) nach links zur Schulter – vermeiden wir grundsätzlich, denn der Ausdruck schwach paßt: Die Hände erschweren es, den Ball im Treffmoment mit der Schlagfläche ***square*** zu treffen. Der Standardgriff – kleiner rechter Finger füllt Rille zwischen Zeige- und Mittelfinger der linken Hand aus – heißt außer Vardon-Griff auch überlappender Griff (Overlapping-Grip) und genießt bei den meisten Golfern größtes Vertrauen.

Starker Griff
Die präzise Position der Hände ist ausschlaggebend für einen erfolgreichen Schlag. Beide Hände drehen am Schaft mehr nach rechts

Schwacher Griff
Dieser Griff verhindert einen einwandfreien Ballkontakt während des Schwungs. Die Hände drehen auf dem Schaft zu sehr nach links

Square
Fußspitzen und Schultern richten sich parallel zur Ziellinie aus. Die Schlagfläche steht im rechten Winkel zum Ball auf der Ziellinie

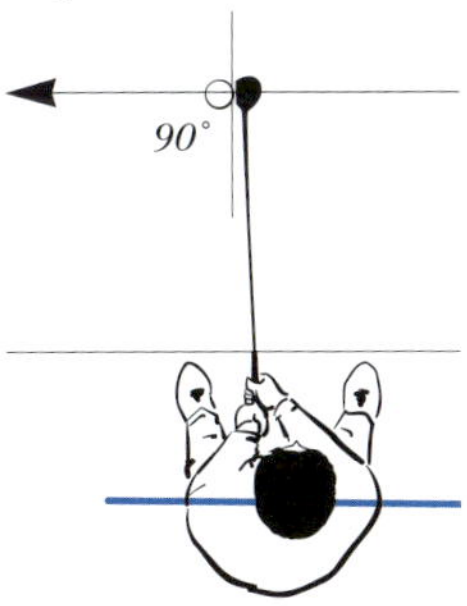

◄ *Die Vögel fliegen sicher am Rand, die Übungsbälle im Zeittakt kreuz und quer: Die Driving-Range-Gebühren errechnen sich im **Angel Park** von **Las Vegas** nach Minuten*

Der Griff zum Schläger

Die linke Hand faßt ▶ *den Schläger. Der Druck lastet auf den letzten drei Fingern*

1

Die rechte Hand ▶ *greift über die linke. Die kräftigen Muskeln des rechten Zeigefingers und Daumens bleiben entspannt. Das von Daumen und Zeigefinger gebildete V weist zwischen rechtes Ohr und rechte Schulter*

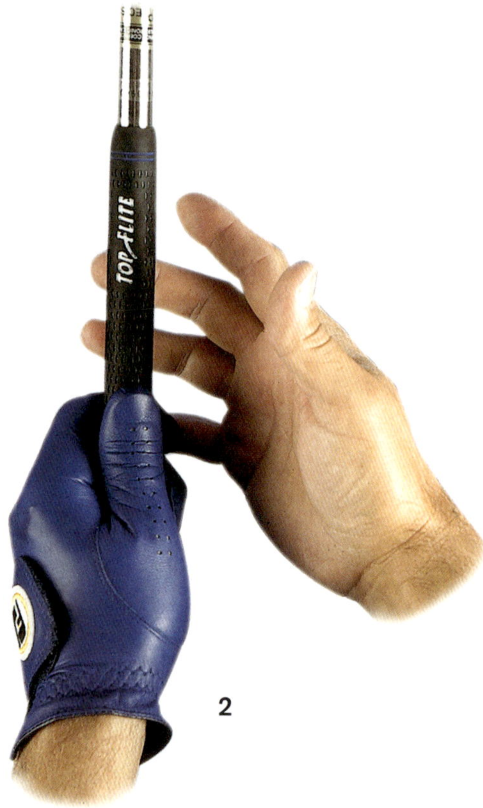

2

Die rechte ▶ *Hand liegt mit den Fingern und nicht mit der Handfläche auf dem Schlägergriff*

3

Der rechte Daumen ▶ *sitzt auf dem linken und bleibt an der linken Seite des Schlägerschafts. Beim Standardgriff rutscht der kleine Finger der rechten Hand über den linken Zeigefinger und kuschelt sich in die Vertiefung zwischen Zeigefinger und Mittelfinger*

4

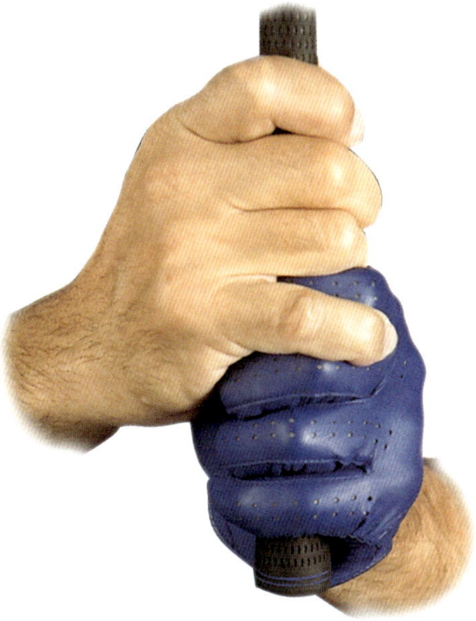

◀ ***Baseball-Griff***
Bei dieser Fassung liegen alle zehn Finger dicht nebeneinander auf dem Griff. Bis zum letzten Jahrhundertwechsel griffen Golfer so zum Schläger. Kinder mit kleinen Händen oder Golfer mit arthritischen Problemen favorisieren diese Griffhaltung

▲ ***Der Standardgriff***
Kleiner rechter Finger füllt Rille zwischen Zeige- und Mittelfinger der linken Hand aus, diese Handhaltung heißt außer Vardon-Griff auch überlappender Griff (Overlapping-Grip) und genießt bei den meisten Golfern größtes Vertrauen

◀ ***Interlocking-Grip***
Ähnlich dem Standardgriff, aber der linke Zeigefinger liegt über der rechten Hand. Spielerinnen und Spieler mit kleinen Händen greifen gern in dieser Version zum Schläger

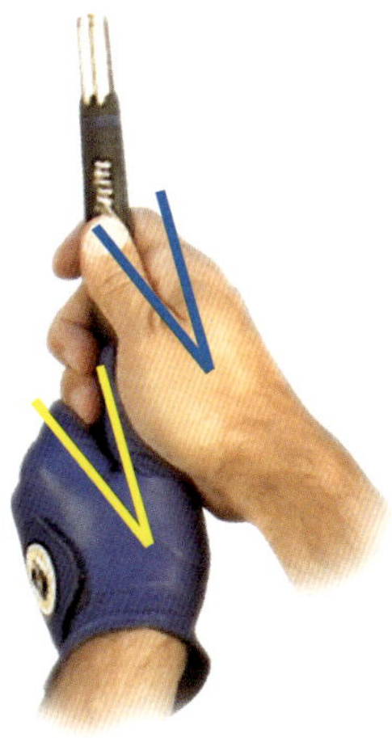

◀ *Das V-Prinzip gilt für alle drei Schlägergriffe. Ein V bildet sich jeweils durch das Zusammendrücken von Daumen und Zeigefingerwurzel. Wichtig ist, daß die beiden Vs wie siamesische Zwillinge parallel auf dem Schlägergriff liegen und zwischen rechtes Ohr und rechte Schulter zeigen*

▲ *Ein sanfter, gleichmäßiger Griffdruck während des gesamten Schwungs spielt eine entscheidende Rolle. Das Händchenhalten von Mann und Kleinkind demonstriert den richtigen Kraftaufwand. Faßt der Mann das Kind zu grob, schreit es. Faßt er es zu locker, fällt das Händchen hinunter*

So greifen wir richtig

Vom Druck der Hände auf den Schlägergriff hängt vieles ab: Gefühl und Flexibilität in Händen und Armen. Gelenke und Muskeln benötigen soviel Freiheit, daß wir das Schlägerkopfgewicht im Schwungverlauf spüren und kontrollieren können. Mindestens einen der folgenden Vergleiche müssen wir uns für alle Zeit einprägen. Das hilft uns auf dem Platz, unter Druck Probleme leichter anzugehen. Stellen wir uns vor, wir haben einen Spatz in der Hand: Drücken wir ihn zu fest, töten wir ihn, fassen wir ihn zu locker, fliegt er davon. Griffdruck »Händchenhalten« von Mann und Kleinkind: Faßt der Mann das Kind zu grob, schreit es, faßt er es zu locker, fällt das Händchen hinunter. Der **DIY**-Vergleich (**D**o **I**t **Y**ourself): Wer den Schläger mit der Hand so fest wie ein Schraubstock einspannt, verliert schnell das Gefühl für die genaue Fingerposition und somit auch die korrekte Griffhaltung. Ein sanfter Griff schwingt besser als ein fester. Die beste Griffhaltung »verschweißt« Schläger und Hände zu einer Einheit, bei der die Griffstärke, auch unter Anspannung, während des ganzen Schwungs gleichbleibt. Solide Grundlage für einen konstant wiederholbaren Schwung.

Golfhandschuh ja oder nein

Mit oder ohne Handschuh spielen, das entscheiden nur wir und kein verkaufstüchtiger Golflehrer respektive ein Verkäufer. Auf der Übungswiese wechselt für viele Spieler schlagartig die Stimmung vom Einsteigerglück zum Gang in die Folterkammer. Der Grund: quälende Blasen an den Händen. Sie bilden sich während des Schwungs, weil der Schlägergriff »verbotenerweise« von den Händen bewegt wird. Mitunter hilft schwächeren Spielern ein leichteres Sportgerät oder ein größer zu umfassender Griff. Einige Damen schützen sich vor noch mehr Blasen, indem sie ihren Schlägergriff mit Handschuhen – oft an beiden Händen – greifen. Zum Auftakt, bis naturgemäß etwas Hornhaut wächst, gar nicht so dumm, meine Herren. Ein Blick auf der Driving Range zu den Cracks verrät, daß nur wenige zugunsten eines direkteren Gefühls zum Griff auf einen Handschuh verzichten.

Linkshänder

Im Buch und auf dem Platz läuft für Linkshänder das ganze Spiel seitenverkehrt. Bitte nie versuchen, die Schlaghand zu wechseln! Das beste Gefühl, die beste Beweglichkeit in den Handgelenken, die höchste Schlägerkopfgeschwindigkeit und die sicherste Schlagflächenkontrolle entscheiden, auf welcher Seite wir schwingen. Sind wir sicher, daß wir links am besten zugreifen, sagen wir jedem, auch dem Pro: Finger weg.

Standvorbereitung

Flinke Hände checken gerade das Triebwerk. Schnelle Füße tragen köstlichen Proviant an Bord. Ein bulliger Kerosintankwagen rollt an. Uns fehlen noch Stand und der richtige Dreh für den Schwung. Die Piloten im Cockpit treffen routiniert letzte Vorbereitungen zum Start. Wir praktizieren routiniert unsere Standardvorbereitungen auf der Übungswiese: Stellen uns hinter den Ball, denken uns, wohin wir ihn fliegen, landen und ausrollen lassen. 30 bis 50 Zentimeter hinter dem Ball merken wir uns auf direkter Linie zum Ziel ein Zwischenziel. Das kann ein Grashalm sein, ein Holzsplitter oder eine Blume. Mit dem rechten Fuß bilden wir einen rechten Winkel zur Linie Ball, Zwischenziel und Ziel. Der linke Fuß steht zur Ziellinie hin etwas offen. Der Ball liegt immer zwischen linker Hälfte und Mitte unseres Stands. Wichtig für die Ballposition ist, mit welchem ***Eisen*** oder ***Holz*** wir gerade spielen. Die Distanz zum Ball ergibt sich aus der Schaftlänge des jeweiligen Schlägers. Um unseren Stand zielgenau zu positionieren, können wir uns mit Hilfe des Schlägerblatts, das wir square zum Ziel hinter dem Ball aufsetzen, ausrichten. Dann die Füße parallel zur Ball-Ziel-Linie stellen. Genauso Schultern und Hüften plazieren. Welche Routine wir wählen, hängt von unserem »guten Gefühl« ab. Haben wir uns für eine Stellung entschieden, halten wir sie pingelig vor jedem Schlag ein – auch hier auf der Driving Range. Vor dem ersten Schuß stehen wir bequem mit schulterbreit geöffneten Füßen. Uns ist bekannt, daß die Standbreite von Schläger zu Schläger variiert. Später gehen wir dazu ins Detail. Körperhaltung: Der Oberkörper ist vom Hüftgelenk aus gebeugt. Die Arme hängen frei herunter. Die Knie beugen sich etwa so, daß sie unterhalb der Schultern und oberhalb der Fußballen sind. Bei ebenem Gelände verteilt sich das Gewicht gleichmäßig auf beide Füße. Durch unseren Griff – die rechte Hand faßt den Schläger tiefer als die linke – erreichen wir Schulterschieflage. Wichtig ist auch, daß der Kopf nicht zu weit nach unten hängt und sich die Wirbelsäule gut ausbalanciert nach vorn krümmt. Fällt die Krümmung zu stark nach oben oder unten aus, blockieren wir eine runde Drehung des Oberkörpers. Fazit: Wer beim Schritt zum ***Set-up*** bereits verkrampft, stürzt im Schwung sicherlich ab!

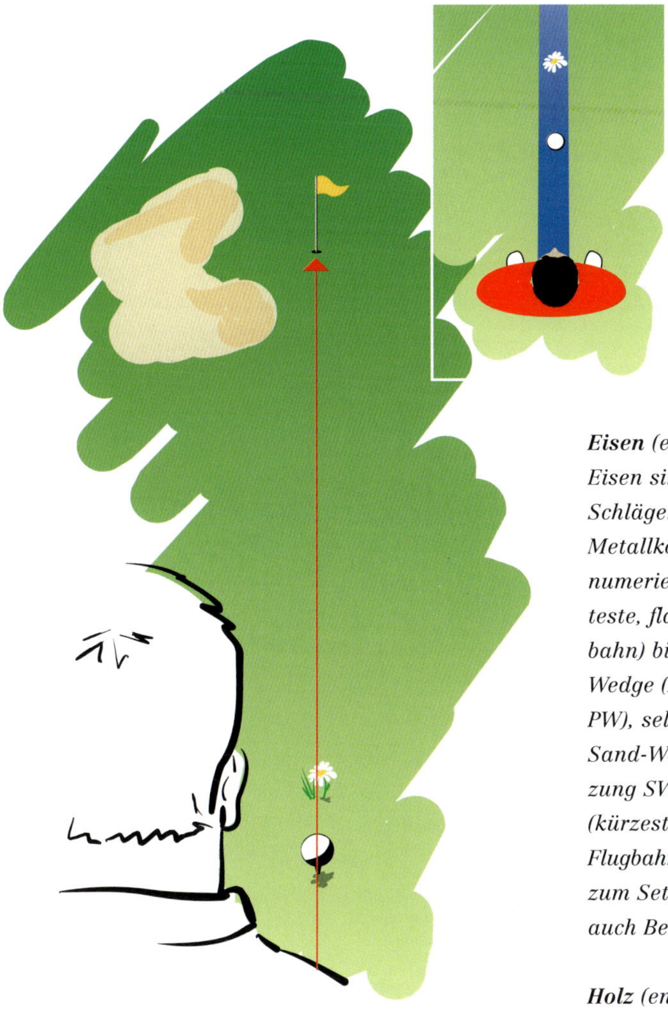

▲ *Wichtiger Bestandteil des Set-up ist, sich eine direkte Linie Ball-Zwischenziel-Ziel vorzustellen. Das Zwischenziel kann ein Grashalm, ein abgebrochenes Tee-Stück oder eine Blume sein*

Eisen *(englisch: Iron)*
Eisen sind alle Schläger mit kantigen Metallköpfen. Sie sind numeriert von 1 (weiteste, flachste Flugbahn) bis 9, Pitching-Wedge (Abkürzung PW), selten 10, und Sand-Wedge (Abkürzung SW), selten 11 (kürzeste und höchste Flugbahn) und gehören zum Set, mit Hölzern auch Besteck genannt

Holz *(englisch: Wood)*
Hölzer sind Schläger, die früher aus Holz gefertigt wurden – von 1 bis 5 für lange Distanzen. Hickory- und Persimmon-Holz sind inzwischen von Oversize-High-Tech-Köpfen aus Metall, Graphit, Karbon und Titanium verdrängt worden. Wer Hölzer den Eisen vorzieht, kann sie auch für kurze Reichweiten bis zu Holz 11 bekommen

Set-up
Die Standausrichtung eines Spielers zu Ziel und Ball, bevor er mit dem Schwung startet

Handicap
Auch Vorgabe genannt. Das Handicap errechnet sich aus allen Schlägen, die ein Spieler auf der Runde benötigte. Addieren wir alle Par-3-, Par-4- und Par-5-Löcher eines 18-Loch-Platzes, ergibt das normalerweise Par 72. Ein sehr guter Golfer, der 72 Schläge spielte, hat Handicap 0. Ein Spieler, der 90 Schläge benötigte, spielte die Runde mit 90 minus 72, schaffte also Handicap 18. Wer im Schnitt jedes Loch zwei Schläge über Par spielt, hat Handicap 36. Laut Statistik spielt der Durchschnitt Handicap 28

Auftreffwinkel
Ist der Ball durch den Schlägerkopf voll getroffen, war der Winkel im Treffmoment perfekt. Bei Hölzern fällt er flacher aus als bei Eisen (S. 65)

Aus-Ball
Schlägt ein Golfer seinen Ball ins Aus, im Golfchinesisch als out of bounds (auch OB) bezeichnet, muß er von derselben Stelle einen weiteren Ball nachspielen und erhält zusätzlich einen Strafschlag. Meist zeigen weiße Pfosten die Aus-Grenze an

Gedanken zum Schwung

Endlich ist Swing-Time, jedoch ein Tor ist, wer denkt, wir könnten hier auf die schnelle einen Schwung fürs Leben kennenlernen. Und wie ist das mit dem Glücksfaktor? Ganz einfach: Je mehr wir schwingen, um so mehr Glück wird uns beschert. Und die Gurus, die Meister, von denen Golfspieler Erleuchtung für ihren Schwung erwarten, werden kleinlaut, wenn es um den einzigen Weg zum perfekten Schwung für alle geht. Ein erfolgreicher Schwung kommt und geht. Nicht nur bei uns Gewöhnlichen, ja sogar die Golfgroßmeister, obwohl im täglichen Training, müssen trotz intensiver Zuwendung ihrer Gurus mit ständigen Berg- und Talfahrten leben.

Im Vergleich mit anderen Sportarten sieht das so aus: Steigt der beste Boxer in seiner Glanzzeit in den Ring, haut er alle Gegner um. Meldet sich die Nr. 1 im Tennis bei zehn Turnieren, steht sie, auch nichts Besonderes, achtmal im Finale. Dagegen gewinnt die Nr. 1 im Golf von zehn vielleicht zwei, mit viel Glück drei Turniere. Ein Phänomen, das wohl nur in dieser Sportart so prägnant auftritt. Ausschlaggebend: Der Schwung, Schlüssel zum Sieg, läuft von einer Sekunde zur anderen nicht mehr rund. Ein Grad mehr nach vorn gebeugt, schon verschiebt sich etwas im Augenblick der Wahrheit, dem Treffmoment. Ergebnis: Der Ball setzt sich ab – ins Aus. Kriegt der Boxer eine aufs Kinn, steckt er das bei guten Nehmerqualitäten weg wie der Tennisspieler Netzfehler beim Aufschlag. Ein ***Aus-Ball*** im Golf wiegt schwer. Er wirft den Leader im Kampf um den Cup chancenlos zurück. Denn es gibt beim Golf kein Fighten wie etwa bei Tennis oder Fußball. Reaktion, Schnelligkeit und das mühsame Antrainieren von Muskelbergen sind keine notwendige Schwungvoraussetzung. Beim Golfsport können sich Beginner bald mit Golfern verschiedener ***Handicaps*** messen. Das Alter spielt eine Nebenrolle.

Welche Gedanken hat ein Fußballspieler, wenn er einen Elfmeter schießt? Nur einen: den Ball reinhauen! Welche Gedanken hat ein langjähriger Golfer, wenn er abschlägt? Viele! Er denkt vorwiegend daran, wie er Fehlern ausweichen kann, statt hemmungslos durch den Ball zu schlagen. Das Geheimnis des Golfschwungs ist, daß es kein Geheimnis gibt. Wir kommen nicht umhin, uns mit Ballflug, ***Auftreffwinkel*** und Schlägerkopfgeschwindigkeit zu beschäftigen. Dabei gelangen wir zu der Einsicht, daß der Golfschwung mit zu den unnatürlichsten Bewegungen bei Ballsportarten zählt. Der disharmonische Ablauf hat nach jedem Durchschwung rund hundert Muskeln bewegt. Bei der Schlägerkopfgeschwindigkeit eines Amateurs von über 170 Stundenkilometern dauert der Ballkontakt weniger als einen Augenaufschlag.

Zuviel Respekt vor technischen Daten und grauer Theorie blockiert uns nur im Schwung. Schnell weg damit. Noch ein Blick über den Zaun, ins Profi-Lager. Solide Schwünge von guten Golfern haben eines gemeinsam. Sie sehen beileibe leicht, manchmal sogar langsam und locker aus. Kein Mensch ist imstande, genauso zu schwingen wie ein anderer. Selbst Golfgroßmeister, die regelmäßig mit über 220 Stundenkilometern Schlägerkopfgeschwindigkeit satt den Ball treffen, haben alle ihre Eigenheiten – vom Alter, in dem wir mit Golf starteten, von früheren Hobbys, vom Geschlecht sowie von physischen und psychischen Gegebenheiten ganz abgesehen. Deshalb vergessen wir nie: Jeder Schwung ist individuell. Trotz der persönlichen Art zu schwingen führt kein Weg daran vorbei, sich eine solide Technik für sichere Schläge anzueignen.

Die Schwung-typen

◄ *Ein voller, ausgewogener Schwung führt zu Schlaglänge und Genauigkeit*

Durchtrainiert, talentiert, beweglich

Der Pro-Typ schwingt schlicht und ergreifend beständig. Er nutzt im Schwung seine Körpermuskeln für den Schlägereinsatz. Kraftvoll und schnell, auch oben am Wendepunkt vor dem Ballkontakt (square) forciert er das Schwungtempo. Mit viel Bewegungsgefühl in Händen, Armen, Schultern, Hüften und Beinen gleichzeitig steht er im Treffmoment nahezu in derselben Position wie in der Ansprechstellung. Um größere Weite zu erzielen, holt er mehr Tempo aus sich raus, indem er den Unterkörper in Abstimmung mit Armen und Händen voll einsetzt.

Schlank, gelenkig, nicht so kräftig

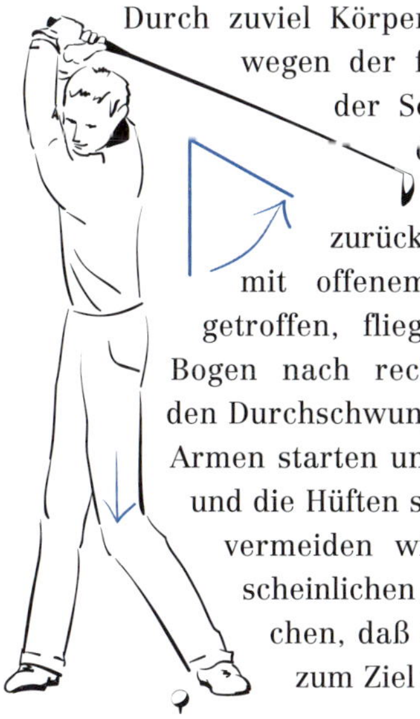

Gertenschlanke Golfer überschwingen gern. Sie winden sich weit über die parallele Schaftstellung zum Boden hinaus. Durch zuviel Körperdrehung bleibt wegen der fehlenden Kraft der Schlägerkopf auf dem Weg zum Treffmoment zurück. Der Ball wird mit offenem Schlägerblatt getroffen, fliegt im »wilden« Bogen nach rechts. Wenn wir den Durchschwung mehr mit den Armen starten und die Schultern und die Hüften später einsetzen, vermeiden wir einen wahrscheinlichen ***Slice*** und erreichen, daß der Ball gerade zum Ziel fliegt.

Korpulent, steif, kräftig

Kleine, dickleibige Spieler sind oft langsamer in ihren Bewegungen. Zuviel Kraft steht weniger Wendig- und Gelenkigkeit in der Bewegung gegenüber. Körperbedingt schaffen sie es nicht, sich ganz aufzudrehen. Der verkürzte Rückschwung verhindert, daß die Parallelstellung des Schafts zum Boden erreicht wird. Resultat: ein ***Hook,*** die Schlägerblattstellung ist geschlossen, zeigt also nach links vom Ziel, und die Bälle driften auch in diese Richtung.

Slice
Meist ein ungewollter Fehlschlag. Der Ball fliegt angeschnitten zunächst etwas nach links, dreht dann jedoch scharf nach rechts ab. Schuld ist eine offene Schlagfläche im Treffmoment

Hook
Meist ein ungewollter Fehlschlag. Der Ball fliegt angeschnitten zunächst etwas nach rechts, dreht dann jedoch scharf nach links ab. Schuld ist eine geschlossene Schlagfläche im Treffmoment

Der Standardschwung

Entspannte Körperhaltung, parallele Ausrichtung und konzentrierte Ballansprache sind die Grundlagen zum erfolgreichen Aufschwung ▶

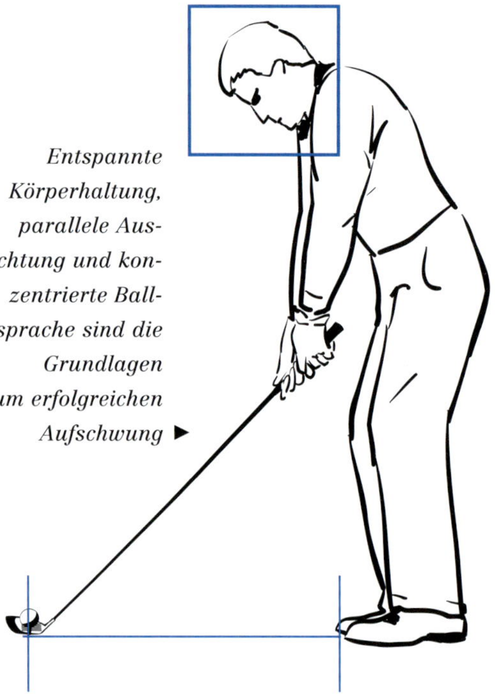

Die Wirbelsäule steht im gleichen Winkel wie beim Ansprechen. Kopf nicht aus dem Bereich des Rahmens heben, solange das Gewicht im Rückschwung überwiegend auf dem rechten Fuß liegt ▶

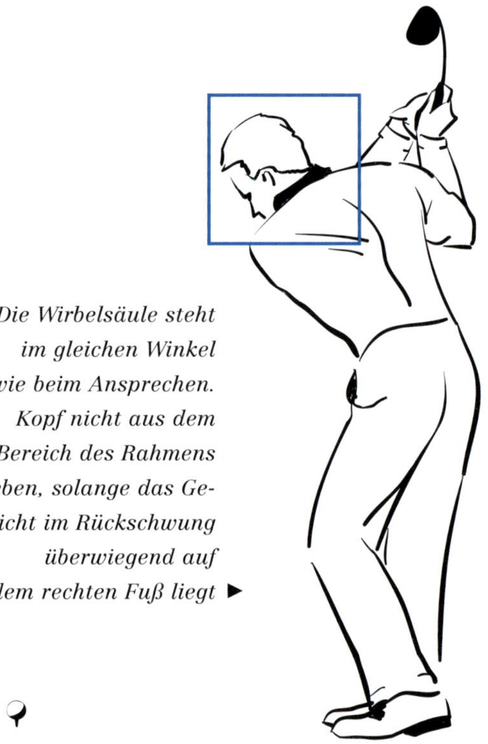

Rückschwung
Der Rückschwung, auch Aufschwung genannt, beginnt mit der Ausholbewegung des Schlägers vom Ball weg nach hinten bis zum Wendepunkt, bevor der Schläger zum Ball runter schwingt

Durchschwung
Der Durchschwung, oft irrtümlich Abschwung genannt, ist der Part beim Golfschwung, bei dem der Schläger sich zum Ball bewegt und nach dem Kontakt in die Endposition ausläuft

Gliedern wir unseren Standardschwung in zwei Bereiche: Rück- und Durchschwung. Im Schnelldurchlauf unsere bisherigen Schritte: Griff sitzt, Zielrichtung klar, Ausrichtung und Haltung stehen. Die Hände liegen ein wenig vor dem Ball. Ruhig bewegen wir den Schlägerkopf auf den ersten 25 bis 35 Zentimetern vom Ball, ohne die Handgelenke bewußt abzuwinkeln, nach innen von der Ziellinie. Die Arme sind entspannt und gestreckt. Bei der Drehung verlagert sich unser Körpergewicht etwas nach rechts, die Schultern drehen sich um 90 Grad zur Ball-Ziel-Linie. Befindet sich die linke Schulter unter dem Kinn, ist das ein zuverlässiges Indiz, daß eine vollständige Körperdrehung erfolgte. Somit haben die Hüften auch automatisch eine Drehung von 45 Grad ausgeführt. Das Gewicht verlagert sich in diesem Moment fast ganz vom linken auf den rechten Fuß. Nachdem wir den ***Rückschwung*** zu Ende geführt haben, beginnen wir – ohne Hektik – mit dem ***Durchschwung.*** Der Winkel der Wirbelsäule darf sich nicht verändern. Auch dann nicht, wenn der Schlägerkopf zum Ball fliegt. Wichtig: nach Ballkontakt den Schwung weiter voll durchziehen. Hände und Arme schwingen locker und ohne Verkrampfung am Körper vorbei in einen ausbalancierten Schwungauslauf. Dabei rollt der rechte Fuß auf die Spitze und zeigt die gesamte Sohle. Das Gewicht liegt auf der linken Fußaußenseite und Ferse. In der Endposition steht der Spieler mit der Brust zum Ziel. Eine Tatsache, die alle guten Schwünge gemeinsam zeigen. Ein Zeichen, daß der Schlägerkopf von der Innenseite her zum Ball geschwungen wurde. Der Schläger liegt je nach Ausmaß der Schwungkraft locker in der Hand hinter dem Kopf. Beim Einschlagen mit dem

Das rechte Bein baut eine Art Federspannung als Anker auf. Wir setzen alle Energie im Durchschwung voll ein. Dabei stabilisiert sich das linke Bein am Boden. Das rechte Knie bewegt sich gerade vorwärts, Hüfte und Schulter spulen nach links. Der Schlägerkopf hat den Balltreffmoment schon hinter sich ▶

Das Gewicht liegt überwiegend auf der linken Seite. Ausbalanciert stehen wir im Schwungauslauf, und die Brust zeigt zum Ziel ▶

Driver liegt der Schläger fast hinten am Rücken und beim Eisen etwas schräg zum Boden. Das ist bei jedem Spieler unterschiedlich.

Der ureigene Schwung

Wer den Ball ins Ziel spielte, hat mit seinem Schwung recht – egal ob mit Schlenker oder ohne. Ein wiederholbarer Schwung, der den Ball regelmäßig trifft und von Punkt A nach B befördert, ist der goldene Schlüssel zu großem Golf. Den idealen Schwung drückt uns keiner auf, den gibt es nicht. Wer zweifelt, überzeugt sich bei der nächsten Golfübertragung im Fernsehen, dort sehen wir laufend, wie verschiedenartig die besten Golfer ihren Schwung durchziehen. Keiner gleicht dem anderen. Lassen Sie sich deshalb nicht von Ihrem Pro oder Ihrem besser spielenden Freund verleiten, irgendeinem Vorbild nachzueifern. Der Golfschwung ist so individuell wie ein Fingerabdruck. Jeder entwickelt für sich – nach Alter, Beweglichkeit, Talent und Körperstruktur – seine Art des Schwingens. Im Lauf der Zeit, keiner wird verschont, werden wir allerdings Veränderungen durchleben. Dann heißt es, gerüstet zu sein und sich anzupassen. Es ist nicht wichtig, ob wir schnell oder langsam schwingen, nur eines zählt: immer im Rhythmus bleiben. Die Balance im Schwung sowie die synchrone Aktion von Armen und Körper haben ihre Mucken. Bis zur Perfektion wird es noch dauern, aber das wird uns nicht den Schritt ins Golfglück verleiden. Schließlich spielen Millionen von Menschen Golf. Darunter sind Langweiler, Zicken und sonstige Antitypen. Wenn die das schafften, wird es uns auch gelingen.

Jeder Golfer hat zwei Schwünge: einen wunderschönen Probeschwung – und einen, mit dem versucht wird, den Ball in Bewegung zu setzen

Ed Furgol, Golf-Pro

Hartl Golf Resort, Golfodrom, Holzhäuser 8, Bad Griesbach, Deutschland

1. Loch – Hölzer

Tee-Time mit Königs-schläger

Abschläge bis zum Horizont – der Traum aller Golfer. Vom Driver, dem König unter den Schlägern, geht eine unwiderstehliche Faszination aus. Wohl dem, der seine Hölzer beherrscht

◄ ***Lucaya Golf Club, Freeport, Grand Bahama.*** *Abschlag wie aus dem botanischen Garten auf dem Eiland im westlichen Atlantik*

▲ *Clubhaus des Lucaya Golf Clubs*

▲ *Training bis zur Sperrstunde*

Tee-Time mit Königsschläger

Tee-Time
Abschlagzeit: Uhrzeit, zu der die Spieler am 1. Abschlag beginnen

Vom Driver bis zum kurzen Holz

Big Stick
Der Driver, das Holz 1, ist in der Regel mit 43 bis 50 Inch (ein Inch = 2,54 Zentimeter) der längste Stock (Schlägerschaft) mit dem geringsten Neigungswinkel der Schlagfläche

Bag
Golftasche, in der alle Schläger und das Equipment für die Runde aufbewahrt werden

Trainingsbesessene und Kurzspielspezialisten stehen bei großen Turnieren im Abseits. Zuschauer bestaunen lieber Gorillas: Kompromißlose Schlägertypen mit gebügelten Hosen und grandiosen Weiten gehören bei Wettkämpfen immer zu den Populärsten.

Es ist nicht allein eine Frage des Temperaments und der Risikobereitschaft, in jeder Spielklasse nützen kühne, aber präzise Drives. Vom Start bis zum Ziel verbessern kräftige, kontrollierte Treibschläge deutlich unsere Chancen auf ein glänzendes Ergebnis. Zwei **P**s sind beim Spiel mit dem Driver der Schlüssel zu großem Golf! Stimmen die **p**hysikalischen und **p**sychologischen Schwungvoraussetzungen, ist der Weg zu mehr Weite frei. Entscheidende Voraussetzungen, um endlos scheinende Spielbahnen mit wenigen Schlägen zu bezwingen. Lang, länger, am längsten. Unter diesem Motto ziehen Amerikaner seit Jahrzehnten spektakuläre ***Longest Drive Championships*** auf, mit Übertragung im Fernsehen und überwältigender Zuschauerbeteiligung. 1995 begann auch in Deutschland die Weitenjagd für die Offene Deutsche Longest Drive Championship. Alte Golfhasen reden die Faszination von langen Drives runter, zitieren: »Drive for show and putt for dough« (Drives sind Schau für die Massen, nur bei Putts klingeln die Kassen) und »It's not the drive, it's how you arrive« (Nicht der Treibschlag bringt's, wichtig ist, wo der Ball landet). Erfahrene Golfer kennen die Gefahren mit ihrem ***Big Stick*** im Bag. Sie wissen: Nicht das Wie, sondern das Wie viele zählt. Den Driver stur nach dem Zufallsprinzip »no risk, no fun« aus der Tasche zu ziehen und ständig den Ball ins Aus zu bugsieren läßt auf eine falsche Geisteshaltung schließen. Ball weg, »nachladen«, Strafschlag. Passiert das mehrmals, ist die Runde schnell im Eimer. Der süffisante Pro-Spruch trifft dann ins Schwarze: »Bei Amateuren liegt der Bleistift als bestes Holz im ***Bag.***«

Longest Drive Championships
Meisterschaften, bei denen alle Teilnehmer von einem Abschlag mit vorher festgelegter Anzahl von Versuchen den Ball soweit wie möglich in eine eingegrenzte Landefläche schlagen

Grundsätzlich: Der Begriff »schlagen« ist im Golf negativ belegt. Mit Gewalt geht gar nichts! Wer denkt, daß der Schläger mit brutalem Körpereinsatz die Kugel weit katapultiert, irrt. Je lauter der Luftschwall, das Geräusch des Drivers über dem Boden, wird, desto explosiver und kraftvoller zischte der Schlägerkopf durch den Ball. Rhythmus, Timing und Balance müssen fein aufeinander abgestimmt sein, um Schlag auf Schlag gut zu spielen. Wildes Draufdreschen bestraft der komplizierte Schwungablauf sofort mit vernichtender Ballstreuung. Bei aller sorglosen Kühnheit gibt es in der Drive-Weite für jeden von uns physische Grenzen. Damit brauchen sich Anfänger zu Beginn ihrer Laufbahn noch nicht herumzuschlagen. Einsteiger sind gut beraten, zuerst kurze Schläge zu lernen und zu üben. Erst wenn der gesamte Schwung funktioniert, sollten sie es mit der Länge genauer nehmen.

Aufteen zum Drive

Wir landen komfortabel und pünktlich. Notwendige Hürden und Gänge werden rasant passiert. Schnurstracks geht's zum Startschuß. Unsere Vorfahren hatten es einfacher. Am Abschlag kruschte keiner, so wie wir, hektisch in den Taschen nach ***Tees.*** Bis zu den goldenen zwanziger Jahren legten Golfer am Abschlag ihren Ball auf kleine, zusammengekratzte Sandhäufchen. Den sanften Händen von Zahnarzt William Lowell aus New Jersey tat das auf Dauer weh. Winzige Hautrisse quälten ihn stets nach dem Sandhügelformen. So kam ihm der schmerzbefreiende Einfall. Zu Hause zersägte er eine kleine Amerika-Flagge. Die Enden der kleinen Fahnenstange spitzte er an und kerbte Ballauflagen ein. Das erste Tee war entstanden. Seitdem bewegt Spieler weltweit die Frage: Wie tief drücke ich mein Holzstück in den Boden?

Tee
Kleiner Holz- oder Plastikstift, auf den der Ball beim Abschlag gesetzt wird. Tee heißt auch der Bereich, auf dem der Abschlag erfolgt

---

Tee-Standardhöhe

Mit dem Ball in der Hand drücken wir das angespitzte Holzstück so weit in den Boden, bis der aufgesetzte Schlägerkopf den Ball zur Hälfte verdeckt. Beim Ansprechen des Balls mit dem Schlägerkopf favorisieren Profis den schwebenden Start. Das erfordert allerhand Übung. Viele Amateure neigen dazu, den Schläger lieber auf den Rasen aufzusetzen. Das jedoch birgt Gefahren. Gegen Ende der Runde suchen geschwächte Golfer Halt, stützen sich auf ihr Schlaggerät, verlieren die Balance und somit die Schwungkontrolle. Übrigens: Im Gegensatz zum Eisenschlag, bei dem der Ball kurz an den Boden gepreßt wird, bevor er in die Luft schießt, ist es beim Drive ausschlaggebend, daß es zu einer aufsteigenden, fegenden Schwungbewegung zum Tee kommt. Eine Schlagvariante, die keine Berührung mit dem Rasen duldet.

Hoch aufgeteet

Der Ball liegt in relativ großer Höhe auf dem Tee. Dabei trifft der Schlägerkopf den Ball in aufsteigendem Winkel. Wissenschaftlich gesehen, verursacht diese Position viel Flugweite und weniger Rückwärtsdrall, was grundsätzlich mehr Ausrollänge bewirkt. Achtung, ohne Training passiert es schnell, daß der Ball unterschlagen steil in die Wolken fliegt. Ein vom Spieler knapp in den Boden gedrücktes Tee verursacht außerdem geringeren Widerstand und fördert eine Flugbahn nach links.

Niedrig aufgeteet

Steckt das Tee tief im Boden, fliegen die Drives in der Regel geradeaus, bleiben aber kürzer. Hier riskieren wir freilich, den ***Ball fett*** zu ***treffen.*** Tief eingedrückte Holzstifte bieten im Treffmoment mehr Widerstand und unterstützen damit eine Flugbahn, die zunächst nach links startet und dann in eine leichte Rechtskurve übergeht.

Ball fett treffen
Der Schlägerkopf trifft erst den Boden, dann den Ball. Resultat: Der Schlag fällt erheblich kürzer aus

Schaftflex
Schaftflexibilität. Es gibt fünf übliche Flex-Stärken:
L (Ladies) = Damen
A (Average) = Senioren
R (Regular) = Herren medium
S (Stiff) oder F (Firm) = Herren steif
XS (Extra Stiff) = Herren extra steif

Loft
Neigungswinkel der Schlagfläche in Grad. Er ist ausschlaggebend, wie hoch und weit ein Ball fliegt und mit wieviel Rückwärtsdrall er aufkommt

Waggle
Kurze Pendelbewegungen des Schlägerkopfs vor dem eigentlichen Schwung

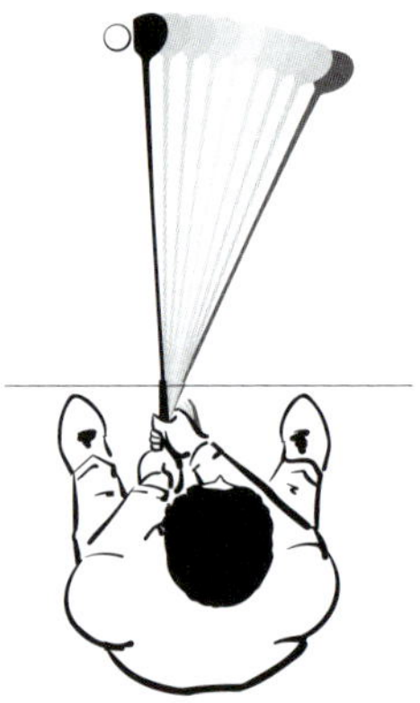

Erfolgreich abschlagen

Zum Herausfinden der besten Tee-Lage eignet sich der Abschlag nicht. Die Neugier auf den persönlich optimalen Auftreffwinkel zum Tee stillen wir besser auf der Übungswiese. Dort lassen wir unserer Entdeckerlust freien Lauf, testen, wie bei uns tief oder hoch aufgeteete Bälle gerade und weit fliegen. Experimentieren mit der Ballposition, legen die Kugel mal etwas mehr nach links oder rechts. Treffen wir dadurch den Ball in ansteigender oder abfallender Weise? Wir probieren auch, mit welchem ***Schaftflex*** und mit wieviel ***Loft*** wir am erfolgreichsten abschlagen. Der Flug des Balls verrät uns ständig und unbestechlich, wo's langgeht. Dabei dürfen wir nicht gleich stehenbleiben, falls wir meinen, uns an einem Punkt wohl zu fühlen. Es dauert seine Zeit, den richtigen Dreh zu finden. Und noch etwas: Wir spielen nur Holz-Tees. Der Umwelt zuliebe benutzen wir keine Plastik-Tees, denn sie verrotten nicht, und die Messer der Mähmaschinen reagieren darauf allergisch.

Feuer frei

Genug der Worte, Taten wollen wir sehen. Doch bevor's losgeht, halten wir uns in bewährter Manier an unsere Schlagroutine. Kein Spieler, der Golf ernsthaft betreibt, verzichtet auf diese grundlegende Gewohnheit vor dem Abschuß. Zur Set-up-Routine zählt auch, wie wir zum Rückschwung ansetzen. Einige ziehen den Schlägerkopf abrupt vom Ball weg und schlagen erfolgreich zu. Um nicht verkrampft loszuschwingen, hilft es manchen, den Schlägerkopf vor Schwungbeginn leicht vom Boden zu heben. Eine Reihe von Golfern pendelt vor Startbeginn ein paarmal gleichmäßig hinter den Ball. Dieses Wackeln, 30 bis 40 Zentimeter über dem Boden, in der Golfgeheimsprache heißt es ***Waggle,*** ist eine schwungeinleitende Hin- und Herbewegung des Driver-Kopfs vom und hin zum Ball. Sinnvoll für Spieler, die sonst steif starten. Das Waggeln passiert vorwiegend aus den Handgelenken auf der vorgesehenen Schwungbahn. Erfahrene Spieler setzen für die Generalprobe des Schwungs gleich die Arme ein – ohne die Handgelenke abzuwinkeln. Wie oft wir vor dem Auftakt waggeln, welche Variante uns überhaupt liegt, entscheiden wir individuell.

▲ *Schlägerkopf geht beim Rückschwung vom Boden weg. Eine abrupte Schlageinleitung, die gute Spieler selten nutzen*

▲ *Schlägerkopf ist vor Schwungbeginn leicht vom Boden gehoben. Befürworter dieser Methode spüren einen flüssigeren Übergang*

Ballposition

Als Standard bezeichnen wir die Lage des Balls, wenn wir parallel zum Ziel stehen. Der Ball liegt im rechten Winkel von uns auf der Linie zur linken Ferse. Die Ballposition ist physikalisch entscheidend, um einen positiven Auftreffwinkel zu erreichen. Berühren wir den Ball mit dem Schlägerblatt am tiefsten Punkt des Schwungbogens, führt das zu einer maximalen Länge. Erfolgt der Ballkontakt im Abwärtsschwung, verlieren wir Weite. Bei falscher Plazierung verleiten die Schultern die Schwungbahn des Schlägerkopfs automatisch zum fehlerhaften Schlag. Liegt der Ball zu weit links, so führt das dazu, daß wir von außen nach innen schwingen. Resultat: ***Pull*** oder Slice. Ein solider Ballkontakt wird verhindert, weil der Schlägerkopf den Ball in einem zu steilen Winkel trifft. Liegt der Ball mehr rechts von der Mitte, stehen unsere zugedrehten Schultern zu einer Schwungbahn von innen nach außen. Der Ball kann als ***Push*** oder Hook nach beiden Seiten wegzischen.

Fußabstand

Die Distanz zwischen den Füßen ist schulterbreit. Dadurch erhalten die Hüften optimale Bewegungsfreiheit, und wir können insgesamt eine größere Drehung durchführen. Eine zu breite Fußstellung blockiert eine flüssige Körperbewegung und kostet unnötig Kraft. Von einer Pinguin-Stellung sollten wir Abstand nehmen. Bei ihr stehen beide Füße zur Ziellinie in einem Winkel von 45 Grad nach außen. Besser: Der rechte Fuß steht im rechten Winkel zur Ziellinie, und der linke Fuß bleibt leicht geöffnet. Das ist die Standardfußstellung für alle Schwünge.

Push
Mißglückter Schlag, dessen gerade Flugbahn weit rechts vom Ziel startet und endet. Entsteht durch die Schwungbahn von innen nach außen, dabei ist die Schlagfläche square zur Schlagrichtung

Pull
Mißglückter Schlag, dessen gerade Flugbahn weit links vom Ziel startet und endet. Entsteht durch die Schwungbahn von außen nach innen, obwohl die Schlagfläche square zur Schwungrichtung steht

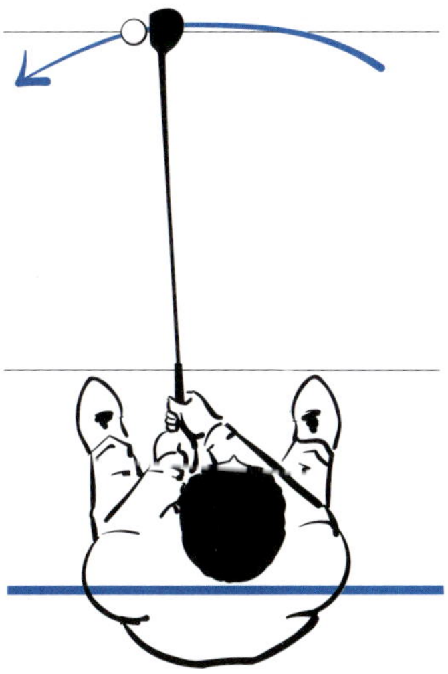

▲ ***Square ausgerichtete Schultern***
Bei der Ballansprache stellen wir Füße, Hüften und Schultern parallel zur Ziellinie, um einwandfrei zu schwingen. Das Schlägerblatt steht square zum Ziel

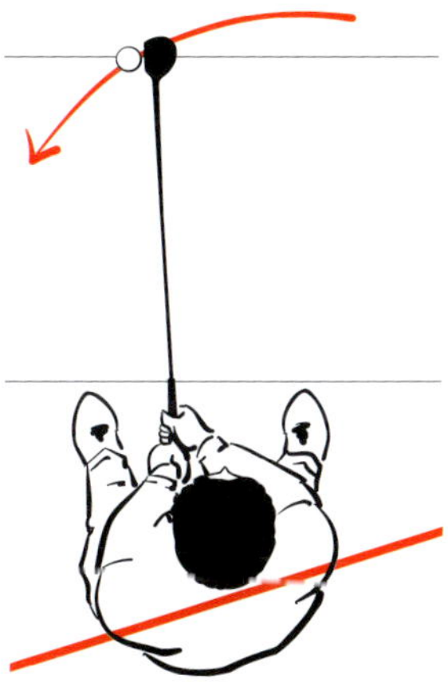

▲ ***Offene Schultern***
Weil sie seitlich zum Ball stehen, neigen viele unbewußt dazu, die Schultern zum Ziel offen auszurichten. Die Schwungbahn verläuft von außen nach innen, was unweigerlich zu einem Pull führt

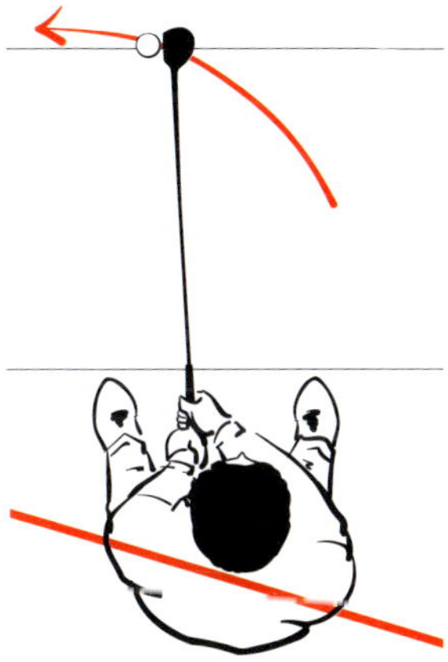

▲ ***Geschlossene Schultern***
Sind die Schultern zur Ziellinie geschlossen, gleichen wir gern im Schwung den falschen Stand aus, indem wir von innen nach außen schwingen, was überwiegend einen Push zur Folge hat

Ballansprache
Wenn die Standposition eingenommen und der Schläger aufgesetzt ist, spricht der Golfer von Ball ansprechen

Die Ballansprache

Die Knie beugen sich leicht, das Schlägerblatt steht im rechten Winkel zur Ziellinie. Der Körper biegt sich aus der Taille nach vorn. Der Kopf wird angehoben. So schaffen wir Platz für eine runde 90-Grad-Schulterdrehung. Hilfreich ist es, vor dem Schwung den Blick mit dem linken Auge auf die rechte Ballseite zu richten. Dadurch bleibt der Kopf während des Schwungs hinter dem Ball. So gewinnen wir auch Rhythmus, Tempo und Balance.

Zum ruhigen Start bewegen wir uns mit dem Schlägerkopf etwa 30 bis 40 Zentimeter flach am Boden vom Ball weg, ohne die Handgelenke abzuwinkeln. Durch Hüft- und Schulterdrehung bauen wir im Rückschwung Spannung auf, um den benötigten Power-Drive zu erzeugen. Der Unterkörper bleibt passiv, das rechte Knie ist noch gebeugt und stabil. So liegt der größte Teil des Gewichts am Ende des Rückschwungs auf der rechten Fußseite. Mit der aufgebauten Spannung vom Rückschwung ziehen wir unseren Schwung durch. Katapultieren den Schlägerkopf nicht zum, sondern durch den Ball und achten auf einen weiten, flüssigen Schwungauslauf. Um maximale Schlägerkopfgeschwindigkeit in der Treffzone aufzubauen, denken wir an einen 100-Meter-Sprinter. Der bremst nie vor dem Ziel ab, sondern rennt mit aller Kraft durchs Ziel. Genau das müssen wir im Schwung ebenfalls tun. Wir lassen die Hände laufen und drehen unsere Schultern um 90 Grad. Dabei verlagern wir das Gewicht wieder nach links. Bleibt das Gewicht nach dem Durchschwung rechts, fallen die Schläge saft- und kraftlos aus. Heben oder senken wir den Kopf, ***toppen*** wir automatisch den Ball. Wichtig: Den Kopf im Rückschwung sowie im Treffmoment und zum Teil im Durchschwung auf gleicher Höhe halten. Wir achten die ganze Zeit auf einen weiten Schwungauslauf, der

Toppen
Geköpfter, auch dünner (thin) Schlag genannt, weil der Schlägerkopf mit der Unterkante auf die obere (top) Hälfte des Balls trifft. Dadurch niedrigere Flugbahn als normal

So wird der Ball richtig angesprochen: *Knie vorbeugen und das Gesäß nach hinten herausstrecken. Das Gewicht lagert auf dem vorderen Fußballen, um die Kraft der Balance zu spüren* ▶

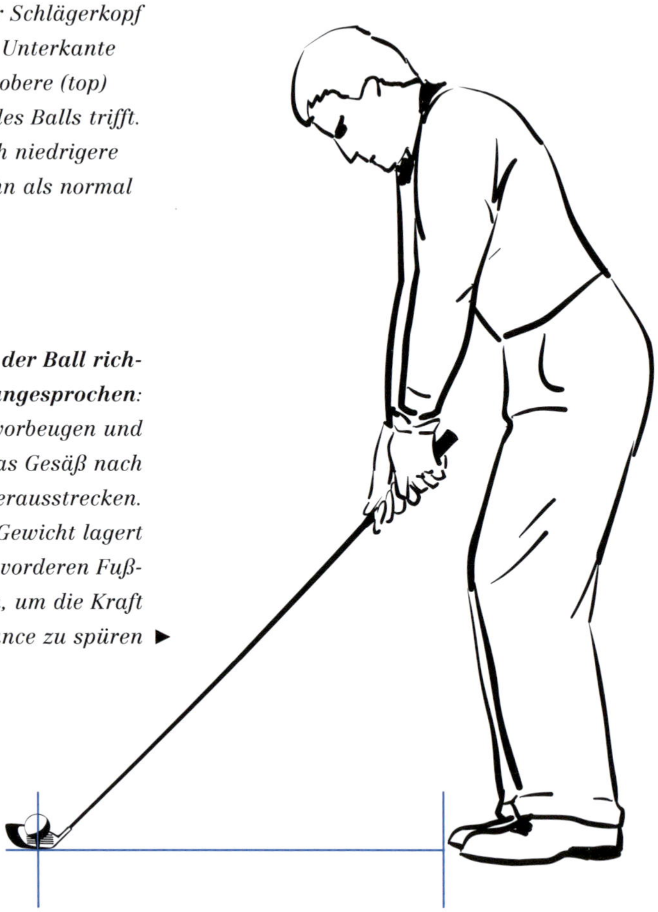

Wenn zu weit weg vom Ball gestanden wird, *kostet die gebückte Haltung Schlagkraft, und vor dem Ball wird höchstwahrscheinlich der Boden getroffen* ▶

über und hinter der linken Schulter seine Endposition erreicht. Hier verharren wir wieder aufgerichtet, und unsere Brust zeigt zum Ziel. Der Drive zählt wie ein zweiter Aufschlag im Tennis. Es ist wichtig, den ca. 46 Gramm schweren Ball gut ins Spiel zu bringen. Landen während einer Runde nicht mindestens die Hälfte unserer Drives auf dem Fairway, bedeutet das, auf Holz 3 oder 5 umsteigen. Die zusätzliche Neigung der Schlagflächen verursacht weniger gefährlichen seitlichen Effet. So wird die Wahrscheinlichkeit geringer, daß wir ins Aus knallen. Übrigens: Alle Abschläge vom und mit Tee durch ein kürzeres Holz 3 oder 5 basieren auf den gleichen Grundlagen wie die mit dem Driver.

Weite durch Körpergröße?

Goliath-Erscheinung: Rohe Kräfte und Turbotempo führen noch lange nicht zu erfolgreichen Drives. Nur die Schlägerkopfgeschwindigkeit erzielt weite Distanzen. Doch die allein reicht kaum, wenn der Ball nicht präzise vom Schlägerblatt wegschießt. Auch kleine Menschen sind in der Lage, extreme Weiten zu erzielen. Ihre Power-Drives schaffen sie mit einer soliden Standposition, der Haltung, dem höheren Aufteen und etwas längeren Schlägern. Die dicken Dinger, Driver mit übergroßen Schlägerköpfen, sind fast immer einen Zoll länger als übliche Schläger mit Schäften von 43 Zoll (109,22 cm). Tourspieler mit kleiner Statur schwingen oft übergroße Schlägerköpfe bis zu einer Schaftlänge von 48 Zoll (121,92 cm). Der längere Schaft zwingt durch seinen größeren Bogen im Schwung zu mehr Drehung. Doch Vorsicht, die praktische Erfahrung lehrt: Je weiter wir vom Ball stehen, um so mehr bleiben Präzision und Sicherheit auf der Strecke. Das längere Hebelsystem fordert ***perfektes Timing*** und Balance im Schlag. Lange Schäfte zwingen zu einer flachen Schwungebene. Beim Wechsel zum Eisen bringt das Probleme, weil dann steiler, also weniger um den Körper herum geschwungen wird.

Perfektes Timing
Aufeinander abgestimmte Bewegungen der verschiedenen Körperteile, die rhythmisch im Einklang sind, so daß der Ball mit Schlaggenauigkeit getroffen wird

Sind die Beine zu wenig gebeugt, *kommt der Schläger gern von außen nach innen. Ein zu aufrechter Stand kostet Schlägerkopfgeschwindigkeit* ►

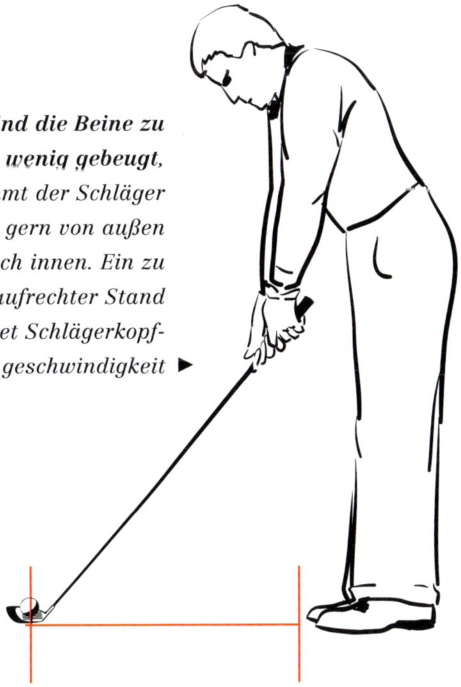

Eine zu starke Beugung in den Knien *blockiert den Unterkörper im Schwungverlauf. Ein sicherer Schwung ist ausgeschlossen* ►

Der komplette Schwung

Egal ob wir von Natur aus schnell oder langsam schwingen, bei der Ballansprache bedeuten blockierende Muskeln Sand im Getriebe. Eine zu breite Fußstellung verhindert die flüssige Körperdrehung und kostet zusätzlich Kraft. Auf Schulterbreite stehen die Füße ideal. Bei korrekter Ballansprache zum Drive können wir kaum die Schlagfläche des Schlägerkopfs sehen ▶

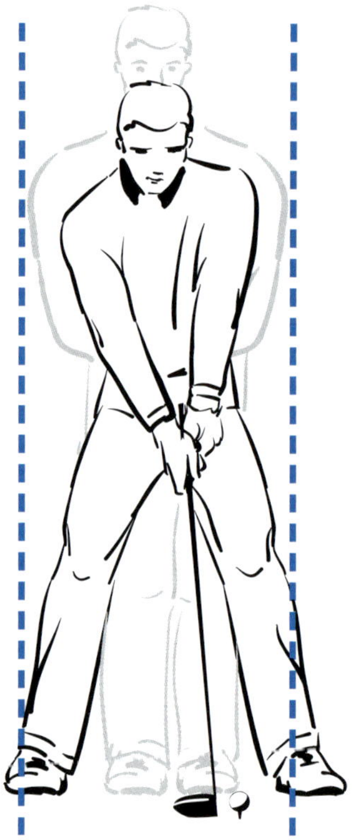

Zuviel Handeinsatz im Rückschwung schadet. Besser Hände, Arme und Körper gleichzeitig bewegen, bis der Schaft waagerecht zum Boden verläuft ▶

Den Abstand zwischen den Knien halten wir solange wie möglich ein. Die Hände und die Beine nicht übermäßig einsetzen. Ein konstanter Rückenwinkel ist ausschlaggebend, die Balance für die sekundenschnelle Schwungbewegung zu halten ▶

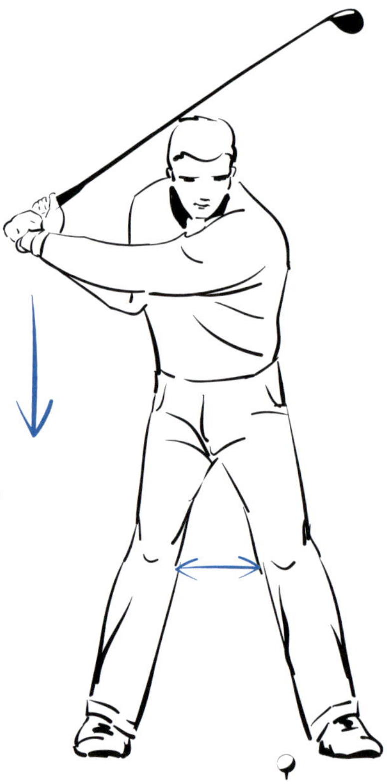

Der Schlägerkopf zeigt mit der Spitze nach oben. Mit ganzer Wucht schwingen wir kraftvoll durch den Ball ▶

Die Handgelenke sind leicht abgewinkelt, das Griffende zeigt in einer gedachten Linie zum Ball. Wir denken daran, im weiten Bogen aufzuschwingen ▶

Am Ende des Rückschwungs verlagert sich das Gewicht auf den rechten Fuß. Der Kopf dreht sich minimal zur Seite. Die linke Schulter zieht nach rechts ▶

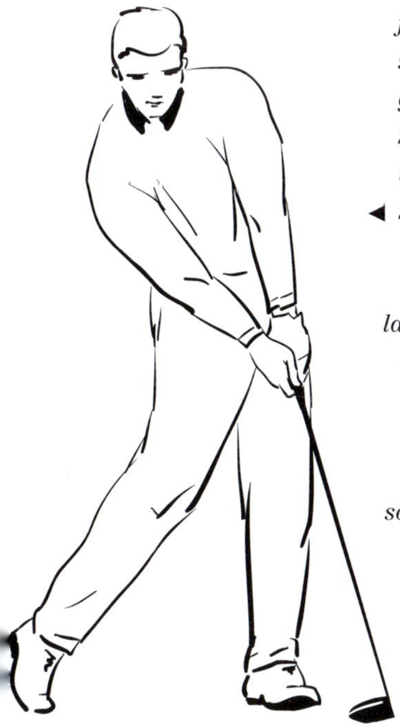

◀ *Nach dem Treffen des Balls sind die Arme ganz gestreckt. Sind sie es nicht, verlieren wir Schlagweite*

Arme und Körper laufen im fließenden Schwung synchron aus, weil man nicht nach etwas geschlagen hat, sondern immer noch hindurchschwingt ▶

Nach Beendigung des Durchschwungs stehen wir ruhig in der Endposition. Das Gewicht liegt überwiegend auf dem linken Fuß ▶

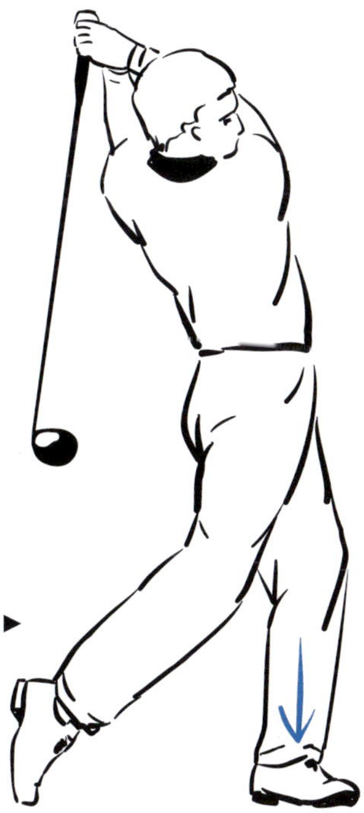

Ein-, Zwei- oder Dreischalenball
Der Einschalenball ist preislich günstig und vorwiegend auf der Driving Range im Einsatz. Der strapazierfähige Zweischalenball besteht meist aus Surlyn (siehe Seite 69) und findet besonders bei Einsteigern und Gelegenheitsgolfern Anklang. Den teuren und empfindlichen Dreischalenball bevorzugen Spieler mit niedrigem Handicap wegen des guten Gefühls im kurzen Spiel und des besseren Rückwärtsdralls beim Anspiel aufs Grün

Multi-Layer-Prinzip
Kombination von Zweischalenball und revolutionärem Kern. Er soll die Vorzüge eines Zwei- und Dreischalenballs vereinigen

Longhitter
Golfer, die mit enormer Durchschlagskraft ihre Drives extrem weit spielen

Alle Macht dem Material!

Alle Jahre wieder strömt eine Flut von Neuheiten auf uns zu. Ständig strapazieren vielversprechende Werbeslogans unser Portemonnaie. Für die Industrie bringt die Sehnsucht nach immer mehr Weite große Erträge. Holz ist kaum noch in den Schlägerköpfen. Die Hersteller weichen längst auf übergroße Graphit- und Metallköpfe aus. Die großen Köpfe verzeihen nicht im Zentrum getroffene Bälle besser und halten die Flugrichtung eher ein. Zudem heben sie den Ball leichter in die Luft. Dank der riesigen Schlagfläche gehen viele Golfer mutiger zum Drive.

Das Schlagwort Titanium ist in aller Munde. Der Zauberstoff, der Träume erfüllen soll, ist leichter und härter als Stahl. Titanium-Schläger gehen seit Jahren reißend über den Ladentisch und bringen, weil es dreimal soviel kostet wie vergleichbare Materialien, den Firmen Geld. Aus Amerika kam Big Bertha, ein Oversize-Driver-Kopf aus Metall, und verführte zuerst die Freizeitgolfer. Und nun werden weitere Glücksgefühle mit Biggest Bertha aus Titanium versprochen.

Neben Titanium dominiert bei Schlägerschäften noch Boron-Graphit, in der Kombination flexibel und armschonend. Einige Amateure handeln bei Schäften nach der alten Devise: Gelobt sei, was hart macht. Doch mit zu harten Schlägerschäften verlieren viele die verzweifelt gesuchte Länge. Dreiviertel der Pros mit kraftvollen Schwüngen ziehen Stahlschäfte vor. Sie fühlen sich mit der geringen Biegsamkeit wohler, weil sie eine bessere Rückmeldung am Ball und im Schwung spüren. Übrigens: Längere Schäfte haben zwar mehr Potential für weite Schläge, doch durch die größere Distanz zum Ball sind sie erheblich schwieriger zu schwingen. Aus Amerika, mit 25 Millionen Spielern das Golf-Land Nummer eins, kommt »direkt aus dem All« die Werbebotschaft für einen revolutionären neuen Ball: Strata. Die Kugel ist keine Konstruktion nach dem System ***Ein-, Zwei- oder Dreischalenball.*** Dieser Ball ist nach dem ***Multi-Layer-Prinzip*** entstanden, einer Kombination von Zweischalenball und neuem Kern. Achtundzwanzig (!) neue Patente schützen diesen Ball. Er fliegt, wie sollte es anders sein, in höheren Preissphären und garantiert, laut Hersteller, neben maximaler Weite weniger Eigendrehung, die ein längeres Ausrollen bewirkt.

Können wir Weite kaufen?

Bei aller Begeisterung für Neuheiten mit Weitenzauber: Wer nicht die erforderliche Kraft, Elastizität und schnelle Bewegung von Haus aus mitbringt, wird seine Schlägerkopfgeschwindigkeit nur bedingt steigern können. Natürliche Gegebenheiten setzen uns Grenzen. Das Hinblättern eines ansehnlichen Betrags ist noch lange kein Weg zu längeren Drives. So wie ein reifer Herr auch nie mit Materialschlachten den Altersunterschied zu einer jungen Schönen wettmachen kann, bleibt es ein Traum, Weitenzuwachs über teures Material herauszukitzeln. Natürlich versuchen wir, technisch alles aus unserem Kraftpotential zu schöpfen. Probieren einen stärkeren Griff, einen geschlossenen Stand zum Draw, schwingen lockerer. Vielleicht kommen ein paar Meter heraus, aber die ersehnten fünfzig Meter mehr zum ***Longhitter*** bleiben in jedem Fall eine Illusion. Sorry, mehr Musik liegt, laut guter alter Pro-Platte, nicht drin. Der gute alte Golflehrer steht im Preis-Leistungs-Vergleich nämlich phantastisch da. Falls wir Bälle schlecht treffen, sollten wir unser Geld besser in Unterrichtsstunden als vorschnell in neuen Waffen anlegen.

Ein Holz für alle Fälle

Die Anforderungen der modernen Prachtplätze an Amateure werden laufend gewaltiger. Wir lernen auf unserer Reise hüfthohe ***Roughs,*** fiese Sandfallen und kräfteraubend lange Spielbahnen kennen. Ob vom Abschlag oder auf dem ***Fairway:*** Gestrüpp, Gewässer und Sandgräben lauern überall. Nur mit genügend ***Carry,*** also Flugweite, halten wir uns auf solchen Meisterschaftsanlagen auf dem Kurs. Unter Druck kann das Gehirn mit zu vielen Befehlen an Arme, Rumpf und Beine einen entspannten Schwung schon mal blockieren. Der Einsatz von weitschlagenden Fairway-Hölzern ist oft Rettung in der Not. Denn um den Ball mit schmalköpfigen Eisen über weite Strecken schlagen zu können, sind physische Mindestvoraussetzungen Grundbedingung. Wer nicht so kräftig ist, verbannt Eisen 3 und 4 ganz aus seiner Tasche. Packt sich statt dessen Holz 5, 6 und 7 ein. Die größere Schlagfläche fördert das Vertrauen. Das Flugverhalten des Balls ist durch einen Holzschuß einfacher zu bestimmen. Mit dem dicken Kopf ist der Ball leichter zu treffen. Fairway-Hölzer verzeihen mehr dank ihrer breiteren Schlagfläche. Der Toleranzspielraum im Treffmoment fällt bei Eisen erheblich geringer aus. Treffen wir den Ball mit dem Holz gerade noch so an der Schlägerferse (Heel) oder -spitze (Toe), bleibt er gewöhnlich im Spiel. Selten ist der gefürchtete Socket beim Holz im Spiel. Vor allem Amateure schwören immer mehr auf Holz 7. Es ist oft ein nützlicher Helfer, wenn der Ball im Bunker liegt und 150 Meter weit fliegen soll. Auch in Divot-Mulden oder im knöchelhohen Gras assistiert es erfolgreich. Weitere Gründe, ein Holz 7 zu ziehen: Es läuft im Schwung geschmierter als vergleichsweise ein Eisen 5. Optisch und psychologisch läßt es sich leichter schwingen. Der Trend bei Freizeitgolfern geht eindeutig weg von langen Eisen hin zu Hölzern mit geneigter Schlagfläche. Inzwischen bis zu Holz 11. Warum nicht, wenn wir dadurch Stärken erhalten und Schwächen kompensieren?

Flacher Schwung mit Holz

Grundsätzlich neigen Spieler mit einem flachen Schwung eher zu Hölzern als Spieler mit einem steilen Schwung. Beim Fairway-Holz liegt der Ball, wie beim Drive, in gerader Linie von der linken Ferse. Dort erreicht der Schwung im Prinzip den tiefsten Punkt, und das Schlägerblatt schwebt parallel zum Grund. Ein weiter Schwungbogen ist auch hier der Schlüssel zu einem soliden Ballkontakt und zu der gewünschten Flugbahn. Um schlicht und sicher zu schwingen und dabei die Balance zu halten, bedienen wir uns der Vorstellung, wir bewegten uns auf dünnem Eis. Drehen wir uns schwerfällig im Schwung, besteht Gefahr, einzubrechen. Bleiben wir leicht und locker, trägt uns das dünne Eis. Easy to hit, leicht zu spielen sind auch spezielle Trouble-Woods. Die sogenannten Befreiungs-Hölzer erkennen wir an der besonderen Sohlengestaltung mit Schienen, Kufen oder Rillen. Das ***Ginty,*** wie es im Golfjargon heißt, findet seinen festen Platz bevorzugt in Taschen von Golfern, die auf Plätzen mit schmalen Fairways und weitläufigen Rough-Flächen zu Hause sind.

> *Selbst der beste Eisenspieler oder Putter der Welt kann nicht gewinnen, wenn sein Drive nicht göttlich ist*
>
> *Ben Hogan, Golf-Pro*

Rough
Bezeichnung für naturbelassene, »rauhe Flächen« auf dem Golfgelände, die nie oder selten gemäht werden

Fairway
Kurz gemähte Spielbahn zwischen Abschlag und Grün

Carry
Die Flugweite des Balls von seiner Ausgangslage bis zum Landepunkt

Ginty
Spezialholzschläger, der Bälle aus schwierigen Lagen, wie knöchelhohem Gras, befreit und für Weite sorgt

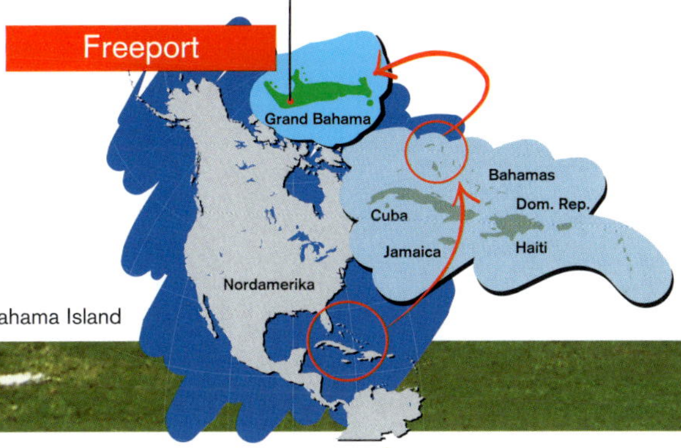

Lucaya Golf & Country Club, Freeport, Grand Bahama Island

Umgang mit langen Eisen

Viele Wochenendgolfer scheuen das Spiel mit den scharfkantigen Eisen. Amateure halten XXL-Schläger wegen der geringen Fehlertoleranzen für unspielbar. Aber mit System schlägt man sich auf die langen Eisen ein

◄ ***Mount Juliet, Thomastown, Irland.*** *Harmonisch in die Landschaft gebettet: der Parkland-Course, von Jack Nicklaus konzipiert*

▲ *Abgeschiedenheit und stilvoller Luxus im Resort für Romantiker*

▲ *Mauergrün: Dahinter ist der Ball im Aus, davor im Sand*

2. Loch – Lange Eisen

Umgang mit langen Eisen

Par
Kommt vom Lateinischen »pari« (gleich) und sagt dem Golfer, wie viele Schläge ideal für ein Loch oder eine Runde sind. Es gibt drei offiziell vorgegebene Schlagzahlen für ein Loch: Par 3, Par 4, Par 5. Die Par-Einteilung hängt von der Länge eines Lochs ab. Die Summe aller achtzehn Pars ergibt in der Regel den Platzstandard des Kurses

Ball beißt
Ein Ball beißt auf dem Grün, wenn er nach dem Aufprall abrupt hält und sogar durch Rückwärtsdrall gegen die Flugrichtung zurückrollt

Eisenspiel von 1 bis 4

Die zunehmende Länge der Schäfte und die steiler stehenden Eisenköpfe bei Schlägern mit niedrigen Nummern machen Einsteigern angst. Versuche mit den Dingern, bei denen man unendlich weit vom Ball entfernt steht und unendlich weit schlagen will, scheiterten kläglich, von den Handgelenkschmerzen ganz zu schweigen. Und das Gemeinste: Der Schwung, der die Kugel so weit wie einen Drive schießen sollte, zerbrach buchstäblich am Boden. Der Ball blieb teilnahmslos auf dem Tee sitzen. Bloß ein Rasenfetzen flog kurz und kümmerlich durch die Luft.

Lange Eisenprügel verzeihen Schwungsünden kaum. Sie fordern für laufenden Einsatz auf der Runde Übung und Spielpraxis. Die Pros sehen es nicht gern, wenn sich Anfänger gleich an langen Eisen vergreifen. Doch auf Dauer überwiegt der Drang zur Gratwanderung und zu neuen Weiten. Gute Gründe, nach der eisenschweren Herausforderung zu fassen, gibt es jedenfalls genug. Einer davon ist: Bei Drivern kann mit dem Abschlag mehr danebengehen als bei einem Eisen 1. Enge Spielbahnen, umgeben von Roughs, Sand- und Wasserfallen, geben Bällen mit Streuung weniger Spielraum. Ein Eisen 1 treibt den Ball vom Abschlag nicht ganz so weit wie ein Holz 1, aber die Gefahr, ihn zu verschlagen, ist weitaus geringer. Weniger Risiko birgt auch der beherzte Einsatz eines Eisens 3 auf dem Fairway im Vergleich zu Holz 5. Eisen fördern einfach präzisere Ergebnisse auf der Runde. Deshalb ziehen wir blanke Eisen klobigen Hölzern vor, um schmale Spielbahnen, gesäumt von hüfthohem Gras, unzugänglichem Buschwerk und hochstämmigen Bäumen, sicherer zu treffen. Auch bei gemein von Sandbunkern verteidigten ***Par***-3-Löchern mit Distanzen von 150 bis 210 Metern greifen Spezialisten lieber nach langen Eisen im Schlägersatz. Gut getroffen, ***beißt*** ihr ***Ball*** auf dem Grün immer besser als bei einem vergleichbaren Holz. Für flache, weite Schläge allerdings verlangt die geringe Schlagflächenneigung eines Eisens stets einwandfreie Ball-Lagen. Bei verzogenen Bällen, die abseits vom Fairway unter Baumzweigen frei liegen, kann ein langes Eisen Notnagel sein. Unter hängenden Baumästen befreien wir uns aus einem Gestrüpp mit flachem Ballflug zur Fahne.

Weitere bevorzugte Einsatzgebiete für Schläger mit langen Schäften bieten die von Sturm und Sonne ausgetrockneten Böden der Küstenplätze. Eisenhart und flach geschlagen, rollt der Ball jedem Holzschlag mit hoher Flugkurve davon. Vor allem bei starkem Wind versetzen lange Eisen gute Spieler in die Lage, die Situation besser zu meistern. Der Ball läßt sich vom Wind weniger verdrängen, hält besser als ein Holz mit hoher Flugbahn bei vergleichbarer Distanz. Das Blatt wendet sich bei nassem Fairway-Grund. Dort erreichen wir mit Hölzern wahrscheinlich mehr Carry als mit Eisen. Im tiefen Gras verwickelt sich die vor-

dere Kante des Eisenblatts hoffnungslos. Ein stärker geneigtes Trouble-Wood-Schlägerblatt richtet da und auch bei abfallender Spiellage mehr aus. Im ***Fairway-Bunker*** und ums Grün bleiben lange Eisen besser im Bag.

Fairway-Bunker
Sandhindernis in der Mitte oder am Rand des Fairways, oft im Landebereich des Drivers

◀ *Finger weg von langen Eisen, wenn der Ball im tiefen Gras, im Fairway-Bunker mit hoher Vorderkante oder nahe am Grün liegt*

Eiseneinsatz leicht gemacht

Nur wenige der schlagstarken Ritter, die mit Eisen 1 auf dem Spielfeld kämpfen, haben Bodybuilder-Proportionen und Kleiderschrankformat, denn für maximale Entfernung mit langen Eisen zählt wie beim Drive einzig das erfolgreiche Kooperieren der beiden **P**s (**p**hysisch und **p**sychisch). Wir sind uns klar, unsere physische Kraft genügt, das Sportgerät mit Technik, Timing und der erforderlichen Schlägerkopfgeschwindigkeit schwingen zu können. So gerät das Mentale von allein ins Lot. Unbeeinträchtigt von Schaftlänge und Schlagflächen-Loft.

Fortgeschrittene Golfer greifen öfter nach »heißen« Eisen und erzielen verblüffende Resultate. Mit ein Verdienst der Industrie – ihre High-Tech-Schmieden produzieren laufend verbesserte lange Schießprügel, die Ladehemmungen mehr und mehr ausschließen. Die Gründe dafür liegen auf der Hand: größere Schlagzonen mit breiteren ***Sweetspot-Flächen,*** die im Randbereich der Schlägerblätter mehr verzeihen als kleinere, konventionelle Köpfe. Geschmiedete Eisen erlauben dagegen bewußtere Ballmanövrierung und gewähren besseres Schlaggefühl und Klang-Feedback. Die schmalen, nostalgischen Eisenblätter mit starken Rücken sind alle ohne ***Offset-Stellung*** konstruiert. Im Gegensatz zu gegossenen Eisen: spielverbessernde, einsteigerfreundliche Schläger mit Hohlrücken, die mehr Gewicht in die Randzonen bringen.

Die Offset-Form, eine nach hinten zurückgesetzte Schlagfläche, verscheucht bei rund 80 Prozent der Durchschnittsspieler das Slice-Gespenst. Offset hilft, die Hände im Treffmoment vor den Ball zu bringen und die Schlagfläche square (rechtwinklig) auszurichten. Gerade bei langen Eisen erhält der Einsteiger durch Offset Spielerleichterung und Slice-Minderung. Übrigens: Ein progressiver Offset bedeutet, die Stellung nimmt kontinuierlich ab, je kürzer der Schlägerschaft wird. Schönes und teures Spielzeug gibt es auch in der Kombination geschmiedete Köpfe und fehlerverzeihende Hohlrücken. Hochwertige Einlagen auf und unter der Schlagfläche und flexible, spielfreundlichere Schäfte steigern die Kopfgeschwindigkeit beträchtlich. Sie bescheren bei fließendem Schwung die oft vermißte Ballflughöhe. Wer hat jetzt noch Angst vor langen Eisen?

Offset-Stellung
Eine nach hinten zurückversetzte Schlagflächenstellung. Sie hilft Spielern mit Slice-Tendenzen, die Hände eher vor den Ball zu bringen, ihn zu schlagen anstatt zu löffeln oder zu hacken

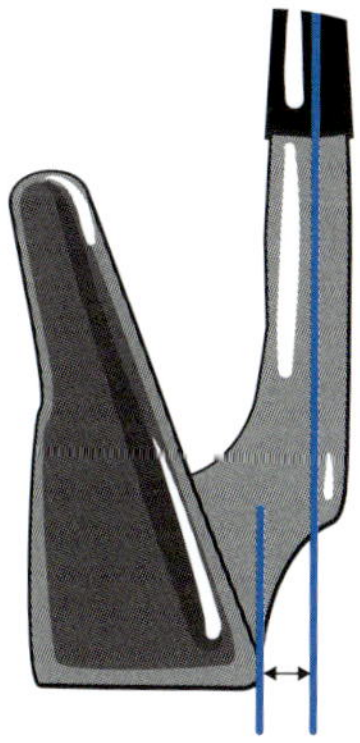

Sweetspot-Fläche
Balltreffpunkt in der Mitte des Schlägerblatts: für wiederholbare Weiten

Grundlegendes zu Quick-Tips

Gerade bei langen Eisen neigen einfallsreiche Golfer zur Selbsthilfe auf die schnelle. Fliegt die Kugel krumm und kurz, kompensieren sie den Fehler, indem sie den Ball beispielsweise mehr nach rechts positionieren. Das funktioniert im Moment nicht schlecht. Nur: Unter Druck hält die schnelle Kaschierung selten stand. Beschlagene Golfer wissen Bescheid, tatsächlich hilft allein eine Langzeittherapie, die Fehler nicht nur ausgleicht, sondern auf lange Sicht ausmerzt. Apropos erfahrene Golfer: Sie zählen zu der Spezies, die ständig auf einwandfreie Schwungmechanik setzt. Nicht zu verwechseln mit den langjährigen Gelegenheitsgolfern. Jene, die nicht bereit sind, ihren eingefahrenen, durch viele Jahre geprägten Schwung umzukrempeln. Geschäft und Familie nehmen bei ihnen viel Zeit in Anspruch. Grundsätzlich schlagen sie den Weg zum Golflehrer und zur langfristigen Heilkur aus. Sie schubsen den Ball vorzugsweise mit dem Holz mehr oder weniger erfolgreich übers Gelände. Daß bei falscher Schlägerwahl der Ball durchs Holz unkontrolliert übers Grün kullert, stört sie nicht weiter. Haben sie in der Golfgemeinde ihre Platzberechtigung? Durchaus – nur das glückliche Gefühl lernen sie nie kennen: wie ein mit Eisen 3 perfekt getroffener Ball nach 170 Metern mit Backspin tot, wie Golfer sagen, am ***Stock*** landet – ein Traum!

Ansprechstellung
Die Aufstellung und Ausrichtung, auch Address genannt, eines Spielers zum Ball, bevor er losschwingt

Stock
Die Fahne, der Stock, steckt in einem Loch, um das die Rasenfläche auf drei bis fünf Millimeter gemäht wurde

Der Ball liegt tot am Stock, der nächste Schlag wird mit Sicherheit eingelocht.
Spanish Bay, Pebble Beach ►

Set-up: Aufschwung mit Methode

Die Einhaltung wichtiger Checks vor dem Start sorgt für Sicherheit in der Luftfahrt. Auf dem Rasen verfahren wir nach dem gleichen Prinzip. Ein präzises Set-up ist der Türöffner für den Weg zum gelungenen Schlag. Stimmt die persönliche ***Ansprechstellung*** und Schlagvorbereitung, gelingt generell gesehen der Schlag häufiger. Das von Gelegenheitsgolfern meist links liegengelassene Set-up genießt bei guten Spielern großen Respekt. Vor dem Schwungablauf bedeutet es für sie vor allem: Ruhe vor dem Sturm. Vor jedem Schlag spielen sie ihr persönliches Set-up-Programm durch. Erfolgreiches Golfspiel steht erfahrungsgemäß auf zwei Beinen. Neben dem physikalischen Aspekt spielt auch die Konzentration auf den bevorstehenden Schwung eine wichtige Rolle. Ob auf der Driving Range, der Übungsrunde oder im Turnier: ohne psychologische Schwungvorbereitung kein Schlag.

Meistergolfer gehen immer mechanisch und mental hinter den Ball. Suchen sich ein Zwischenziel und legen fest, wo ihr Ball landen soll. Dann treten sie nach vorn und richten die Schlagfläche square zum Ziel aus. Schultern, Hüften und Füße befinden sich im Einklang parallel zur Ziellinie. Gedankenfrei und locker stehen sie vor Schwungbeginn optimal zum Ball. Nur eins ist wichtig: Sie lassen sich während des Set-up nicht stören, starten entweder mit schwebendem, aufgesetztem oder mit waggelndem Schlägerkopf. Andere neigen dazu, vor dem Start den Kopf leicht nach rechts zu drehen, oder lösen den Schwung durch einen zarten Ruck mit dem rechten Knie in Richtung Ziel aus. Eine weitere Variante ist, vor dem Abschlag mit den Füßen zu wippen. Anwender dieser Methode fühlen sich dadurch erdverbundener und standhafter während des Schwingens.

Ruhig Blut

Durch die gleichförmige und gleichzeitig laufende ***Routine*** konstruieren Spitzenspieler ohne jegliche Anspannung und mit positiver Grundstimmung ihr persönliches Set-up. Mißglückt ein Schlag, bleiben sie ruhig und zelebrieren selbstbewußt die antrainierte Ballansprache noch einmal. Jegliches Resultatsdenken schieben sie beiseite. Alle Aufmerksamkeit gilt allein dem nächsten Schlag. Langsames Spiel vor ihnen oder etwa ein unsympathischer Partner berühren sie nicht. Im Verlauf einer Runde sind gute Golfer auch nicht anfällig für wechselndes Wetter, verzwickte Ball-Lagen oder Schnittfehler der Mäher auf Fairway und Grün. Ungebrochen gehen sie nach dem gleichen Procedere auch durch Krisen. Selbst wenn sie auf der Runde schlagartig, wie die Golfer sagen, ihren Schwung verlieren. Spitzengolfer wissen: Selbstmitleid und ständige Ausreden helfen nicht weiter. Mit Disziplin halten sie vor jedem Schwung ihr Schema ein und speichern nur einen durchgreifenden Schlüsselgedanken für den bevorstehenden Schlag. Ohne Rücksicht auf die Wahl des Schlägers, eine schwierige Spielsituation oder Streß – die Geduld für eine feste Set-up-Gewohnheit zahlt sich auch für uns auf Dauer aus.

Routine
Immer wiederkehrende Vorbereitung zum Schlag. Werden Routiniers im Ablauf dabei gestört, unterbrechen sie das Set-up und beginnen es von vorn

Probeschwung ja oder nein

Probeschwünge zählen bei vielen zum Set-up. Je nach Temperament und körperlicher Konstellation vermitteln sie im Vorbereitungsritual das gewünschte Gefühl für den wirklichen Schlag. Eine Generalprobe bei langen Eisen gibt auch Aufschluß, wie der Ball am besten getroffen wird. Beginnt die ***Divot***-Spur rechts oder links von der Stelle, an der der Ball gespielt werden sollte, hilft es uns entscheidend, die optimale Lage zu finden. Am Anfang des Rasenfetzens sehen wir auf dem Spielfeld die ideale Position für den Ball. Genau auf dieser Höhe schlagen wir das Eisen zuerst auf den Ball und berühren danach den Boden. Die Faustregel, generell den Ball vom linken Fuß zu spielen, trifft demnach bei vielen nicht zu. Allein das Divot vom Probeschwung ist ausschlaggebend für den Ernstfall. Einige Golfer verzichten auf einen Probedurchlauf. Sie können das gewünschte gute Gefühl des Probeschwungs einfach nicht duplizieren und bevorzugen es, gleich draufloszuschlagen. Wenn sie sich mit dieser Methode wohl fühlen, warum nicht. Entscheidend bleibt, daß sie ungebrochen, auch bei Rückschlägen, an ihrer Routine festhalten.

Divot
Ein vom Schlägerkopf herausgeschlagenes Rasenstück. Laut Golf-Etikette wird der Rasenfetzen wieder in die Spielbahnwunde, die auch als Divot-Mulde bezeichnet wird, zurückgelegt und festgetreten

◀ *Nach dem Probeschwung (auf dem Bild von rechts nach links) verrät der Divot-Anfang die ideale Ballposition für den gleichen Schwungbogen*

Das Ritual der Vorbereitung

Die einmal entwickelte Vorbereitungsroutine soll sich im Zeitrahmen von zehn bis zwanzig Sekunden bewegen. Profis benötigen für die Zeremonie vom ersten bis zum 18. Loch oft auf die Sekunde genau die gleiche Zeit. Allerdings besteht bei zu vielen komplizierten Vorbereitungsschritten Gefahr zu straucheln. Dauert der Ablauf zu lange, verkrampfen sich die Muskeln, und im Kopf schwirren immer mehr

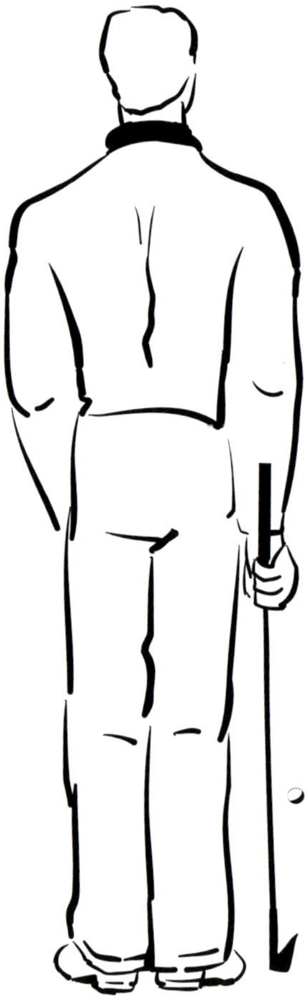

▲ *Spieler steht hinter dem Ball und stellt sich den Schlag visuell vor*

▲ *Entschlossen geht er in seinem inneren Zeitablauf zum Ball*

Jeder hat zur Schlagvorbereitung seinen eigenen Sekundentakt. Hier sind Durchschnittswerte pro Vorbereitungsschritt ▶

Gedanken umher. Wir eignen uns eine kurze, sinnvolle Set-up-Prozedur an und bleiben ihr strikt treu. Geraten wir dennoch mal ins Stolpern, weil die Gedanken abschweifen oder uns im Umfeld etwas ablenkt, unterbrechen wir die Routine und starten das Set-up erneut. Naserümpfen der Mitspieler ignorieren wir dabei. Schließlich ist es weitaus schlimmer, verschlagene Bälle minutenlang in hüfthohen Brennesseln oder unter weitverzweigten Büschen zu suchen.

▲ *Er richtet erst die Schlagfläche und dann sich selbst square zur Ziellinie aus*

▲ *Die Set-up-Zeremonie endet ohne Hast, die Schwungphase beginnt*

Schwung mit langen Eisen

Zum Einstieg und während der Golflaufbahn bereitet vielen die Rückbewegung zu Beginn des Schwungs Probleme. Gerade bei langen Eisen wird der Schläger häufig mit starren Händen nach hinten gehoben, statt mit dem Körper harmonisch zurückzudrehen. Die Anfangsphase im Schwung bezeichnen Golfer als ***Takeaway.*** Ideal ist, wenn sich Arme und Körper synchron vom Ball wegbewegen. Bleiben die Hände nahe am Körper und zeigt das Griffende bei der Drehung zur Rumpfmitte, schwebt der Schläger richtig los. Auf halbem Schwungweg zum Wendepunkt winkeln die Handgelenke ab.

Takeaway
Der Schwungbeginn, die Anfangsphase des Rückschwungs

Wie gewohnt, holen wir mit Drehen von Schultern und Hüften durch das Federprinzip die Schwungenergie. Nach dem Wendepunkt schwingen wir unser Eisen fließend in Richtung Ball. Der rechte Arm ist zu Beginn leicht gebeugt und streckt sich vor dem Augenblick der Wahrheit: dem Balltreffmoment. Und mit Selbstvertrauen schwingen wir im weiten Bogen durch den Ball.

Steilerer Schwung fürs Eisen

Nur mit direkter, steiler Schwungebene trifft das Eisenblatt satt den Ball. Die Maßnahme – Kopf ruhig, Schläger nach innen zurück, und rechter Ellbogen zeigt nach unten – ist Seemannsgarn. Kein Mensch hält während des Schwungs den Kopf ruhig! Wer seinen Eisenkopf zu sehr nach innen schwingt und im Rückschwung den rechten Ellbogen senkrecht zum Boden hält, schwingt zu flach. Und das ist umständlich und gefährlich. Der Ellbogen klemmt zu dicht am Körper. Wir nötigen dadurch unsere Hände und Arme, den Schläger eher hochzuheben als zu schwingen. Viel unnütze Bewegung entsteht, um den Schläger in der Schwungbahn zu halten. Durch volle Schulterdrehung und steilen Schwung läßt sich ein langes Eisen im Rückschwung auf leichtere Weise mit behaglicher Balance handhaben.

Nach dem Takeaway drehen sich Arme, Hände und Schultern synchron auf steiler Schwungebene zurück ▼

Steuern verboten

Wer sein Eisen ohne Feuer schwingt, verliert Distanz und Ballkontrolle. Richtig, Ballkontrolle. Versuchte Steuerung, die Schlagfläche im Treffmoment vermeintlich square an den Ball zu bringen, produziert zwangsläufig eine Banane. Die ungewollte, unkontrollierbare Kurve ist ein Greuel für jeden Golfer. Vertrauen wir aber auf unsere rhythmische Schwungbewegung, die in Bruchteilen von Sekunden abläuft, wirken Fliehkräfte, und wir treffen die Kugel mit optimaler ***Schlägerkopfgeschwindigkeit*** square und satt.

Eine zu flache Schwungebene bei langen Eisen mit weitem Abstand zum Ball und stark schräg stehenden Schlagflächen verhindert kraftvolles und genaues Treffen ▼

Ratschlag für lange Eisen

Wer jetzt noch schiefliegt bei langen Eisen, dem geben folgende Übungen Hilfestellungen. Wir setzen den Ball hoch aufs Tee und schlagen gefühlsmäßig nicht nach dem Ball, stellen uns vor, im Schwung den Ball in einer festen Bahn pfeilschnell mitzunehmen. Treffen wir ihn gut, drücken wir den nächsten Ball mit Tee tiefer in den Boden. Mit soliden, squaren Ballkontakten teen wir immer niedriger auf, bis wir endlich vom Rasen schlagen können. Unser gewonnenes Selbstvertrauen für lange Eisen können wir durch Üben auf ansteigender Hanglage noch verstärken. Der Ball liegt knapp zwischen linker Ferse und Standmitte. Durch die Bergauf-Lage steigert sich unser Balancegefühl eindrucksvoll leicht von rechts nach links.

Schlägerkopfgeschwindigkeit
(englisch: Head-Speed)
Das durchschnittliche Schwungtempo bei Profis liegt bei 170 km/h. Clubspieler beschleunigen durchschnittlich im Schwung um die 130 km/h und Clubspielerinnen um die 100 km/h

Vergleichsschläge mit langen Eisen

◀ *Zum Schlag mit dem langen Eisen wird der Ball zuerst hoch aufgeteet*

◀ *Mit wachsendem Selbstvertrauen das Tee tiefer eindrücken*

◀ *Mit zunehmender Übung kann das lange Eisen ohne Tee vom Rasen geschlagen werden*

So entsteht ein Draw

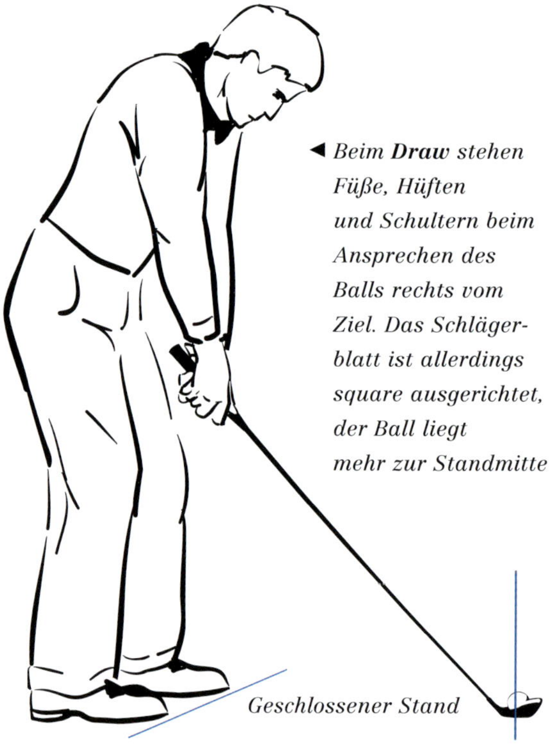

◀ *Beim **Draw** stehen Füße, Hüften und Schultern beim Ansprechen des Balls rechts vom Ziel. Das Schlägerblatt ist allerdings square ausgerichtet, der Ball liegt mehr zur Standmitte*

◀ *Nach dem Wendepunkt wird der Schlägerkopf in einer weiten Schwungbahn von innen durch den Ball geschwungen*

So entsteht ein Fade

◀ *Bei einem **Fade** steht der linke Fuß leicht zurückgesetzt, also etwas offener als bei einem normalen Schlag. Das Schlägerblatt ist zum Ziel ausgerichtet. Der Ball liegt etwas mehr zum linken Fuß*

◀ *Auf der Spitze des Rückschwungs ist eine volle Schulterdrehung ausgeführt. Fließend leiten die Arme den Abwärtsschwung ein*

◄ *Durch den geschlossenen Stand, den Schwungverlauf und die Gewichtsverlagerung nach links fliegt der Ball eine Draw-Kurve. Das Gewicht liegt nach dem Schlag ganz auf dem vorderen Fuß*

Draw und Fade

Noch ein Grund, lange Eisen vergleichbaren Hölzern in der Entfernung vorzuziehen, ist die Tatsache, daß sie es erlauben, die Flugbahn des Balls leichter zu manipulieren. Golfgroßmeister spielen nie bewußt schnurgerade Bälle. Sie beabsichtigen, vor jedem langen Eisenschlag einen Draw oder Fade zu spielen. Jeder Golfer hat eine Kurventendenz. Wer es schafft, sie in seine Spielweise einfließen zu lassen, erreicht hohes Niveau. Die Kunst, eine Kurve von links nach rechts oder von rechts nach links zu beherrschen, beschert Triumphe im Kampf gegen den Kurs. Beim Draw oder Fade stellen wir uns immer in die Richtung, in die der Ball startet. Allerdings zeigt unsere Schlagfläche dorthin, wo der Ball aufkommen soll. Allein die Standveränderung reicht aus, bei normalem Schwung und paralleler Ausrichtung des Körpers die gewünschte Flugbahn zu erzielen. Diese Verbindung von Standardschwung mit geschlossener oder offener Schlagfläche bewirkt, daß der Ball nach rechts startet und als ***Draw*** nach links zurückkurvt. Oder nach links losfliegt und rechts als ***Fade*** kurz ausrollt. Er ist übrigens die favorisierte Variante vieler Pros. US-Altmeister Lee Trevino brachte es auf den Punkt: »You can talk to a fade, but a hook won't listen.«

Draw
Kontrollierter Schlag. Der Ball macht in der Flugbahn eine leichte Kurve von rechts nach links. Nach dem Aufprall hat er eine längere Ausrollphase

Fade
Kontrollierter Schlag, bei dem der Golfball in der Flugbahn eine leichte Kurve von links nach rechts macht. Nach dem Aufprall rollt der Ball nur noch gering aus

◄ *Wegen des offenen Stands kreuzt die Schwunglinie die Ziellinie. Der Ball erhält dadurch Seitendrehung für eine Fade-Flugbahn von links nach rechts*

Ich kann den Ball mit Luftpost befördern, aber manchmal gebe ich ihm nicht die richtige Adresse mit

Jim Dent, Golf-Pro

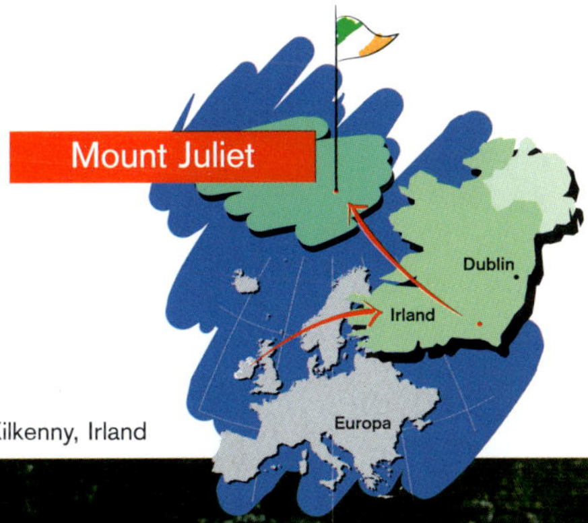

Mount Juliet, Thomastown, County Kilkenny, Irland

3. Loch – Mittlere Eisen

Mit mittleren Eisen aufs Grün

Wahre Stärke zeigt sich im Spiel, wenn nach einem strategisch gelungenen Drive ein gerader, präzise geschlagener Ball mit einem mittleren Eisen auf dem Grün zur Ruhe kommt. Dafür setzen wir Eisen 5 bis 9 wirkungsvoll ein

◂ ***Sun City, Südafrika.*** *Perfekt gepflegtes Grün auf dem One-Million-Dollar-Turnierplatz, von Gary Player konzipiert*

▴ *Eldorado für Golfer und Gambler*

▴ *Parasailing gleich neben den gut gepflegten Fairways*

Mit mittleren Eisen aufs Grün

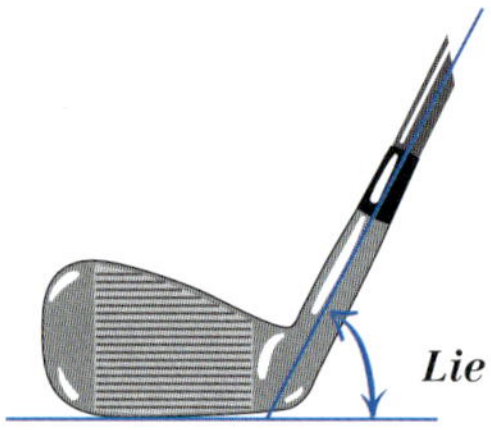

Lie
Der Anstellwinkel zwischen Schaft und ganzer Sohle des Schlägerkopfs am Boden

Eisenspiel von 5 bis 9

Um bei Schüssen mit mittleren Eisen keine Streuung wie mit einer Schrotflinte zu erzielen, erfordert es verschiedene Schlagweisen. Nach Hölzern und langen Eisen greifen wir nun schwungvoll – ohne die Kontrolle zu verlieren – zu mittleren Eisen.

Wichtig: Der Golfschwung bleibt wie bisher gleich. Allerdings verändern sich der Fußabstand und die Distanz zum Ball durch Schaftlänge und ***Lie***. Auch die Beugung der Hüften ändert sich – je kürzer der Schläger wird, desto steiler verläuft die Schwungbahn. Wir sind gespannt, ob wir auf Anhieb den Bogen für gute Eisenschläge aufs Grün herausfinden.

Golf Course Lost City,
neben Sun City, dem Las Vegas Südafrikas ▼

Ball- und Standpositionen

Bei Start und Landung haben viele Passagiere Schwierigkeiten mit dem Druckausgleich. Ein Bonbon oder Kaugummi kann wesentlich zu einer unbeschwerten Landung beitragen. Beste Voraussetzung für einen gewünschten Ballflug ist die richtige Ballposition. Leider gehen Gelegenheitsgolfer damit eher gedankenlos und beiläufig um. Eine fatale Fehleinschätzung. Von einer korrekten Konstellation während der Ballansprache hängt im Schwungverlauf der optimale Treffmoment ab. Wir kommen nicht umhin, für alle Sportgeräte in der Tasche unsere persönlich beste Ballstelle auszutesten. Wer gleich square zum Ball marschiert, läuft schnell Gefahr, durch die seitliche Betrachtung vom Ball zum Ziel schiefzuliegen. Besser, wir suchen uns einen Bezugspunkt (siehe Seite 15) vor dem Ball auf der Ziellinie. Den Fußabstand bestimmt der Schläger. Bei einem Eisen 5 ist die Standbreite größer als beim Eisen 9. Im Schwungweg nach unten trifft das Eisenblatt erst Ball, dann Rasen. Stehen unsere genaue Zielausrichtung und bequeme Körperhaltung, konzentrieren wir uns nur noch auf die sanfte Schwungbewegung. Beim Abschlag auf dem Tee und bei guter Lage auf gemähtem Fairway spielen wir den Ball dort, wo er am tiefsten Punkt oder unmittelbar davor im Schwungbogen getroffen wird. Beim Eisen 6 liegt der Ball weiter zum linken Fuß als beispielsweise beim Eisen 8, bei dem der Ball direkt vor dem Brustbein liegt. Einsteiger schwingen in der Regel steifer und schlagen den Ball überhaupt mehr von der Standmitte. Gute, bewegliche Golfer legen den Ball weiter links nach vorn zum Ziel. Generell gilt: Je kürzer der Schläger, desto näher stehen wir zum Ball und um so mehr rücken unsere Füße im Stand zusammen. Unumgänglich wird dadurch unser Rückschwung kürzer. Rollt der Ball in ein Divot, in eine tiefe Grasnarbe, spielen wir den Ball weiter rechts. Je fieser die Lage, um so steiler verläuft unser Schwung. Den Ball spielen wir weiter von der Mitte und dem rechten Fuß. Priorität bei allen mittleren Eisen: Erst wird der Ball, dann der Boden mit dem Schlägerkopf getroffen!

Körperhaltung: Vergleich mittlere und kurze Eisen

Ein mittleres Eisen (obere Reihe) verlangt mehr Standbreite als ein kurzes Eisen (untere Reihe), weil der Krafteinsatz für den Schwung erheblich geringer ist

Beim mittleren Eisen ist die Distanz zum Ball größer als beim schaftkürzeren Eisen. Beim kurzen Eisen ist der Körper mehr nach vorn gebeugt

Durch den Lie und die Länge des Schafts ist die Schwungebene beim mittleren Eisen nicht ganz so steil wie beim kurzen

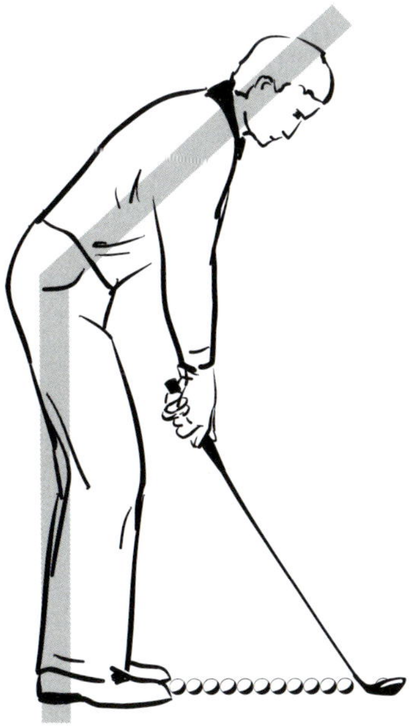

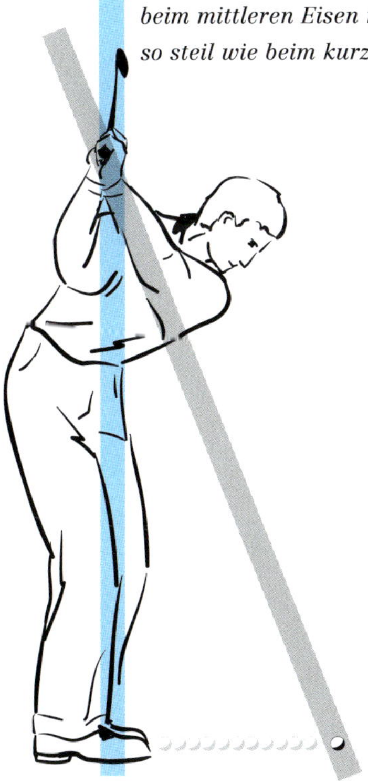

Hände bleiben vor dem Schlägerkopf

Durch Peitschenschläge bringen sich Gelegenheitsgolfer beim Schwung mit mittleren Eisen oft in große Not. Sie peitschen den Schläger geradezu – vorwiegend mit den Händen – durch den Ball und produzieren Querschläger, fette und dünne Schläge. Weit entfernt von einem Schwung, dessen knackiger Ballkontakt Musik in den Ohren von guten Golfern ist. Beim soliden Eisenspiel führen die Hände im Schwung den Weg harmonisch von innen zum Ball und bleiben solange im Weg auf der Ziellinie, bis der Ball losfliegt. Der Schlägerkopf passiert erst dann die Hände, wenn der Ball unterwegs ist und sie hinter dem linken Oberschenkel liegen. Das linke gebeugte Knie zeigt im Durchschwung zum Ziel.

Hüft- und Ellbogeneinsatz

Blutige Anfänger und häufig auch langjährige Spieler tendieren zu Übertreibung. Schwungvoll überdrehen sie brutal die Hüften. So blockiert das linke Bein im Schwung. Der Schlägerkopf bewegt sich verkehrt in einer Schwunglinie von außen nach innen. Ein Pull oder bogenförmiger Slice resultiert aus zuviel Hüftdrehung. Natürlich drehen wir die Hüften, zugleich bewegen sich die Schultern, und die Arme folgen quasi von allein. Doch am Ende des Rückschwungs zeigt der rechte Ellbogen zur Hüfte. Das Ellbogengelenk ist nahe am Rumpf eingeknickt. Ist der Arm zu weit weg, verlieren wir die Kontrolle. Schultern und Hüften bleiben nicht mehr gleichzeitig im Spiel. Selbst in der Treffzone weist der rechte Ellbogen noch immer zur Hüfte. Optimale Umstände für den perfekten Ballkontakt. Hinkt allerdings der Ellbogen im Schwung der Hüfte hinterher, bewirkt das einen dünnen Schlag. Auf keinen Fall den Ball jetzt einfach von weiter hinten im Stand spielen, sondern den Tiefpunkt des Schwungs weiter nach vorn verlagern. Schwingt der Ellbogen zu schnell, treffen wir mit dem Schlägerkopf den Ball fett. Übrigens: Eng anliegende Ellbogen bewirken prinzipiell einen kompakten Schwung und eine gerade Flugbahn. Liegen sie im Rück- und Durchschwung möglichst nahe am Körper, bleiben die Arme im Treffmoment kontrollierter und vermeiden überflüssige Bewegungen im Schwung.

Es gibt aber genügend berühmte Gegendarstellungen, Spieler, die großes Golf mit fliegenden Ellbogen praktizieren. Jeder, der mit seiner Methode gut fährt, hat recht. Wie auch immer, vor einer korrekten Hüftdrehung können wir uns nicht drücken. Wer aus dem Rahmen fällt, also im Schwung aus der Achse kippt, produziert Zufallsschläge. Um dem auf Dauer aus dem Weg zu gehen, klemmen wir einen Schläger zu einer hilfreichen Übung hinter den Rücken. Wir wenden unsere Schultern, bis der Schläger über dem Ball steht, und simulieren die Bewegung weiter – wie im Schwung. Wichtig ist dabei, daß unser Schläger im Rücken weitgehend waagerecht dreht und wir am besten nie wieder ins Schwanken geraten.

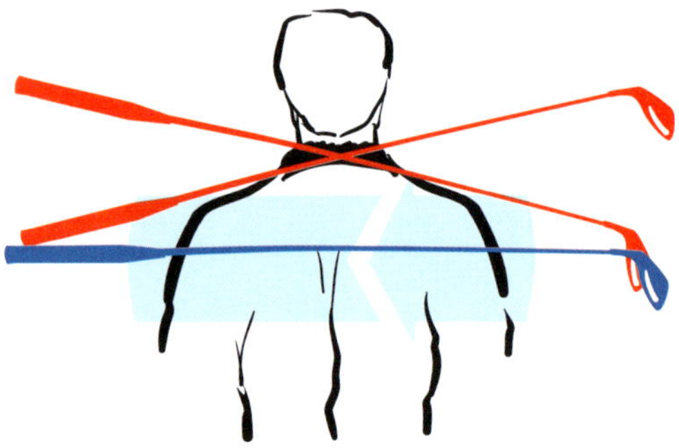

▲ *Ob beim Üben oder Spielen: mit dem Rücken nie schwanken, sondern nur drehen*

Standard-Schaftstellung

Es ist belanglos, wie viele Schlenker wir im Schwung machen. Zählen tut einzig und allein, daß unser Schlägerblatt schwungvoll und square den Ball passiert. Dabei kommt es jedoch auf die richtige Schaftstellung im Schwung an. Ob wir mit unserer Stellung richtig liegen, läßt sich leicht feststellen. Wir schwingen zurück und runter zum Ball. Dort stoppen wir die Bewegung abrupt. Weist der Schaft im 90-Grad-Winkel vom Griff zum Boden, liegen wir prächtig. Im normalen Schwung sieht das dann so aus: Unser Körpergewicht wechselt schon während des Ballkontakts vom rechten etwas mehr auf den linken Fuß. Somit trifft reichlich Power auf den Ball, und er fliegt einfach und gerade in optimaler Flugbahn.

Schaftneigung zu weit vorn

Schieben wir im Schwung unsere Hüften zu sehr zum Ziel und steht das Gewicht dabei auf dem linken Fuß, hat der Schaft eine übertriebene Schieflage nach vorn. Durch Blocken im Schwung erzielen wir eine Flugbahn stark nach rechts. Ein zu harter Schaft verursacht die gleiche Flugbahn.

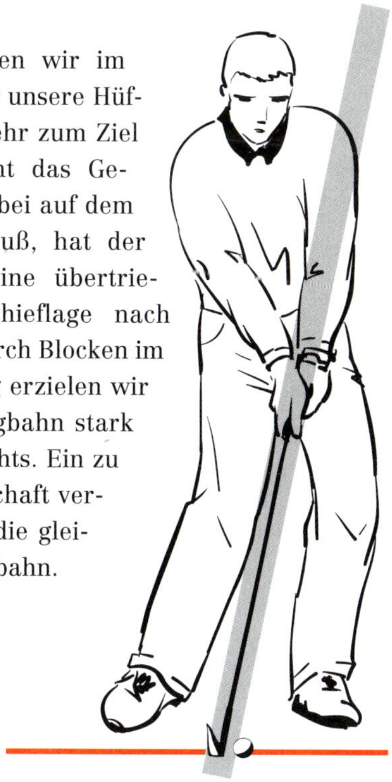

Schaftneigung zu weit hinten

Steht unser Gewicht vor dem Treffmoment voll auf dem rechten Fuß, zeigt die Schaftneigung nach hinten. Ergebnis: Wir erzeugen mit offener Schlagfläche einen bogenförmigen Slice, der Ball fliegt höher als üblich. Oder der Ball wird durch einen weichen Schaft zu sehr nach links vom Ziel geschlagen.

Stabile untere Körperpartie

Viele Wochenendgolfer ignorieren die Beinarbeit, weil sie es zu sehr darauf anlegen, in erster Linie mit den Augen zum Ball zu schlagen. Einen ganzen Schwung durchzuführen, halten sie für sekundär. Wir nicht, denn die untere Körperhälfte kontrolliert den Aufbau der Muskelkraft für unseren Rückschwung. Solide Beinarbeit bildet nach dem Wendepunkt im Schwung die Basis für aufgeladene Körperspannung, um mit kontrollierter Kraft perfekt an den Ball zu treffen. Die Stabilisierung eines Schwungs geschieht ausschließlich durch die Beine. Für die ausgewogene Balance bis zum Beginn des Durchschwungs ist eine konstante Beugung des rechten Knies notwendig. Das linke Knie geht nach innen, bis es kurz hinter dem Ball ist. Wir dürfen niemals in den Fehler verfallen, während des Schwungs seitlich wegzukippen oder zu schwanken. Bei gründlicher Beinarbeit wandert unser Körpergewicht immer durch eine schwungvolle Drehung von rechts nach links in die Endposition.

Auf und Ab der Ferse

Im Golf gibt es Tage, da geht, dreht, hebt, beugt und streckt sich alles fast von allein. Nur wenn die erfolgreiche Phase plötzlich wie weggeblasen ist, stehen viele vor einem Rätsel. Wer aber weiß, was mit seinen Körperteilen im Schwung passiert, kommt schnell wieder auf die Beine. Der Teufel steckt oft im Detail. Gerade Kleinigkeiten wie die linke Ferse können enorme Schwungveränderungen auslösen. Heben wir die Ferse zum Rückschwung hoch oder fixieren wir sie besser am Boden? Auch Golfgroßmeister geben keine klare Stellungnahme. Einige von ihnen heben die Ferse im Rückschwung hoch, andere haben es sich angewöhnt, durch Training wie angewurzelt am Boden zu verharren. Die Gründe sind vielschichtig: altersbedingte körperliche Voraussetzungen (nicht gelenkig oder flexibel), Schwungtechnik und Schlagkontrolle, Flugkurve von links nach rechts zum Fade mit weniger Schlagweite als die Rechts-nach-links-Kurve beim Draw.

Linke Ferse verharrt auf dem Boden

So halten gelenkige Jugendliche und schlanke Damen, die zum Überschwingen und Hook neigen, leichter die Balance. Wie festgenagelt bleiben sie mit der linken Ferse im und bis zum Schwungwendepunkt weitgehend auf dem Boden und schwingen deshalb weitaus weniger auf. Weil im Auf- und Durchschwung das Absetzen der Ferse ausfällt, bleibt die Schwungbahn konstant. Eine Reihe berühmter Golfspieler halten ihre linke Ferse bei allen mittleren und kurzen Eisen wegen der Präzision konsequent auf dem Boden. Nur im vollen Durchschwung heben sie die Ferse und parken danach wieder in der ursprünglichen Position. Mit linker Ferse auf dem Boden fliegt der Ball eher als Fade von links nach rechts. Doch in dieser Stellung lauern auch Gefahren. Fällt das Gewicht im Rückschwung zu sehr nach links, kostet dies Schlagweite. Eine wie auf dem Boden angewachsene linke Ferse führt beim bereits steilen Schwung zu verstärkter Schwungbahn von außen nach innen, also zum folgenschweren Slice. Für einen flacheren Schwung ist es ideal, wenn die linke Ferse auf dem Boden klebt. Der rechte Fuß, der rechtwinklig zur Ziellinie steht, wird bis zum Treffmoment leicht von der Außenkante angehoben. Nur beim Schlag aus dem Bunker bleibt selbst die Außenkante des rechten Fußes unten. Die Füße sind nach links ausgerichtet, und der Schwung erfolgt ohne Anheben der linken Ferse.

Linke Ferse vom Boden anheben

Bereitet es Mühe, den linken Absatz krampfhaft am Boden zu halten, vergessen wir besser den Ratschlag: im Schwung fest wie ein Baum stehen. Wir vollziehen die Drehung unseres Körpers, bis der Rücken zum Ziel zeigt. Erst rollen und dann heben wir dabei den linken Absatz. Gewichtige Spieler lösen ihr Slice-Problem, indem sie ihre linke Ferse vom Boden heben. Verharrt der linke Absatz nicht starr auf dem Rasen, erreichen wir mehr Körperdrehung, Länge im Aufschwung und dadurch weiter fliegende Draw-Bälle. Die Knie- und Hüftbewegung läuft freier. Eine angehobene linke Ferse ermöglicht besonders Oldies einen weiteren Schwungweg, was längere Distanzen verheißt. Durch die ca. 90-Grad-Drehung der Schulter unterstützt der Schläger stets einen Schwung von innen zur Ziellinie und einen Draw von rechts nach links. Mißtöne treten auf, wenn der Schwungauftakt disharmonisch und unrhythmisch geschieht. Durch das Auf und Ab der linken Ferse kann allerdings der Ballkontakt unregelmäßig werden. Eine weitere verbreitete Plage: zuviel Hüftschwung. Der reduziert die Drehung der Schultern und fördert ein Überschwingen. Der rechte Fuß ist auch noch da. Was macht der eigentlich? Er führt ein Mauerblümchendasein, verschiebt sich nur unwesentlich im Rückschwung und tanzt auch sonst während des Schwungs kaum aus der Reihe. Nur am Ende ist er Spitze, steht nach dem Schwungauslauf stramm in der klassischen Haltung nach dem Durchschwingen auf den Zehen und zeigt alle Spikes des Golfschuhs.

◀ *Eine **auf dem Boden stehende linke Ferse** verstärkt eine Slice-Schwungbahn von außen nach innen und reduziert den Rückschwung*

◀ *Das **Auf und Ab der linken Ferse** verursacht oft unregelmäßigen Ballkontakt, übertriebene Hüftdrehung und ein Überschwingen*

Riskant: Flache Eisenschwünge

Lay off
Im zu flachen Rückschwung kippen die Hände weg. Oft entsteht dadurch ein Socket

Neulinge haben den Hang, eher im Rückschwung – und gute Golfer eher im Abschwung – ohne Vorsatz viele Bälle weit nach rechts raus zu blocken! Verläuft die Flugkurve ähnlich flach wie die übermäßig lange und komplizierte Schlägerführung, dann sind wir ***lay off,*** wie das Problem knapp und prägnant im Golferlatein bezeichnet wird. Auf deutsch: Die Schwungebene ist zu flach. Zu flaches Schwingen läßt die Schlägerspitze vor dem Durchschwung nicht zum Ziel, sondern viel zu weit nach links zeigen. Doch auch an anderen Stellen im Schwungverlauf besteht große Gefahr für flache Irrwege. Die Hände spielen eine ausschlaggebende Rolle. Kreuzen wir sie nicht schnell genug in der Treffzone, blocken wir den Ball extrem rechts hinaus. Rollen wir im Treffmoment zu eifrig mit den Händen, bringen wir eine flache Hook-Banane zustande. Um uns von dem Lay-off-Übel ein für allemal zu befreien, stellen wir die bisherige Ansprechstellung in Frage. Stehen die Hände zu weit über dem Ball, nehmen wir sie schnell zurück in die Körpermitte, aber immer noch so, daß sie vor dem Eisenkopf liegen. Die richtige Haltung haben wir gefunden, wenn Arme und Schultern mit dem Schläger ein Y vor dem Körper bilden. Im Schwung, der kürzer und direkter geht, achten wir auf eine steilere Ebene. Vor allem beim Start unterbinden wir, daß die

Übertriebener Einsatz der Handgelenke zu Schwungbeginn nach innen verursacht eine zu flache Schwungebene ▼

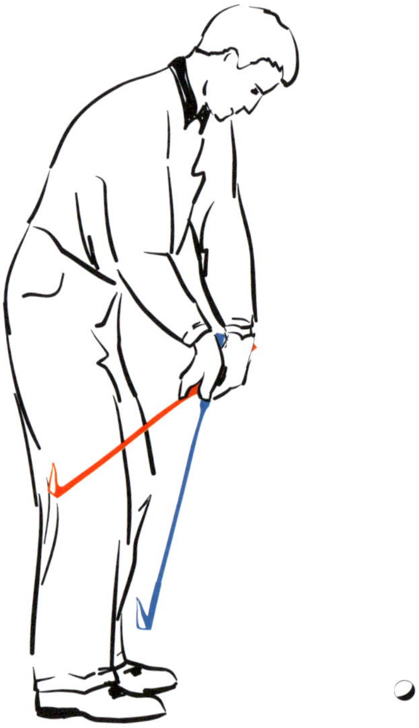

Im Rückschwung befindet sich hier der Schlägerkopf zu nahe am Boden ▼

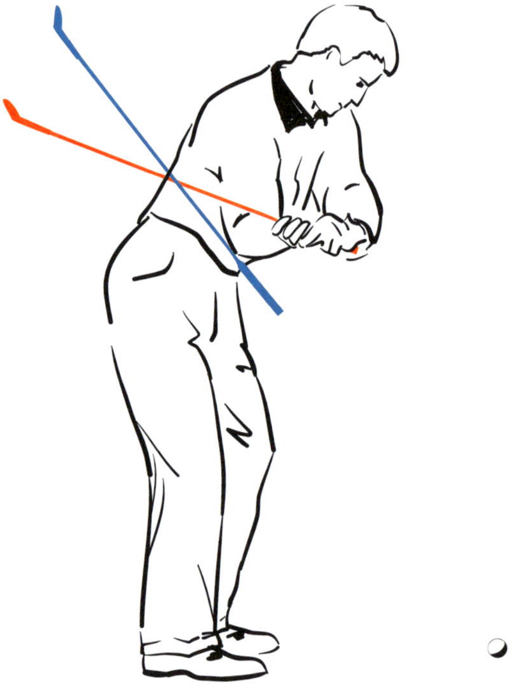

falsche Schlägerhaltung

korrekte Schlägerhaltung

Hände sich zu stark drehen. Erst Handgelenke abwinkeln, dann aufdrehen, heißt die Standarddevise. Gegen Ende des Rückschwungs hilft uns eine Gedankenstütze: Eine Mauer in unserem Rücken läßt keinen flachen Schwung zu.

Am Wendepunkt des Schwungs zeigen dabei der rechte Unterarm und das Handgelenk fast senkrecht zum Boden. Die rechte Handfläche und das Schlägerblatt liegen parallel zueinander. Bewegen wir den Schlägerkopf zu rasant nach unten, bleiben Griff und Hände zurück, und schon schwingen wir wieder lay off. Deshalb achten wir in der Treffzone darauf, daß der linke Handrücken und das Schlägerblatt square zum Ziel zeigen. Ein bewußtes Steuern zum Überkreuzen der Hände – Golflehrer bezeichnen es als ***Release*** – fällt flach, allein die Fliehkraft und die konstante Körperdrehung bringen den Schläger schon auf die richtige Bahn. Wir vertrauen einfach dem Eigengewicht des Schlägerkopfs, beugen, strecken und winkeln im Schwung Hände und Arme ab, während unser rechter Arm beim Rückschwung einknickt und dann der linke gegen Schwungende dasselbe macht. Der Effekt eines solchen Hebelsystems bewirkt enorme Schlägerkopfgeschwindigkeit bei erstaunlich geringem Muskeleinsatz. Besonders beim Schwingen mit mittleren Eisen stehen Tempo und solides Treffen des Balls für präzises Spielen im Vordergrund, um erfolgreich das Grün zu treffen.

Release
Natürliches Drehen der Handgelenke im Durchschwung, damit das Schlägerblatt im Treffmoment auf der Ziellinie ist

Zu starkes Wegkippen der Handgelenke (Lay off) führt zu einer flachen Schwungebene ▼

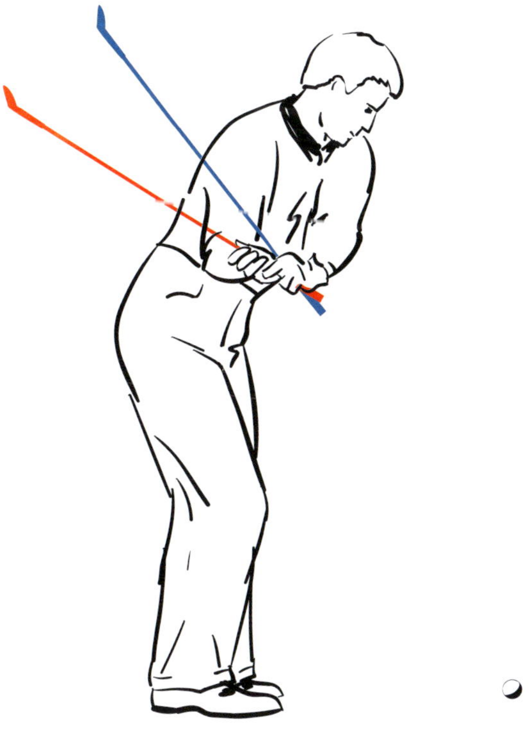

Eine zu flache Schwungebene verhindert den soliden Ballkontakt schon vor dem Durchschwung ▼

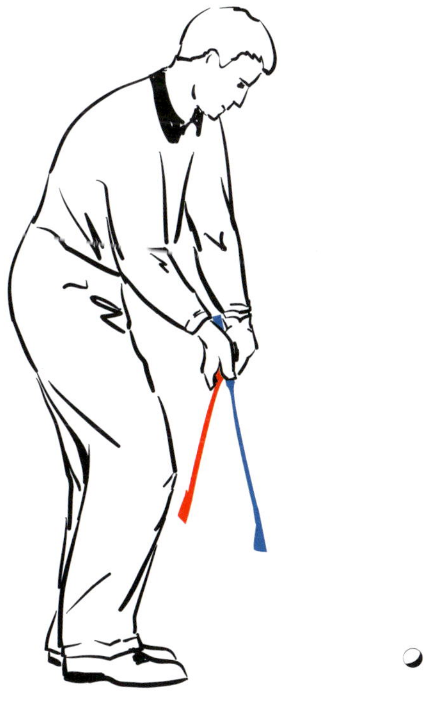

Ich habe den Schläger in meinem Leben einige Millionen Mal geschwungen. Da müßte ich es eigentlich jetzt doch können

Bernhard Langer, Golf-Pro

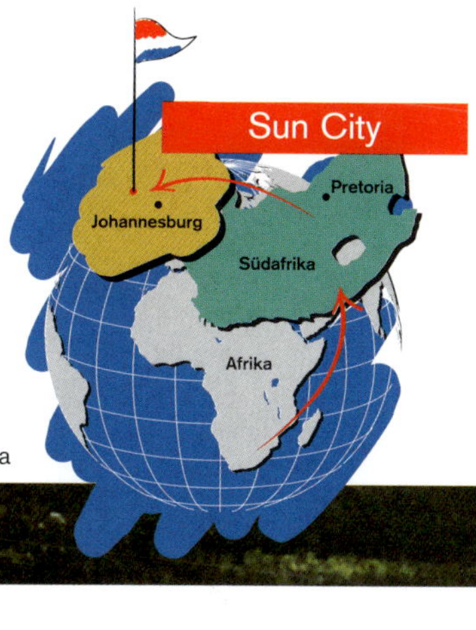

The Palace, Lost and Sun City, Südafrika

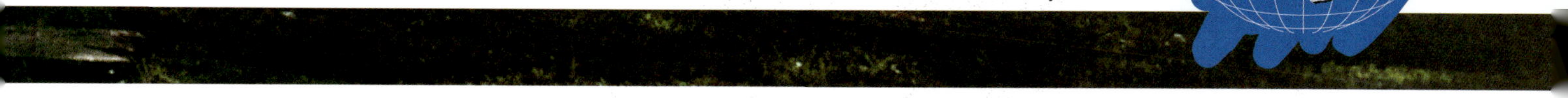

Die hohe Kunst der kurzen Wege

Jeder Golfer will hoch hinaus, seinen Ball aus kurzer Entfernung in hohem Bogen nahe an den Stock schlagen. Wir nehmen uns vor, mit hoher Flugbahn, kontrollierter Weite und wenig Ballauslauf zu pitchen

◄ ***Beach & Country Club Puerto Azul, Philippinen.*** *Ein Resort-Jeepney fährt die Gäste vom Hotel bis zum Abschlag*

▲ *Ein großer Bunker schützt das 18. Grün vor kläglichen Schlägen*

▲ *Abschlag in den Tropen entlang dem menschenleeren Strand*

Die hohe Kunst der kurzen Wege

Pitch
Hoher und kurzer Annäherungsschlag zum Flaggenstock, wird normalerweise mit einem Wedge ausgeführt. Der Ball fliegt im hohen Bogen und rollt nach dem Aufprall wenig aus

▲ *Blick aufs Südchinesische Meer:* ***Puerto Azul, Philippinen***

Bedeutung des Pitch

Was nützt es, den Oberkörper wie ein Schlangenmensch zu verbiegen, um gewaltige Donner-Drives rauszuhämmern, wenn dann der nächste Schlag aus rund hundert Metern übers Grün hinausschießt. Das Schwergewicht (zwischen 65 bis 75 Prozent, je nach Platz) aller Schläge auf der Runde liegt in diesem Radius ums Grün. Der genaue, hohe Bogenschlag zur Fahne stellt eine entscheidende Grundlage dar, um den Score zu senken. Durch die hohe Flugbahn beim Pitch rollt der Ball nach dem Landen auf dem Grün nur wenig. Gute Profis versuchen in ihrem strategischen Spiel, unliebsame Distanzen erst überhaupt nicht zu erreichen. Sie legen den Ball ab, wie sie sagen, damit sie mit dem nächsten Schlag einen vollen Pitch spielen können. Der Amateur hat damit Probleme, weil er selten in der Lage ist, den Ball so sicher zu treffen, daß ihm unbequeme Distanzen vor dem Grün erspart bleiben. Halbe Schläge bereiten Gelegenheitsgolfern größte Probleme. Doch auch bessere Golfer geraten manchmal von der Bahn ab und kommen in die Verlegenheit, einen halben Pitch über ein hohes Hindernis aufs Grün spielen zu müssen. Und die Angst, einer der schlimmsten Feinde des Golfschlags, läßt Spieler jeder Klasse beim kurzen Schwung das Wedge abrupt vor dem Ball bremsen.

Grundlagen für einen guten Pitch

Eisen von geringer Schaftlänge verlangen Präzisionsarbeit. Unser Set-up verläuft streng nach Plan. Bei unserer vertrauten Routine, die wir strikt bei jedem Schlag einhalten, greifen wir das Pitching-Wedge kürzer. Somit stehen wir noch näher am Ball und haben mehr Kontrolle. Bei kurzen Distanzen steht die Richtung nicht so sehr im Vordergrund. Durch das stärker geneigte Schlägerblatt eines Pitching-Wedge, dessen erhöhte Schlagflächenneigung den Rückwärtsdrall fördert und den Seiteneffet erheblich reduziert, ist eine Streuung selten. Wenn wir den Schläger kürzer fassen, etwa zwei bis drei Zentimeter unter dem Griffende, bewirkt das fast von allein einen Dreiviertelschwung. Diese geringe Änderung gegenüber einem vollen Standard-

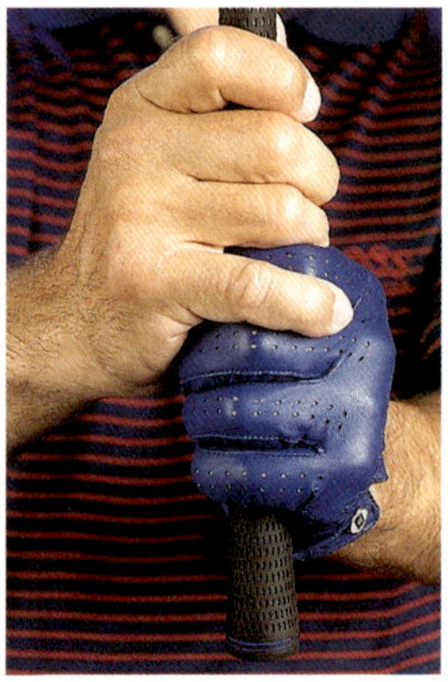

Schläger kürzer fassen bewirkt fast von allein einen Dreiviertelschwung ▶

schwung produziert schon erstaunlich gute Pitch-Schläge.

Ein weiterer wichtiger Schritt für einen erfolgreichen Pitch ist ein offenerer Stand gegenüber der Standardausrichtung. Durch den kürzeren Aktionsradius hat der Körper im Durchschwung weitaus weniger Zeit auszuweichen, deshalb halten wir vor dem Start zum Pitch die linke Seite frei, indem wir offen zum Ball stehen. Um sicher zu sein, daß wir erst voll den Ball, dann den Boden treffen, verlagern wir das Gewicht mehr auf die linke Körperseite. Die Schlagfläche zeigt direkt zum Ziel. Der Ball liegt in der Mitte des Stands. Die Hände befinden sich oberhalb des linken Schenkels. Beim Rückschwung öffnet sich die Schlagfläche. Durch eine rhythmische Oberkörperdrehung von 90 Grad erreichen wir genügend Schlägerkopfgeschwindigkeit. Im tiefsten Punkt oder kurz davor im Schwungbogen treffen wir auf den Ball. Wir setzen die Handgelenke eine Idee mehr ein als beim Standard-Pitch. Den Griff fassen wir so leicht, daß wir das Gewicht des Schlägerkopfs während des ganzen Schwungwegs fühlen.

Durch die Drehung des Rumpfs bleiben die Bälle konstanter in der Flugbahn, als wenn nur die Arme schwingen. Überwiegt Handeinsatz ohne synchrone Körperbewegung beim Pitch, verlangt diese Variante ungewöhnlich viel Ballgefühl. Hände und Arme zittern einfach schneller. Wir vermeiden eine Überbetonung von Hand- und Armeinsatz im Schwungbeginn und kurz bevor der Ball unterwegs ist. Im Einklang bewegen wir Körper, Arme, Hände und Schläger. Generell gilt: Der Schlägerkopf trifft nur durch gleichbleibenden Rhythmus und steile Ebene optimal auf den Ball. Dabei bilden im Treffmoment linker Arm, Handgelenk und Schlägerschaft eine gerade Linie. Da wir niemals nur zum Ball schlagen, sondern durch den gesamten Treffbereich schwingen, stehen wir nach dem Schlag ausbalanciert in der Finish-Position. Übrigens: Um zu prüfen, ob wir in wirksamer Schwungebene liegen, drehen wir uns fast bis zum Schwungwendepunkt auf, lockern den Griff etwas und lassen den Schlägerkopf hinunterfallen. Gleitet das Griffende zuerst hinab, liegen wir richtig. Kippt aber der Schlägerkopf vorher weg, schwingen wir zweifelsfrei zu flach, was einen Fehlschuß zur Folge hat.

Cut in die Wolken

Cut
Angeschnittener Schlag, der von außen nach innen geschlagen wird, damit der Ball hoch steigt und nach der Landung schnell ruht. Cut nennt man auch Beschädigungen am Ball oder den Ergebnisschnitt, den ein Spieler beim Turnier für den Einzug in die Finalrunde schaffen muß

Speziell hohe Bälle müssen besonders hart geschlagen werden. Um den Ball extrem hoch über riesige Baumkronen und kurze Entfernung zu schießen, stellen wir uns sehr offen zur Ziellinie. Der Ball liegt innerhalb der linken Ferse. Die Schlagfläche öffnen wir weiter. Überhaupt, je höher und kürzer wir schlagen, um so mehr richten wir das Schlägerblatt im Uhrzeigersinn aus. Somit entfällt ein Löffeln oder Hochheben des Balls, die schräg gestellte Schlagfläche erledigt das für uns. Unser Körpergewicht verteilen wir gleichmäßig auf beide Füße. Dann heißt es, Nerven bewahren und in weitem Bogen einen Pitch durchziehen. Unsere Schwungkurve durch den Ball läuft ein wenig von außen nach innen. Der Einsatz der Beine spielt dabei eine entscheidende Rolle. Bleiben Füße, Knie und Hüften weitgehend ruhig, kontrollieren Schultern, Arme und Hände überwiegend den Schlag. So gelingt es uns am besten, die Entfernungen zu kontrollieren. Die Distanz dürfte bei niedrigerer Flugbahn dem Standardschwung entsprechen. Falls aber kein extrem hohes Hindernis auf dem Weg zum Loch steht, umgehen wir klugerweise den risikoreichen Schlag in die Wolken und lassen den Ball sicher auf niedriger Flugbahn fliegen.

Lob-Wedge
Spezial-Wedge, auch Approach- und Trouble-Wedge genannt. Der Loft reicht von 60 bis 62 Grad. Die hohe Flugkurve überwindet leicht Hindernisse und läßt den Ball schnell zur Ruhe kommen. Vorwiegend bei guter Ball-Lage einsetzen

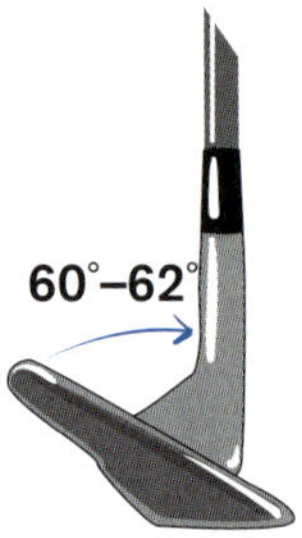

Pitching-Wedge
Der wohl am häufigsten eingesetzte Schläger ums Grün eignet sich universell für hohe und etwas flachere Bogenschüsse

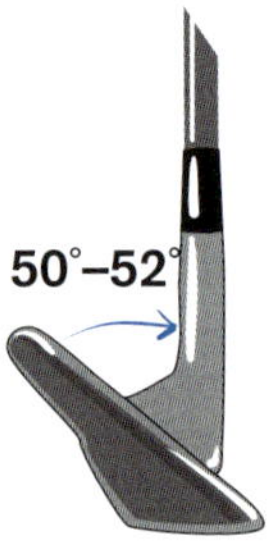

Mit dem Lob-Wedge ganz hoch hinaus

Auf dem direkten Weg zum Grün erschwert eine Bunkerschlucht den Schlag. Um das Par zu retten, müssen ein hoher, weich landender Pitch und ein kurzer Putt her. Mit dem normalen Wedge kommen wir bei einem vollen Schlag zu weit, und der Ball würde sich im Sand gegenüber eingraben. Ein Spezialschläger, das Lob-Wedge, auch Trouble-Wedge genannt, mit verstärkter Schlagflächenneigung, könnte die Situation entschärfen. Üblicherweise umfaßt der maximal 14teilige Schlägersatz aber nur ein ***Pitching-Wedge*** um die 52 Grad und ein Sand-Wedge mit circa 56 Grad Schlagflächenneigung. Ein drittes Wedge mit einer Schlägerblattneigung von 60 Grad oder mehr wirkt jetzt Wunder. Ohne Stand und Schläger zu verdrehen, ermöglicht das Lob-Wedge, wenn der Ball gut gepolstert auf einem Graskissen liegt, einen normalen Schlag. Bei viel Sonnenschein entstehen ums Grün nackte, steinige Stellen. Das Lob-Wedge ist dann für gute Spieler Retter in der Not – auch auf Anlagen mit erhöht liegenden, kleinen Grüns und schlimmen Grasbunkern. Sein geübter Einsatz, bei dem der Ball über eine kurze Strecke steil in die Luft geht, über ein hohes Hindernis zum Stock fliegt und nach dem Aufprall schnell bremst, bewährt sich in brenzligen Situationen. Die Wunderwaffe für gute Golfer mit starken Nerven erlaubt es, in heiklen Lagen mit genügend Rückwärtsdrall das Loch direkt zu attackieren.

Auch im Rough, wenn der Ball keinen Backspin hat, weil beim Schwung Gras zwischen Schlägerblatt und Ball gerät, rollt er wegen der hohen Flugbahn wenig aus. Ebenso läßt in tiefen Bunkern, die mit komprimiertem Sand gefüllt sind, die Konstruktion des Geräts durch geringere Aufprallwirkung und stärkeren Loft gegenüber einem Sandeisen den Ball schneller steigen und kurze Entfernungen sicherer überbrücken. Wegen der Gefahren, die um die Grüns neuer Plätze lauern, haben viele Golfgroßmeister in den letzten Jahren auf ein langes Eisen im Bag zugunsten eines Spezial-Wedge, des sogenannten Lob-Wedge, verzichtet.

Die stark geneigte Schlagfläche bringt den Ball rasch in die Höhe, bei kurzer Distanz und geringer Ausrollphase ▶

Flacher Pitch

Auf der Golfrunde spielt sich nicht alles grundsätzlich friedlich ab. Böiger Wind, herunterhängende Zweige eines Baums oder ein Divot verlangen einen flachen Pitch. Wir stehen nur leicht offen zur Ziellinie und spielen den Ball kompakt hinter Standmitte und rechtem Fuß. Die Hände werden weit vor den Ball, also zum Ziel hin, in Stellung gebracht. Der Großteil des Gewichts lagert während des gesamten runden Schwungs auf der linken Seite. Wir setzen kaum Handgelenke ein. Die Schwungbahn verläuft mehr als sonst von innen. Kraftvoll ziehen wir eine volle Schulterdrehung durch, ohne ganz in die Standard-Endstellung zu schwingen. Warum eigentlich? Der Ball soll in einer flachen Flugbahn fliegen, braucht also nicht stark geschlagen zu werden. Motto: Kontrolle steht vor zuviel Krafteinsatz.

◀ *Damit der Unterkörper im Schwung möglichst ruhig bleibt, schwingen wir nicht ganz zurück*

◀ *Mehr Distanzkontrolle erreicht man mit einem flach geschlagenen Pitch: Das Körpergewicht bleibt während des Schwungs auf der linken Seite, der Ball wird mehr von rechts gespielt*

Damit der Ball schnell ► an Höhe gewinnt, öffnen wir das Schlägerblatt und unseren Stand bei der Ballansprache. Die untere Kante des Schlägerblatts zeigt zum Ziel. Wir schwingen von außen nach innen

Der Ball befindet sich ► gegenüber in der Mitte unseres Fußstands. Wir stehen leicht offen. Schultern und Schlägerblatt sind square zur Ziellinie ausgerichtet

Aus der fiesen Divot- ► Lage sind wir gezwungen, den Ball mehr vom rechten Fuß zu spielen. Das Gewicht liegt während des gesamten Schwungs links. Dadurch kommt das Schlägerblatt steiler zum Ball, und der Ball fliegt flacher

So unterschiedlich hoch fliegen die Bälle mit den links beschriebenen Stellungen zum Ball.
***Wailea, Emerald Course, Maui, Hawaii* ▼**

Probleme: Fette und dünne Pitch-Schläge

Wegen einer kleinen Konzentrationsschwäche kann der Pitch mißglücken, und Anfänger verlieren viele Schläge und vielleicht auch den Ball. ***Fett getroffen,*** fliegt die Grasnarbe weiter als der Ball. ***Dünn getroffen,*** segelt er übers Grün hinaus. Das geht auf folgende Ursachen zurück: Beim Schwungbogen wird der tiefste Punkt im Treffmoment zu früh erreicht. Oder wir richten uns neugierig zu früh auf und treffen deswegen den Ball dünn. Im ersten Fall gräbt sich das Schlägerblatt schon vor dem Ball fett in den Rasen. Im anderen toppt die Vorderkante des Schlägerkopfs den Ball in der Mitte, ohne das Gras zu streifen. Schon in der Ansprechstellung und während des Schwungverlaufs fürchten wir einen Fehlschlag. Dabei ist es wegen des geringeren Kraftaufwands und des reduzierten Ablaufs einfach, den Ball vor dem tiefsten Punkt im Schwungbogen zu treffen. Das Schwerkraftverhalten des Schlägers arbeitet äußerst zuverlässig. Wir greifen den Schläger leicht, spüren das Gewicht des Kopfs im Rück- und Durchschwung, und die Arme sind in der Treffzone automatisch gestreckt. Der Kontakt – erst Ball, dann Boden – steht. Die negative Erwartungshaltung werfen wir schleunigst über Bord.

Fett getroffen
Dabei trifft das Schlägerblatt erst den Boden (fett) und dann den Ball, was automatisch eine Distanzreduzierung zur Folge hat

Dünn getroffen
Der Schlägerkopf hat den Ball mit seiner Unterkante zu hoch getroffen. Dadurch bleibt der Loft unwirksam, und der Ball flitzt im niedrigen Bogen ohne Entfernungskontrolle davon

Meßstein
Die Grundlage für eine exakte Entfernungsangabe vom Abschlag bis zum Grünanfang ist der Meßstein

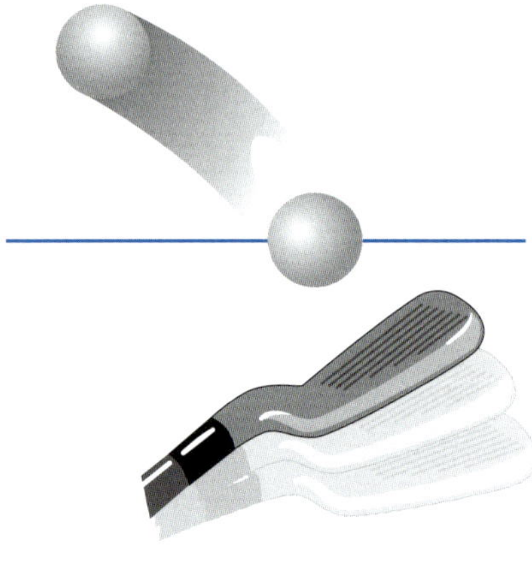

Schwingt der ▶ Schläger zu extrem von innen nach außen, ist der Auftreffwinkel im Moment des Ballkontakts viel zu flach. Hauptgrund für fett oder dünn getroffen

Die Unterschiede der Schlägerweiten

Als Flugpassagiere machen wir uns kaum Gedanken, wie der Pilot den Weg zum Ziel findet und wie er gefährliche Begegnungen in der Luft vermeidet. Als Golfspieler machen wir uns aber von Anfang an Gedanken, wie weit der einzelne Schläger den Ball bei vollem Schwung befördert und wie wir die Etappen zum Grün gefahrlos überstehen. Auf der Driving Range wird mit einschaligen Übungsbällen geschlagen, die in der Regel zehn Prozent kürzer fliegen als die hochwertigeren Spielbälle. Wir können dort unsere Weiten also nicht präzise messen. Zudem schwingen wir anders, wenn es auf dem Kurs um etwas geht. Deshalb führen wir unseren persönlichen Weitentest unter Spielbedingungen durch. Nur so erfahren wir brauchbare Ergebnisse. Die durchschnittliche Weite eines Schlägers ermitteln wir mit mindestens einem halben Dutzend gut getroffener Bälle unserer bevorzugten Marke. Als Bemessungsgrundlage dienen uns am Abschlag der ***Meßstein*** und die Entfernungsmarkierungen auf einer ebenen Spielbahn des Platzes. Den häufigen Amateurfehler, die Entfernung von einem Eisen zum anderen im 10-Meter-Takt zu vermuten, vermeiden wir. Wer feststellt, daß er am Limit der Schlägerkopfgeschwindigkeit schwingt und keinen Entfernungsunterschied mehr zwischen Eisen 4, 3 und 2 feststellt, ist gut beraten, zugunsten eines Trouble-Wedge oder -Wood auf die Schläger mit den steilsten Lofts zu verzichten. Jeder Golffreund, der etwas auf sein Spiel hält, weiß genau, wie weit sein Ball bei Wind, Schräglage und unterschiedlichen Bodenbedingungen fliegen wird. Beschlagen, wie der gründliche Golfer ist, kennt er von allen Schlägern im Bag: Loft, Flugbahn und durchschnittliche Weite.

Die Lofts der einzelnen Schläger

Holz-Nr.:	**1**	**2**	**3**	**4**	**5**	**6**	**7**	**8**	**9**	**10**
Herren:*	*11°*	*13°*	*16°*	*19°*	*22°*	*25°*	*28°*	*31°*	*34°*	*37°*
Damen:*	*12°*	*14°*	*17°*	*20°*	*23°*	*26°*	*29°*	*32°*	*35°*	*38°*

Eisen-Nr.:	**1**	**2**	**3**	**4**	**5**	**6**	**7**	**8**	**9**	**PW****	**SW****	**LW****
Herren:*	*17°*	*20°*	*24°*	*28°*	*32°*	*36°*	*40°*	*44°*	*48°*	*52°*	*56°*	*60°*
Damen:*	*–°*	*21°*	*25°*	*29°*	*33°*	*37°*	*41°*	*45°*	*49°*	*53°*	*57°*	*61°*

* *Üblicher Loft, Damen oder Herren. Jeder Schlägerhersteller stellt die Lofts nach eigenem Ermessen ein, bei den angegebenen Zahlen handelt es sich um Durchschnittswerte. Maximal 14 Schläger, inklusive Putter, dürfen mit auf die Runde*

** *PW = Pitching-Wedge*
SW = Sand-Wedge
LW = Lob-Wedge

Idealer Auftreffwinkel, Flugbahn und Länge einzelner Schläger

Alle Meterangaben sind durchschnittliche Weiten von Golf-Pros in Carry. Carry bedeutet reine Fluglänge des Balls vom Abschlag bis zum ersten Aufprall auf dem Boden – ohne Ausrollphase

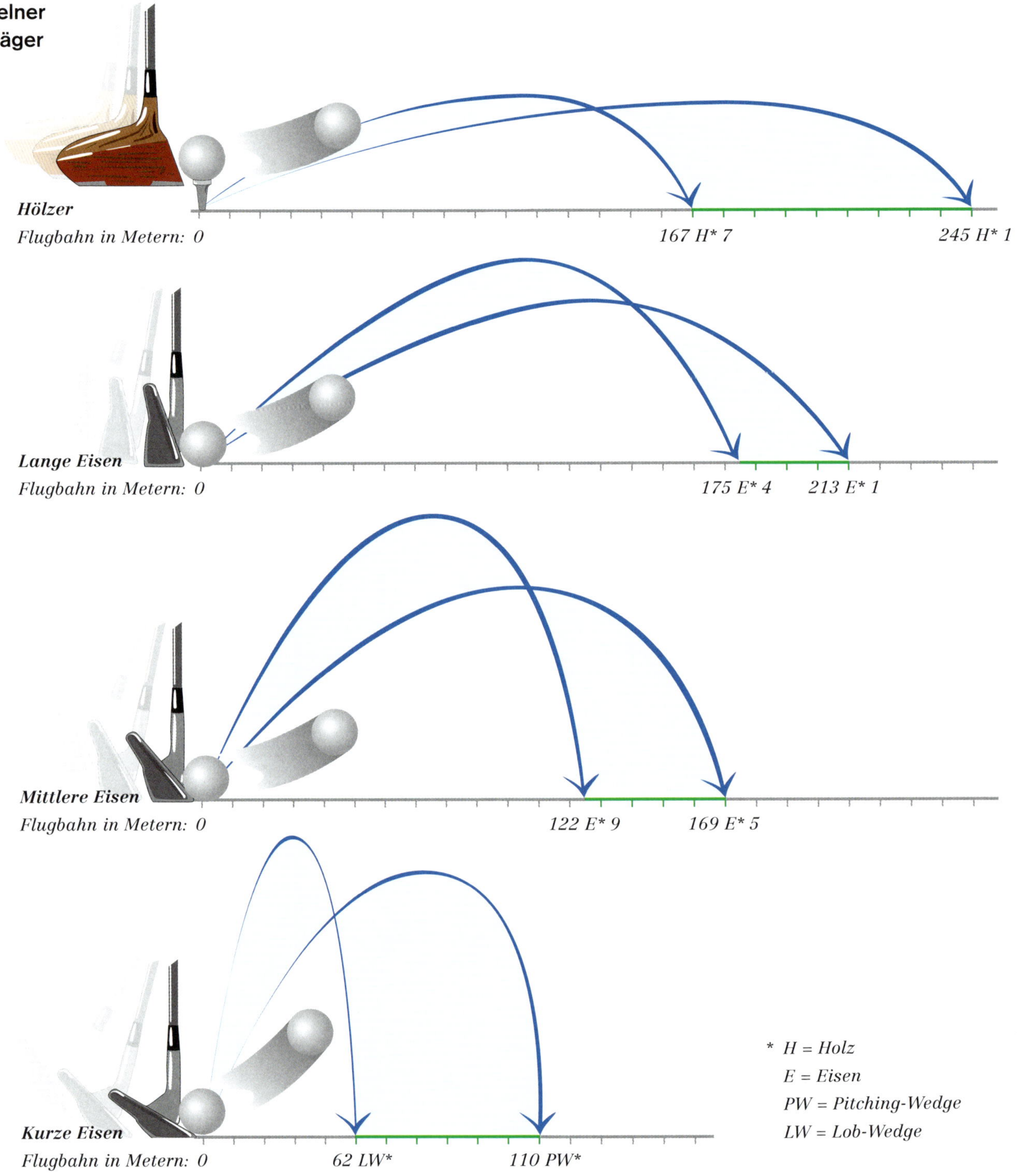

Ungünstige Auftreffwinkel

Zu steil

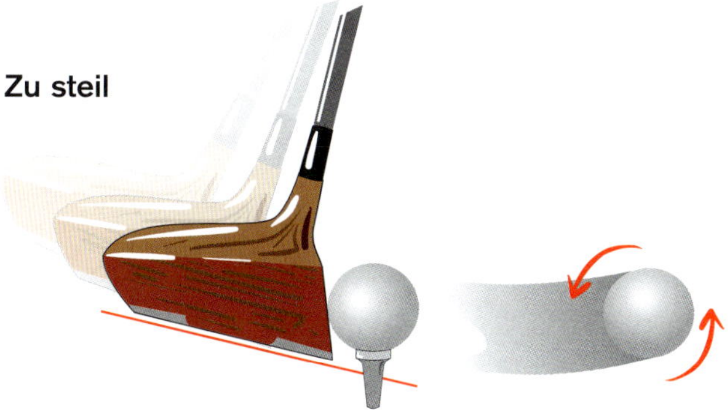

*Zu **steiler Auftreffwinkel** verursacht Toppen oder Unterschlagen des Balls. Beim Unterschlagen schießt der Ball in die Höhe, genauso hoch wie weit. Oft Resultat einer Schwungbahn von außen nach innen*

Zu flach

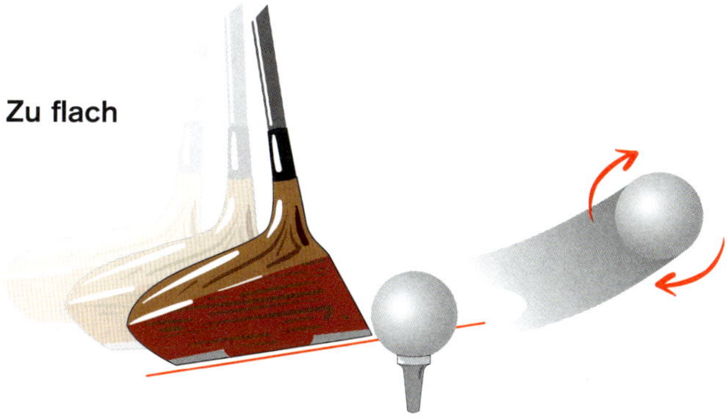

***Flacher Auftreffwinkel** verursacht Toppen des Balls. Typische Folge eines Schwungs von innen nach außen*

Zu steil

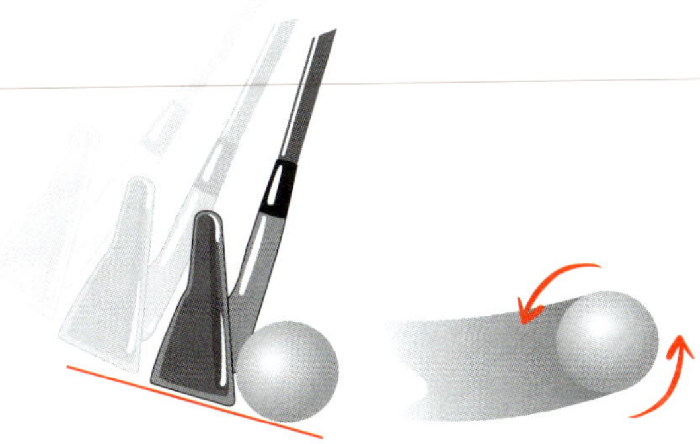

Zu flach

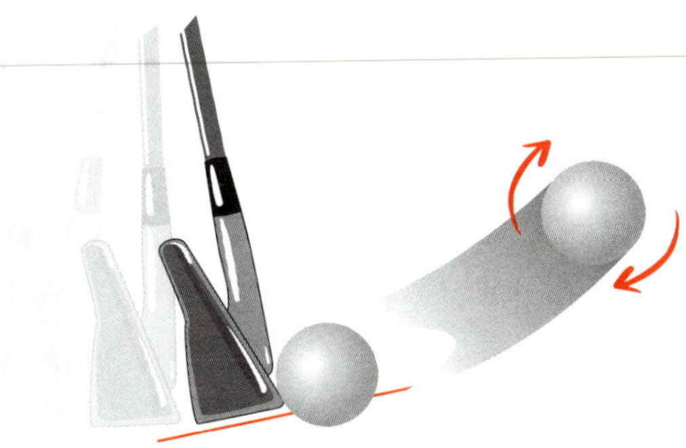

*Toppen des Balls oder Treffen des Bodens vor dem Ball sind die möglichen Folgen eines zu **steilen Auftreffwinkels** oder eines zu **flachen Auftreffwinkels***

Die meiste Kraft sollte man verwenden, um den Schläger ins Bag zu stecken

Byron Nelson, Golf-Pro

Puerto Azul Beach & Country Club, Ternate/Cavite, Philippinen

5. Loch – Slice, Socket und Hook

Ganz krumme Sachen

Sind Slice, Socket und Hook im Spiel, verschwinden die Bälle seitlich im Gelände. Wir verzweifeln nicht, bringen den Ball wieder auf den rechten Weg und schaffen uns das Problem vom Hals

◀ ***Pebble Beach, Kalifornien.*** *Traumschön, aber schwer anzuspielen: das berühmte Par 3 am Pazifik*

▲ *Am Pro-Shop vorbei geht es zum Starterhäuschen*

▲ *Am privaten 17. Miles Drive ist der Resort-Kunde für Dollars König*

Ganz krumme Sachen

Spin
Backspin. *Ball hat Rückwärtsdrall und läuft nach dem Auftreffen zurück*
Overspin. *Ball hat Vorwärtsdrall und läuft nach dem Auftreffen weiter*
Sidespin. *Ball hat seitlichen Drall, Flugbahn kurvig*

Flyer
Der Ball fliegt weiter als ein normal getroffener und beißt nicht nach dem Aufprall. Grund: Zwischen Ball und Schlagfläche war langes Gras

Die Sache mit dem Spin

Selbst wer ganz krumme Sachen auf Ansage kann – grundsätzlich gilt für Golfer jeder Spielklasse: Weder ein Hook noch ein Slice ist ein wirksamer Schlag auf der Runde. Durch den extrem kurvigen Flugverlauf verlieren wir Weite und Genauigkeit. Ein schief gestellter Schlägerkopf im Treffmoment verschärft das, nur eine square gestellte Schlagfläche trifft klangvoll und sauber auf den Ball. Ein solcher Ball fliegt einwandfrei mit ***Spin.*** Diese überwiegend Rückwärts- und Seitlichdrehung des Balls hat für das Flugverhalten – ob er hoch oder niedrig fliegt und welche Richtung er einschlägt – eine bedeutende Tragweite. In ihren ersten Unterrichtsstunden lernen Piloten das Einmaleins der Luftfahrt: die Grundlagen der Aerodynamik. Viele langjährige Golfer verrechnen sich oft auf dem Kurs, weil sie ihre Hausaufgaben über bestimmte Verhaltensweisen des Balls nie machten. Wir pauken das Thema. Der Spin nach dem Treffmoment (er dauert eine Tausendstelsekunde) spielt die tragende Rolle in der Luft, auf dem Platz und in der Spielstrategie.

Backspin

Bei Eisen 9 bis Lob-Wedge dominiert der Backspin. Eine steile Schwungebene, hohe Schlägerkopfgeschwindigkeit und die Stellung der Schlagfläche verursachen beim Kontakt mit dem Ball eine Reibung: Der Ball reagiert nach dem Abflug mit Rückwärtsdrall. Er fliegt dadurch hoch und hält sich länger in der Luft. Nach dem Aufprall stoppt er schnell, Spitzenspieler schaffen es sogar, daß er auf dem Grün ein paar Meter zurückrollt. Zu wenig Schlägerkopfgeschwindigkeit bewirkt minimalen Backspin und wird von manchen als vermeintlicher Vorwärtsdrall bewertet. Irrtum, den produzieren nur versehentlich getoppte Schläge und ***Flyer.*** Wenn zwischen Schlägerblatt und Ball Gras liegt, rollt der Schlag nach der Landung unkontrolliert weit aus. Flyer nennen Golfer diese unangenehme Form von Bällen, die übers Grün hinausschießen. Rückenwind hält den Ball, mit Backspin geschlagen, länger in der Luft. Bläst der Wind von vorn, vermeiden wir es, den Ball mit Rückwärtsdrall zu spielen: also nicht aggressiv und nicht zu weit rechts gegenüber der Standmitte schlagen. Sonst treibt der Wind den Ball zu einem steilen Kerzenschlag.

▲ *Naturwunder am laufenden Band. Auf der* ***Monterey-Halbinsel*** *übertreffen sich die Aussichten*

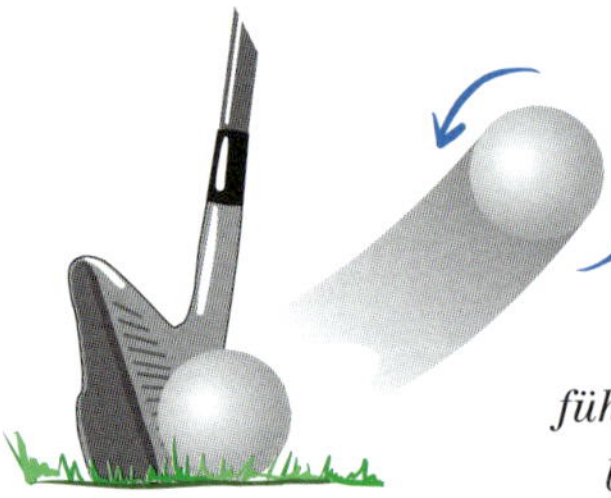

Einwandfreier Ballkontakt auf Fairway-Rasen führt zu berechenbarem Backspin

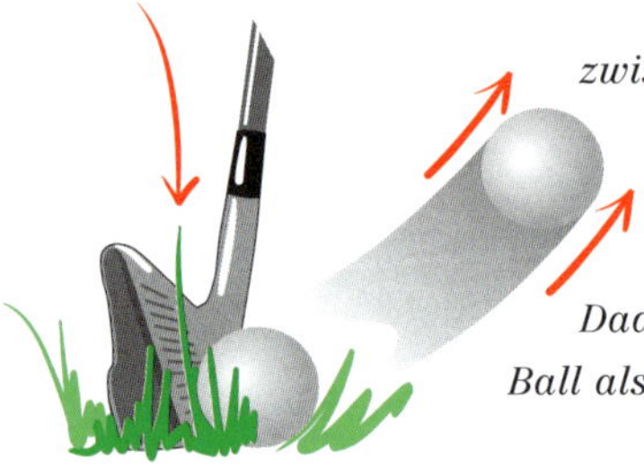

Hohes Gras zwischen Ball und Schlägerblatt verhindert den Spin. Dadurch fliegt der Ball als unkontrollierbarer Flyer

Sidespin

Eisen 1 bis 8 und alle üblichen Hölzer gewähren Schläge mit viel Sidespin und wenig Backspin. Eine wirksame Waffe im Kampf gegen abknickende Spielbahnen und Wind. Bläst der Wind seitlich, spielen wir am besten mit ihm. Bläst er beispielsweise von rechts, spielen wir nach rechts, um sowenig Seitendrehung wie möglich zu erlangen. Am Abschlag teen wir den Ball in Fingerstärke über dem Boden auf. Fegen wir den Ball dann flach mit der Vorderkante des Schlägers, erreichen wir im Gegensatz zur Mitte der Schlagfläche weniger Reibung und somit mehr Sidespin.

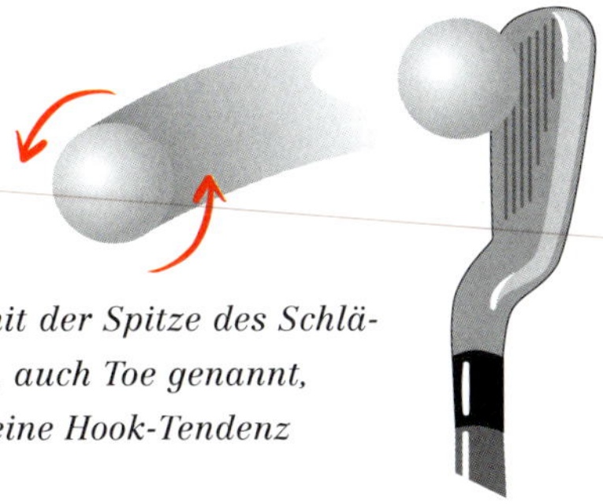

Schlag mit der Spitze des Schlägerkopfs, auch Toe genannt, bewirkt eine Hook-Tendenz

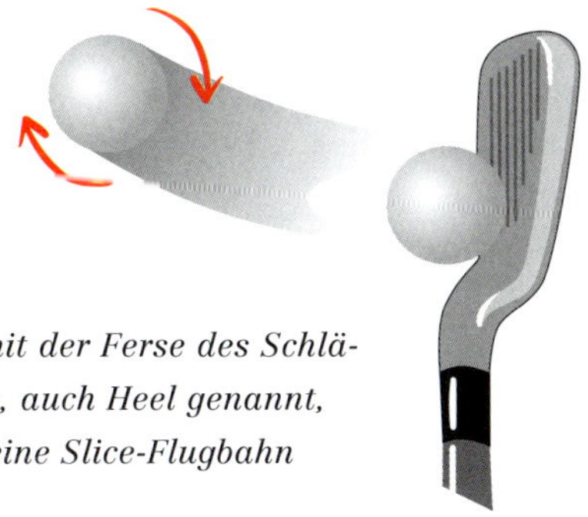

Schlag mit der Ferse des Schlägerblatts, auch Heel genannt, forciert eine Slice-Flugbahn

Spielt die Ballart entscheidend mit?

Weite steht bei Amateuren stets im Vordergrund. Sie ist wichtigstes Kriterium bei der Wahl ihrer Bälle. Dabei sind Spin-Eigenschaften für einen guten Score durchschlagend. Genau wie die ***Dimples*** auf dem Ball. Die zahlreichen kleinen Dellen erzeugen beim Flug durch die Luft winzige Turbulenzen. Sie tragen entscheidend dazu bei, daß der Ball mit einem Durchmesser von 42,67 mm (1,68 Inches) und einem Gewicht von nicht mehr als 45,93 Gramm länger in der Luft bleibt. Die unregelmäßige Oberfläche zeigt Wirkung. Die Vertiefungen geben dem Ball mehr Auftrieb und eine stabilere Fluglage. Allerdings produzieren tiefe Dimples zuviel Luftwiderstand und Strömungen, der Ball fliegt wesentlich kürzer. Genau wie ein ganz glatter Ball nur halb soweit wie ein regulärer Golfball fliegen würde. Der gewickelte Dreischalenball und der Ball nach dem Multi-Layer-Prinzip fühlen sich weicher an und sorgen für maximalen Backspin. Eine sanfte Außenhaut, wie ***Balata,*** verstärkt die schnelle Bremsung auf dem Grün erheblich. Zweischalenbälle gibt es auch schon mit strapazierfähiger Außenhaut, meist aus ***Surlyn,*** das sich beim Schlag hart anfühlt. Wegen der Flugweite sind die Bälle weniger drehfreudig nach der Landung. Mittlerweile hat die Industrie es geschafft, Two-Piece-Bälle mit besseren Spin-Eigenschaften zu produzieren. Einsteiger spielen meist Zweischalenbälle, denn sie haben eine längere Lebensdauer. Mit wachsender Spielstärke empfiehlt sich ein Wechsel zum Dreischalenball. Dieser Ball beißt besser auf dem Grün, und gerade im kurzen Spiel bringt er mehr Genauigkeit. Im langen Spiel zeichnet er sich weitgehend durch eine gleichbleibende Flugcharakteristik aus. Ein Produktmerkmal steht auf allen Bällen: die Kompression. Im Treffmoment wird der Ball durch die Wucht der Geschwindigkeit zusammengedrückt. Frauen greifen üblicherweise zu Bällen mit ***Kompression*** 80. Newcomer nehmen 90er-Kompression wie bei kühlem Wetter die Cracks, die bei Sonne zur 100er-Kompression tendieren.

Dimples
Die bis zu 500 kleinen Vertiefungen in der Außenhaut des Golfballs dienen Auftrieb und genauem Flug. Je tiefer sie sind, um so flacher fällt die Flugkurve aus

Balata
Überwiegend Pros spielen die Dreischalen-Golfbälle mit einer sehr weichen, empfindlichen Außenschale. Sie haben damit ums Grün mehr Gefühl und erreichen mehr Backspin. Der gewickelte Gummikern hat eine Lagerdauer von zwei bis drei Jahren (nach Angabe des größten Herstellers)

Surlyn
Strapazierfähige und zähe Kunststoffschale. Ein gewickelter Surlyn-Ball ist bis zu fünf Jahre haltbar und wird oft statt der kostspieligen, gewickelten Dreischalen-Balata-Bälle genommen. Ein Zweischalen-Surlyn-Ball kann noch länger gelagert werden

Kompression
Härte eines Golfballs. Beim Auftreffen des Schlägerkopfs verändert sich die Ballform. Frauen bevorzugen weichere Bälle mit 80er-Kompression, Männer tendieren zu 90er-Kompression, und bei Sonne setzen Profis →

→ *die härteren 100er-Bälle ein. Allgemein wird die Bedeutung der Kompression überschätzt. Tests ergaben kaum Abweichungen in Flugbahn, Weite und Backspin-Verhalten*

Der Slice

Auf einer Runde geht bei Gelegenheitsgolfern immer irgend etwas schief. Ein Leben lang begleiten sie Slice-Schläge, die kaum Weite und keine Ballkontrolle haben. Manche verzweifeln regelrecht daran. Über 80 Prozent kämpfen täglich auf den Plätzen dieser Erde gegen drei Arten von Bananenschlägen: einfacher Slice, Push-Slice und Pull-Slice. Der Ball erhält durch den Schlag einen Drall im Uhrzeigersinn. Oft schwingt der Schläger von außerhalb der Ziellinie nach innen, beim Push-Slice von innen nach außen, und ein zu steiler Auftreffwinkel verursacht zu viel Backspin. Wir gehen den Ursachen schief fliegender Bälle auf den Grund und finden Wege, das Übel an der Wurzel zu packen. Slice-Schüsse streuen durch übertriebenen Drall radikal nach rechts. Nicht zu verwechseln mit einem Fade, dessen Seitendrehung weit geringer ausfällt. Der Ball kurvt in einem beabsichtigten schwachen Links-rechts-Bogen mit weniger Ballauslauf als bei einem Draw zum gewünschten Ziel.

Der Schwung zum Slice

▲ *Überschwingen oder übertriebene Gewichtsverlagerung führen zu offener Schlagfläche im Treffmoment*

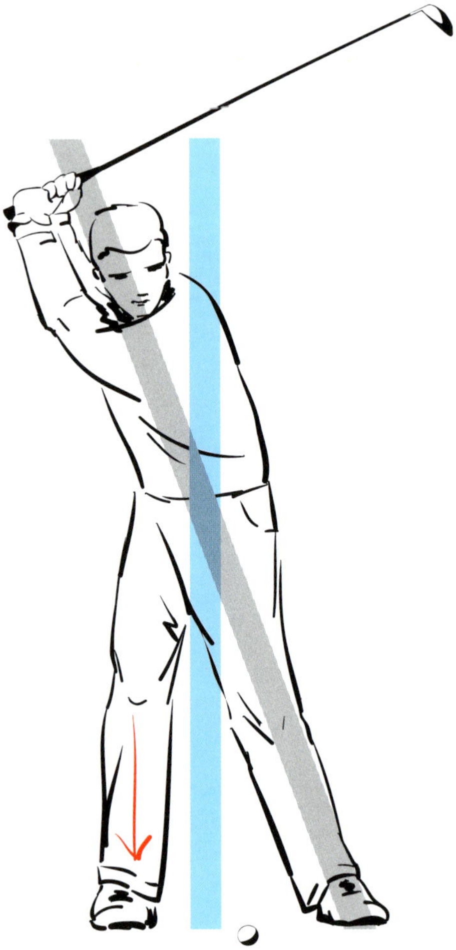

▲ *Slicer-Schicksal: Sie lassen ihr Gewicht nach dem Rückschwung wie versteinert auf dem rechten Bein, statt aufs linke zu wechseln*

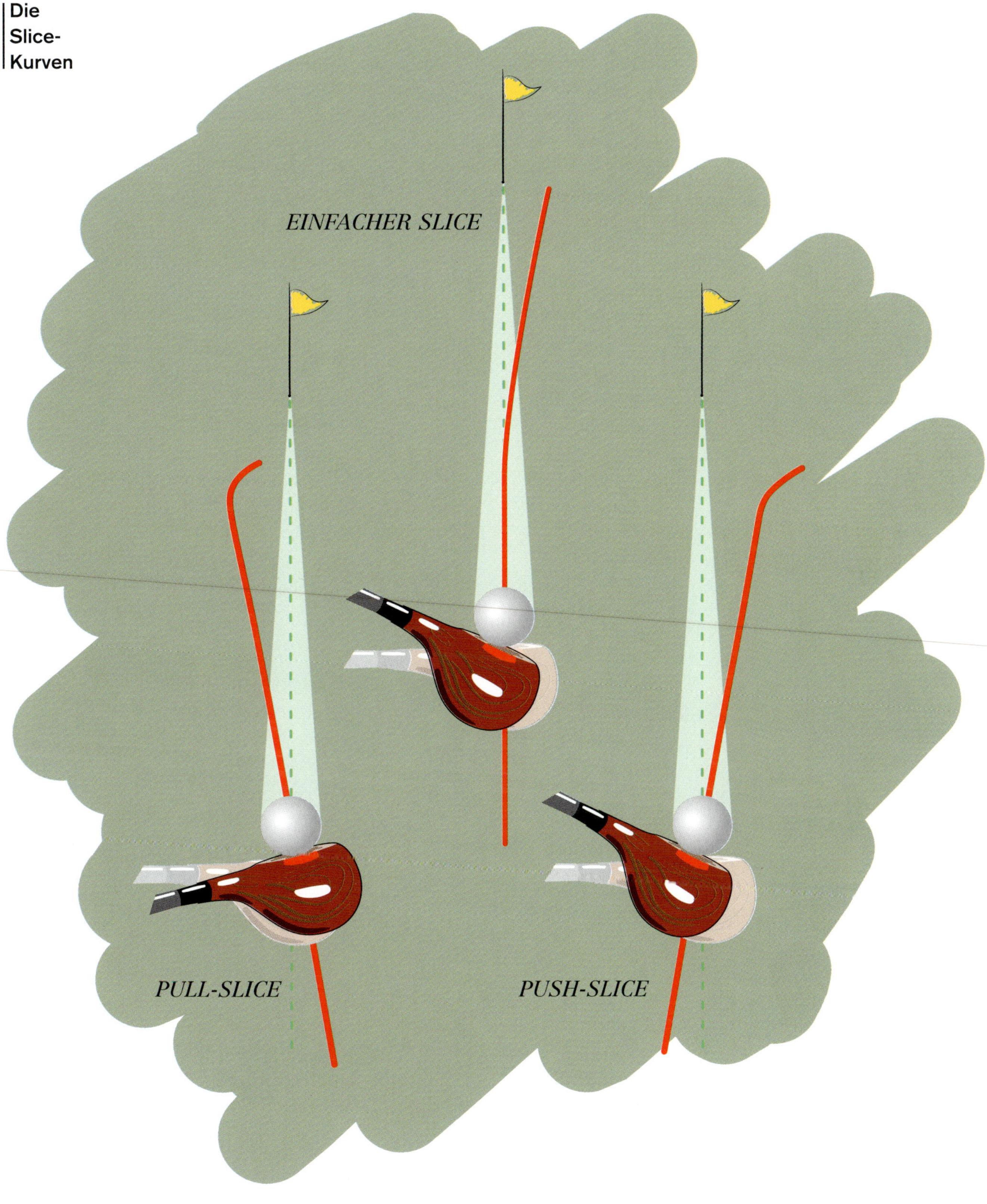
EINFACHER SLICE
PULL-SLICE
PUSH-SLICE

Wie der einfache Slice entsteht ...

Einsteiger und Oldies lassen im Durchschwung oft ihr rechtes Bein belastet. Dieser häufige Fehler passiert, weil das Körpergewicht im Durchschwung zu stark auf die rechte Seite schwankt. Deswegen bleiben die Hüften beim Durchschwung geschlossen, die Schlagfläche kommt offen zum Ball.

Verkrampfte Handgelenke blockieren beim Ballkontakt den flüssigen Golfschwung. Deswegen wird der Ball mit offener Schlagfläche getroffen.

Eine starr gestreckte Haltung des linken Arms während des Ballkontakts verhindert die fließende Arbeit der Handgelenke im Schwungablauf.

Ein unrhythmischer Schwung mit übertriebenem Armeinsatz erzeugt geringe Schlägerkopfgeschwindigkeit. Zudem trifft der Schlägerkopf den Ball mit offenem Blatt.

Eine zu geringe Drehung der Schultern richtet den Schläger im Rückschwung zu weit links vom Ziel aus.

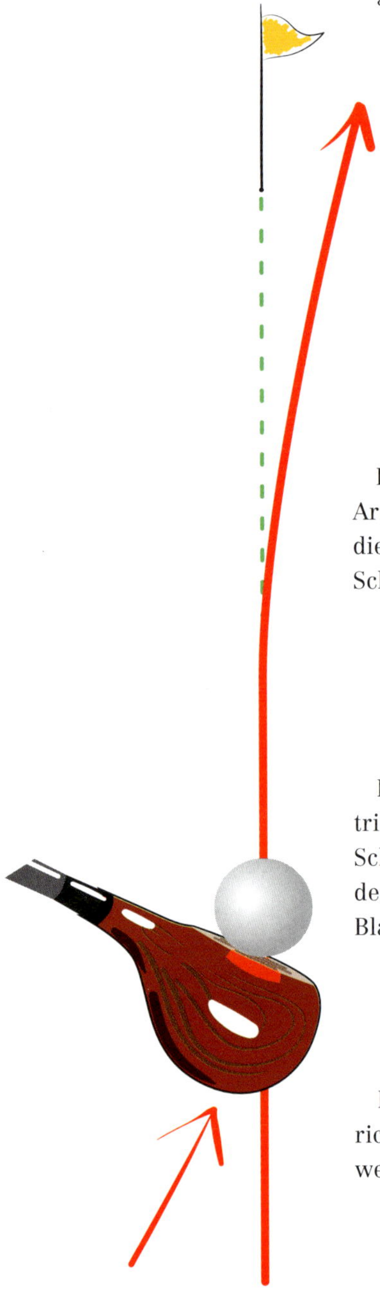

... und wie man ihn verhindert

Um den Ball square zu treffen, muß die Gewichtsverlagerung korrigiert werden. Probeschwünge mit eng gestellten Füßen helfen, das Gefühl für die optimale Gewichtsverteilung und Balance im Schwung zu erlangen.

Den Schlägerkopf nicht steuern, sondern ihm im Treffbereich freien Lauf lassen: Den Griff lockerer fassen und die Handgelenke im Schwung aktiver einsetzen. Hilfreich ist, zunächst halbe Schwünge zu üben, um den Handgelenkeinsatz besser zu spüren. Werden wir sicherer und gerade, geben wir Gas bis zum vollen Schwung.

Die alte Lehrerweisheit »Linker Arm bleibt im Schwung gerade« überziehen viele in der Anwendung. Ein entspannter linker Arm, gestreckt durch die Schwerkraft im Schwung, läßt nicht nur den linken, sondern auch den rechten Arm im Treffmoment wie von selbst gerade sein.

Mit voller Schulterdrehung und weitem Schwungablauf kommen armbetonte Spieler wieder in Einklang mit einem fließenden Schwung. Wir schlagen nicht zum Ball, sondern schwingen voll durch ihn hindurch und erreichen so maximale Schlägerkopfgeschwindigkeit.

Im Rückschwung linke Schulter so weit drehen, daß sie sich rechts vom Ball befindet.

Wie der Pull-Slice entsteht ...

Schlaffer Griff und zu offener Stand bei der Ansprache bewirken, daß der Schlägerkopf außerhalb der Ziellinie nicht square mit der Schlagfläche auf den Ball trifft.

Die Schultern arbeiten beim Durchschwung nicht synchron, sie drehen vor den Hüften. Verstärkt wird diese häufige Fehlerkombination durch einen schwachen Griff. Die Gier nach Weite führt zu übersteigertem Einsatz von Händen, Armen und Oberkörper. Der Schlägerkopf schwingt von außen nach innen zum Ball.

Bei der Ballansprache bewirken ein schwacher Griff und die Hände hinter dem Ball, daß der Schlägerkopf im Rückschwung hinter den Händen ist. Deswegen läuft der Durchschwung von außen nach innen an den Ball.

Ein zu leichter und schwacher Griff, bei dem die rechte Hand das Schlägerblatt im Aufschwung nach außen richtet, verleitet den Spieler, die Schlagfläche vor dem Auftreffen square zur Ziellinie zu manipulieren.

... und wie man ihn verhindert

Bei der Ballansprache bereits den Körper square zum Ziel ausrichten. Ein stärkerer Griff – beide Hände werden weiter nach rechts gedreht als bisher – führt den Schläger auf der korrekten Schwungbahn in die genaue Schlagrichtung.

Mehr Einsatz der Hüften und stärkere Griffstellung zwingen, auf der Ziellinie von innen nach innen zu schwingen. Beim Durchschwung mit einer leichten Hüftdrehung nach links starten, das Gewicht verlagert sich ebenfalls. Den Kopf erst nach dem Treffmoment heben.

Hände und Arme liegen nur beim Driver mit dem Schaft in einer Linie zum Ball. Je kürzer der Schläger, desto mehr sollen die Hände vor dem Ball sein. Im Set-up den Griff auf starke Haltung drehen, und ein korrekter Schwungverlauf ist programmiert. Der Schwung läuft von innen nach innen.

Die beiden Vs in der Handstellung werden mehr nach rechts gedreht. Sie weisen dann zwischen rechtes Ohr und rechte Schulter. Der Schlägerkopf schwingt von innen und trifft im Durchschwung square auf den Ball.

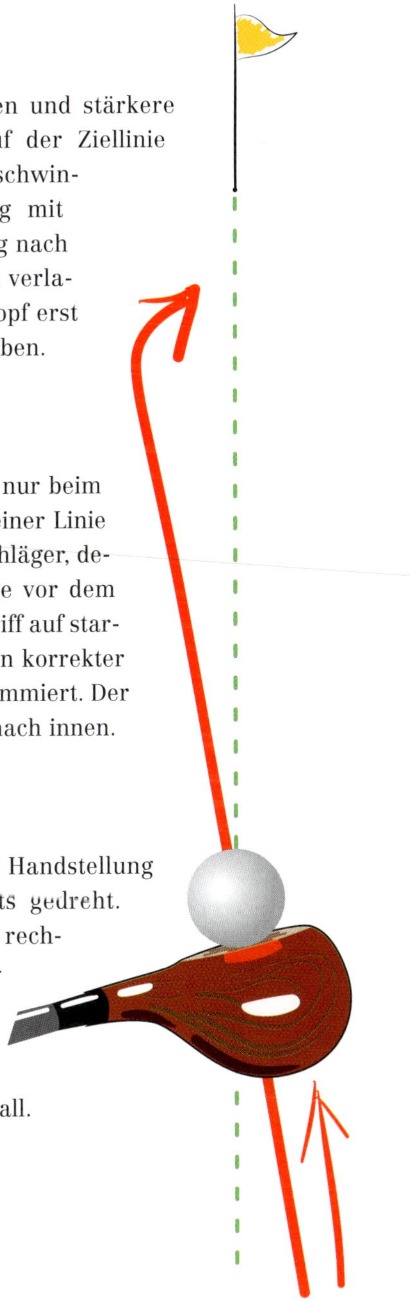

Wie der Push-Slice entsteht ...

Bei zuviel Bewegung im Unterkörper und einem schwachen Griff wird der Durchschwung mit der Hüftdrehung eingeleitet. Der Körper und die Schlagfläche stehen beim Ballkontakt offen. Die Hände sind nicht mitgekommen, und der Schwung kreuzt von innen nach außen die Ziellinie.

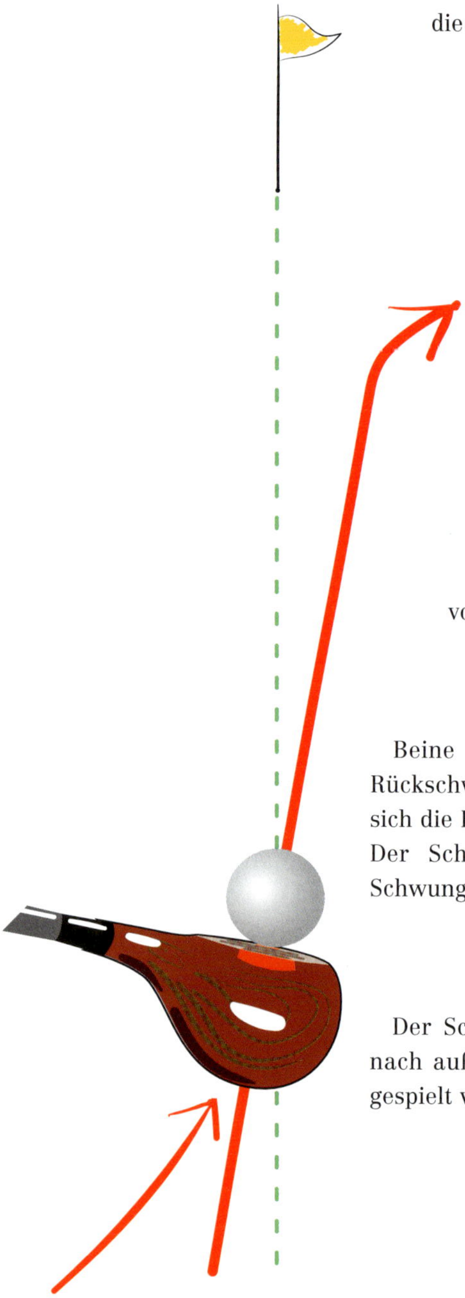

Der Schlägerkopf kommt von innen nach außen über die Ziellinie. Durch zu schwachen Griff blockiert der rechte Arm in der Abwärtsbewegung eine runde Körperbewegung.

Zu lockere Handgelenke forcieren einen überzogenen Rückschwung nach innen. Zu lockere Hände und Arme führen zu einer Schwungbahn von innen nach außen.

Beine und Hüften bewegen sich beim Rückschwung seitlich. Dadurch verschiebt sich die Körperachse zu stark nach rechts. Der Schlägerkopf verläßt die korrekte Schwunglaufbahn.

Der Schwung läuft zu stark von innen nach außen, weil der Ball zu weit rechts gespielt wird und der Stand offen ist.

... und wie man ihn verhindert

Unterkörper weniger bewegen und den Griff stärker fassen. Den Rückschwung beginnen Arme und Oberkörper synchron, ohne übertriebene Hüftdrehung.

Stärkere Griffhaltung fördert Schwungverlauf von innen nach innen.

Schläger fester fassen und prüfen, ob der Griff stark genug gehalten wird. Rund 50 Zentimeter vom Ball weg mit festen Handgelenken losschwingen. Erst dann lassen wir die Hände im weiteren Schwungverlauf aktiv werden.

Gewicht beim Rückschwung auf der Innenkante des rechten Fußes lassen und die Schulter um 90 Grad drehen.

Den Ball etwas links von der Mitte spielen und den Stand parallel zur Ziellinie ausrichten.

Der Socket

Dieser verheerende Schlag, auch Shank genannt, passiert plötzlich, völlig überraschend und verhält sich wie eine Seuche. Einmal infiziert, ist es schwer, sich davon zu befreien. Besonders beim Pitchen verursacht er Gänsehaut. Der Ball, zwischen Tülle und Schlägerferse getroffen, fliegt ungewollt quer in Busch, Bunker oder Bach.

Socket
Fehlschlag, der Ball wird mit dem Verbindungsstück (Hosel oder Tülle genannt) von Schaft und Ferse des Schlägerblatts getroffen und schießt fast im rechten Winkel davon. Das gleiche passiert, wenn der Ball mit der Spitze des Schlägerkopfs getroffen wird. Gefährlich für Mitspieler, die gern vorauseilen

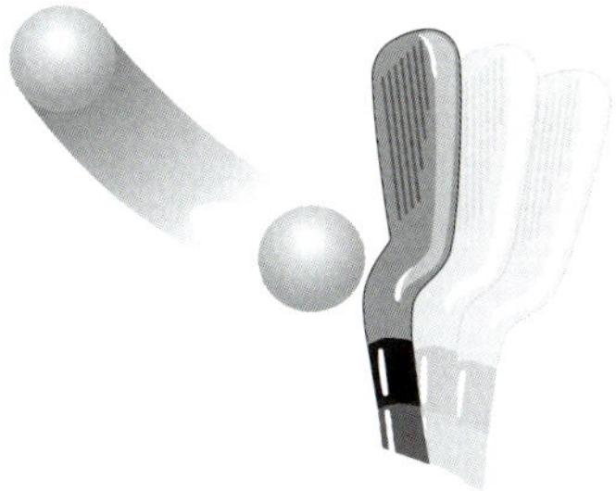

Wie der Socket entsteht ...

Durch zu großen Abstand vom Körper zum Ball, zu feste Handgelenke und einen ausgesprochen flach um den Körper geschwungenen Schlag wird der Ball mit dem Verbindungsstück zwischen Schaft und Schlägerkopf getroffen.

... und wie man ihn verhindert

Beim Set-up den Ball in bequemer Haltung mit sanftem Griff und locker herabhängenden Armen ansprechen. Näher zum Ball stehen, schlägergemäß steil aufschwingen, Arme entspannen und Handgelenke abwinkeln.

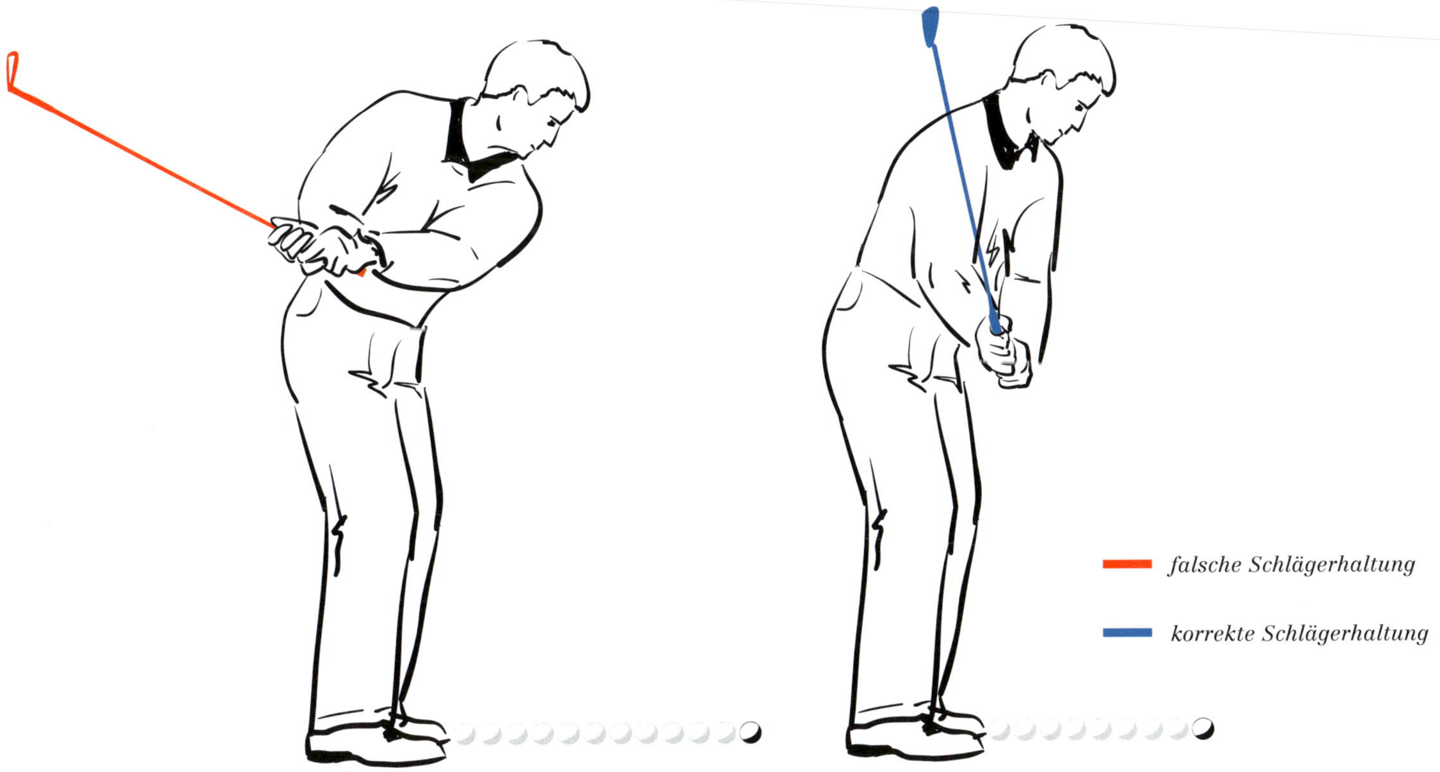

Der Hook

Der Flachflieger Hook, mit scharfer Linkskurve und geringerer Weite, bricht gelegentlich brutal ins Spiel vorwiegend guter Golfer ein. Noch maßloser schwenkt der sogenannte Duck-Hook extrem nach links. Die zu sehr geschlossene Schlägerkopfstellung ist der Auslöser für Hook, Push-Hook und Pull-Hook. Nur Seitendrall, kaum Rückwärtsdrall, dominiert diese mißglückten Schläge. Viele Fehlerquellen vom Slice sind beim Hook seitenverkehrt zu kurieren.

Wie der einfache Hook entsteht ...

Die Schlagfläche ist bereits bei der Ballansprache geschlossen. Ein zu starker Griff verursacht im Treffmoment eine geschlossene Schlägerblattstellung.

... und wie man ihn verhindert

Bereits beim Set-up die Schlagfläche square zur Ziellinie stellen. Den Griff mehr auf eine neutrale Position bringen, also beide Hände mehr nach links drehen.

Wie der Push-Hook entsteht ...

Der Schläger schwingt mit geschlossener Schlagfläche extrem flach von innen nach außen.

... und wie man ihn verhindert

Bei der Ballansprache den Schläger square zum Ziel ausrichten und in einer steileren Ebene schwingen.

Wie der Pull-Hook entsteht ...

Ein zu starker Einsatz der rechten Schulter im Abschwung produziert einen Pull-Hook. Das Schlägerblatt ist im Treffmoment geschlossen statt square zum Ziel. Die Schlagfläche weist im Wendepunkt des Schwungs geschlossen in den Himmel, die linke Schulter kippt weg.

... und wie man ihn verhindert

Den Schlägergriff korrekt fassen, die Schultern im Schwungverlauf drehen statt kippen.

Auch Hooks erhöhen ► den Pulsschlag und den Score. Gerade schmale Fairways verlangen selbstbewußte Schwünge. Wer Angst hat, verliert!

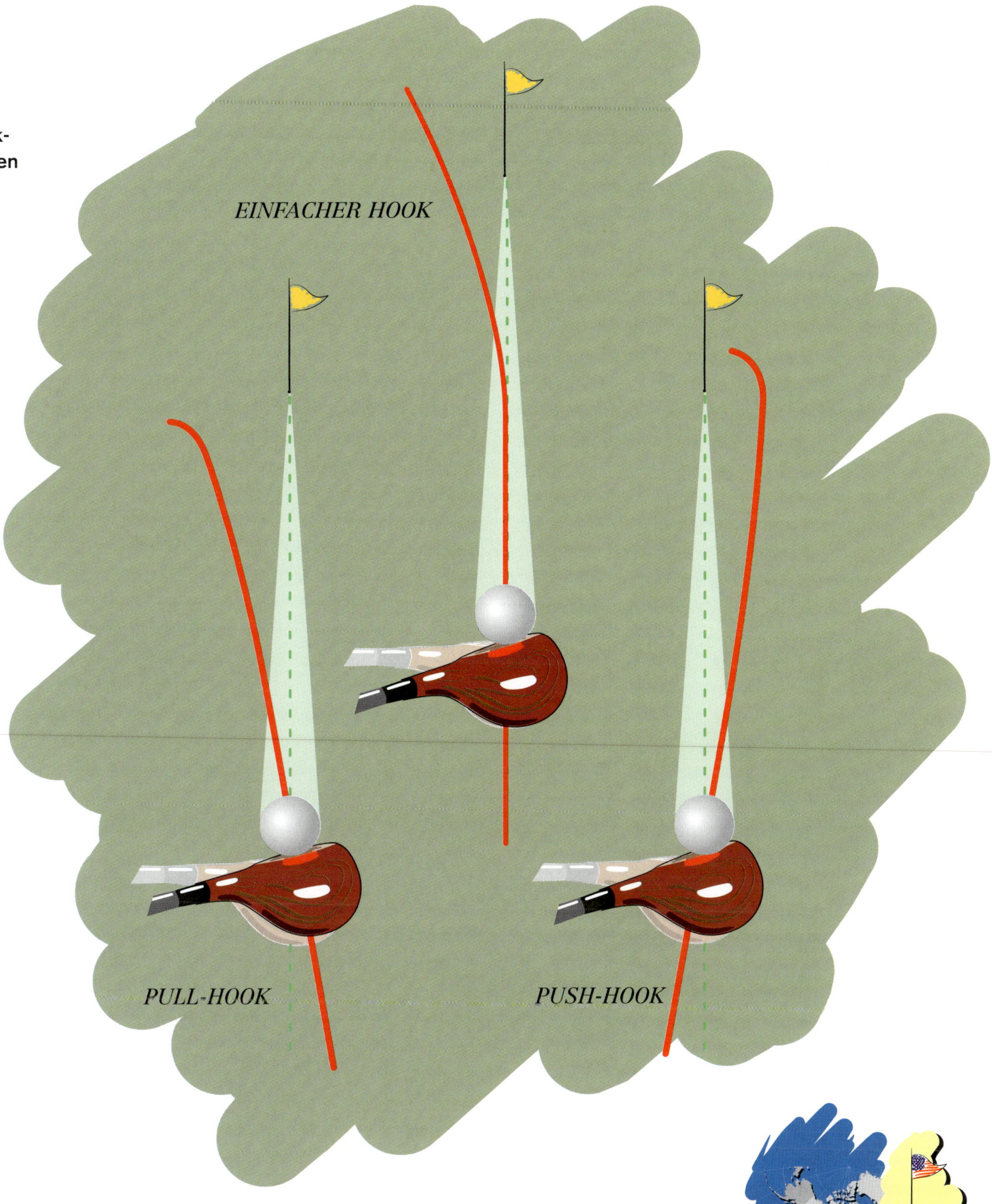

Nicht über den schlechten Schlag ärgert man sich, sondern über den dummen Schlag. Und manchmal ist es schwer, den Unterschied zu erklären

Jack Nicklaus, Golf-Pro

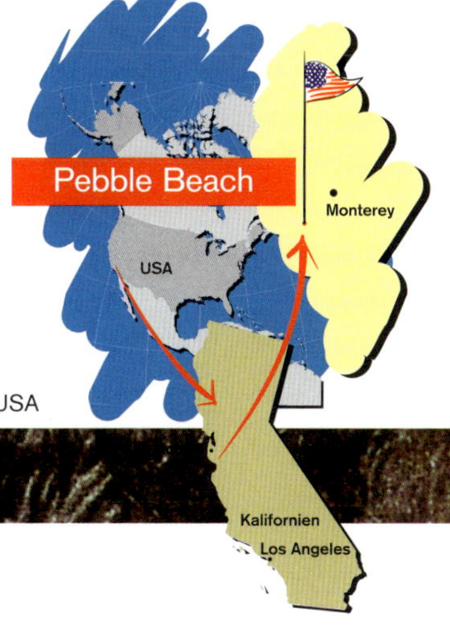

Pebble Beach Golf Links, Pebble Beach, Kalifornien, USA

6. Loch – Sand

In den Sand gesetzt

Viele Amateure kriegen Schweißausbrüche beim Anblick ihres Balls in tiefer Bunkerschlucht. Dabei ist es gar nicht so schwer, sich erfolgreich aus dem Bunker zu schlagen

◀ ***Mauna Kea, Kamuela, Hawaii.***
Zwei Herausforderungen nacheinander: Über Brandung und Bunker muß der Ball aufs Grün

▲ *Rund ums Jahr mildes Klima an der berühmten Kohala-Küste*

▲ *Robert Trent Jones baute den Platz: einfach für Bogeys, schwer für Pars*

6. Loch – Sand

In den Sand gesetzt

Sandstreß

Des ängstlichen Sandspielers letzter Aufschrei nach verpatztem Bunkerschlag – der Ball zischte übers Grün und tauchte für immer im Teich gegenüber unter – dröhnt noch lange in den Ohren: »Das kann doch nicht sein ..., das gibt es nicht ..., das glaub' ich einfach nicht!« Weitere Aufzählungen erschütternder Aussagen aus der Sandkiste, die durch Mark und Bein gehen, ersparen wir uns besser. Versachlichung ist der erste Schritt auf dem Weg zur Besserung. Den häufig kommentierten Bunkerschlag auf dem Golfkurs nicht emotional zu sehen, sondern bloß nüchtern. Es gibt Wahrheiten, Halbwahrheiten und Statistiken. Monatliche Zahlenspiele von Spuren der Weltklassegolfer im Sand verraten exakt den Sand-save-Prozentsatz, mit dem ***Professionals*** auf der Tour ihr Par durch Raffinesse gerettet haben. Im Durchschnitt schlagen sie mit einer Wahrscheinlichkeit von sechzig Prozent den Ball aus dem Bunker tot an den Stock. Sandspiele sind für sie annähernd Kinderspiele. Brauchbare Zahlen über miserable Bunkerschläge von Amateuren gibt es nicht. Allerdings sind die offensichtlichen Symptome berüchtigt: geschlossener Stand und Schlagfläche, linker Arm nicht gerade genug bei Aufschwung und Ballkontakt, Ball zu dünn oder zu fett getroffen, zu schnell geschwungen oder zu abgehackt. Die Liste technischer Fehler ließe sich beliebig fortführen. Wir nehmen uns ein Beispiel an der Quote der Treffer und Nieten von Golfstars und suchen uns systematisch sichere Wege aus sämtlichen Sandlagen! Erst auf der Driving Range, dann auf dem Golf-Course.

Spezialschläger Sand-Wedge

Das Sandeisen ist an der Sohle so geformt wie kein zweiter Schläger in der Tasche. Beim Kauf nehmen wir grundsätzlich ein schwereres Schlaggerät, es dringt dominanter durch den Sand und prallt nicht so leicht ab, was zum Toppen führt. Eine messerscharfe Schlägerkopfvorderkante verzeiht kaum Fehler, besser eine abgerundete aussuchen. Die breite Schlägersohle, ***Flange*** oder Flansch genannt, steuert die Abprallstärke des Schlägerkopfs, so daß er sich nicht zu sehr im Sand einbuddelt. Die Vorderkante ist höher konstruiert als die Hinterkante. Die tiefer gelegene Hinterkante läßt das Sand-Wedge leicht durch den Sand gleiten. Sie muß zuerst den Boden berühren, nicht etwa die Vorderkante! Schläger wie das Pitching-Wedge mit tiefer stehender Vorderkante fassen mit geringerer Abprallwirkung (Bounce) und graben sich mehr in den Sand ein. Der Lie spielt eine bedeutende Rolle: Immer einen flacheren Anstellwinkel wählen, weil dann der Schlägerkopf als erstes den Sand ganz berührt und sich dadurch ein hoher und sanfter Schlag entwickelt. Üblicherweise sind Sandeisen mit 56 Grad Loft konstruiert: Je mehr Loft das Sand-Wedge aufweist, desto weniger muß das Schlägerblatt beim Schwung geöffnet sein. Übrigens: Der Unterschied vom Sand- zum Pitching-Wedge ist leicht zu erkennen – das Pitching-Wedge hat keine so breite und runde Sohle wie das Sand-Wedge. Die schärfere Kante des Pitching-Wedge gräbt sich aus diesem Grund unkontrollierter und tiefer in den Sand ein. Der Ball wird nicht auf einem Sandkissen herausgehoben.

Flange
Auch Flansch genannt. Bezeichnet üblicherweise den Teil an Rückseite und Sohle eines Sandeisens. So erzielt beispielsweise ein schwerer, breiter Flange auf weichem, lockerem Sand optimale Wirkung

Professional
Um in den amerikanischen oder europäischen Spieler-Circuit zu gelangen, sind lange Qualifikationen nötig. Wer die Tour-Karte hat und in der offiziellen Preisrangliste im vorderen Feld mitgolft, ist automatisch im nächsten Jahr dabei

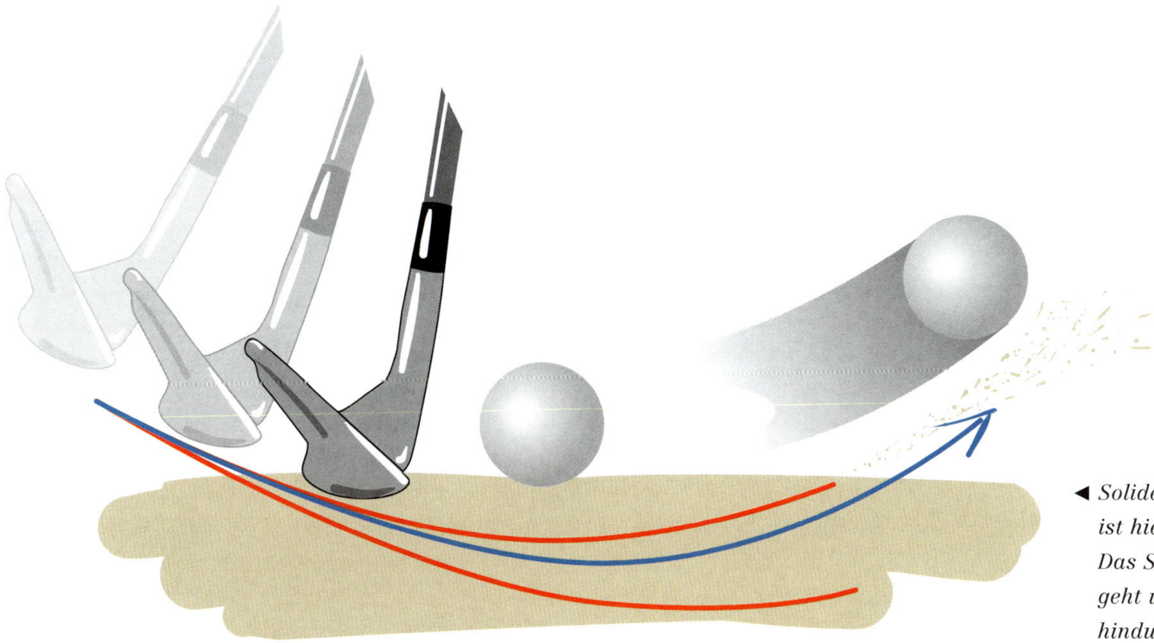

◄ *Solider Ballkontakt ist hier unerwünscht. Das Sandeisen geht unter dem Ball hindurch, ohne ihn zu berühren*

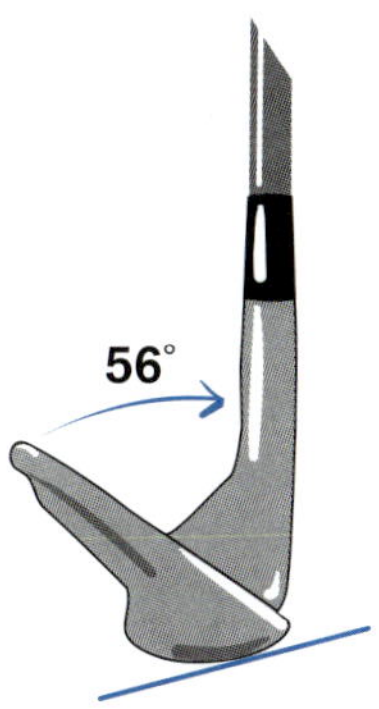

Die Konstruktion des Sand-Wedge schneidet spurtreu und fein ein Sandkissen heraus. Der Ball fliegt hoch und landet sanft ▼

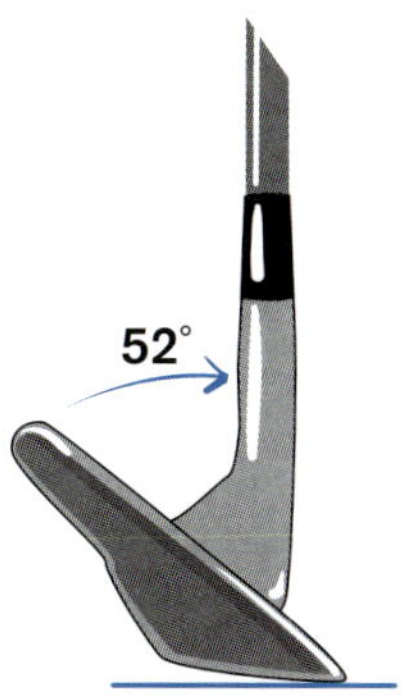

Die Schlägersohle des Pitching-Wedge gräbt sich mit seiner scharfen Vorderkante tief ein, der Ball fliegt weit, tendiert nach links und läuft lang aus ▼

Die Beschaffenheit des Sands beeinflußt den Schlag

Selbst vorsichtige Spitzenspieler patzen auf der Runde. Ein falsch berechneter oder verzogener Ball landet in einer der zahlreichen Sandfallen, die auf vielen Kursen rund um den Globus lauern. Der Sand, der darin liegt, kommt entweder aus der Gegend des Golfplatzes, wie zum Beispiel bei Küstenkursen, oder er wird wegen der Optik und Exklusivität aufwendig angekarrt. Beispielsweise gemahlener Marmor.

Die Kombinationen von Farben und Sandkörnern sind vielfältig wie die Schmetterlingsarten. Einige Sorten, zum Beispiel feiner Sand, spielen sich leichter, andere, von grober Art und Körnung, schwieriger. Bei feinem Sand liegt der Treffpunkt weiter rechts vom Ball als bei grobem, schwerem Sand, auf dem der Ball höher liegt. Anfänger kriegen den Ball leichter aus Bunkern mit feuchten und schweren Körnern. Der angepeilte Punkt liegt näher am Ball und muß nicht ganz so exakt getroffen werden.

Gute Golfer gehen nie gedankenlos in die Grube. Bevor sie einen Platz spielen, analysieren sie die Konsistenz des ***Sands.*** Wir lassen aber während der Runde die Finger vom Sand, sonst gibt es Strafschläge.

Wir prüfen am Einschlag des Balls oder an den Fußabdrücken die Art des Sands. Im feinen Sand fallen die Einschlagkrater klein und schmal aus, wir versinken tiefer als im groben Sand. Sieht der Sand jedoch naß und kompakt aus, wechseln wir den Schläger und spielen den Ball grundsätzlich mit dem Lob-Wedge, das einen Loft von 60 Grad hat. Ausschlaggebend für die jeweilige Spielweise ist immer die Dichte des Sands. Trockener, feiner Sand verlangt mehr Schlagkraft als nasser, grober.

Sand
Jede Sandmischung verlangt eine andere Vorgehensweise, um den Ball erfolgreich aus dem Bunker zu schlagen. Bei grobem Sand liegt der Treffpunkt näher zum Ball als bei feinem, trockenem. Der verlangt dafür mehr Schlagkraft als nasser und grober Sand

▲ Costa Teguise, Lanzarote, Kanaren

▲ Poipu Bay Resort, Kauai, Hawaii
▼ Doral Resort, Miami, Florida

▲ *Titirangi, Auckland, Neuseeland*

▲ *PGA National, Florida* ▲ *Kiele Lagoons, Hawaii* ▲ *San Lorenzo, Portugal*

▼ *Spyglass Hill, Pebble Beach, Kalifornien*

Gute Sandlage ums Grün

Ein paar Eimer Bälle, schon vor der Saison im Sand geschlagen, bewirken bei Wochenendgolfern beinahe Wunder. Blockaden, die normalerweise beim Betreten des Bunkers vorhanden sind, verschwinden schlagartig. Vergessen zahllose Schläge, die den Sand tief umpflügten, Löffelaktionen, bei denen die rechte Hand dominierte, oder bremsende Schwunggedanken während des Schlags. Wir lüften das Geheimnis guter Bunkerspieler, die sich während des gesamten Explosionsschlags ***(Splash)*** in der Lage fühlen, ihren linken Arm konstant und ruhig zu bewegen. Dabei gleitet der Schlägerkopf unter den Ball, verdichtet den Sand unter ihm, ohne ihn zu berühren, und formt eine flache Mulde auf der Oberfläche. Wie beim Pitch-Schlag in die Wolken liegt der Ball bei der Ansprache zwischen linker Ferse und Standmitte.

Splash
Der Schlägerkopf des Sand-Wedge gleitet, ohne den Ball zu berühren, unter ihm durch den Sand. Wichtig: übertriebenen Handgelenkeinsatz vermeiden

Beim Standard-Sandschlag ums Grün ist der Schlägerkopf leicht geöffnet. Füße, Hüften und Oberkörper richten wir links vom Ziel aus. Um zu prüfen, mit welcher Sandart wir es zu tun haben, graben wir unsere Füße fest ein. Nicht übertreiben, der Schwung erfolgt nicht ausschließlich durch den Oberkörper. Die untere Partie spielt mit, bleibt locker bei der Hüftdrehung. Der Schwungstart erfolgt parallel zum Stand oder gar von außen nach innen, keineswegs von innen nach außen. Wir schlagen mehrere Zentimeter rechts vom Ball durch den Sand. Ganz wichtig: Auch bei kurzen Distanzen bleiben wir im ruhigen Auf- und Durchschwung niemals unter Hüfthöhe. Die Länge des Rück- und Durchschwungs kontrolliert die Flugweite. Ein zu frühes Abwinkeln im Treffmoment unbedingt vermeiden. Die Hände bleiben in der Treffzone vor dem Schlägerkopf, damit sie die Blattneigung nicht ändern.

Im Bunker liegt unser Hauptaugenmerk auf dem Schlägerkopf, den wir immer durch den Sand gleiten lassen. Dabei wird der Ball auf einem Sandkissen automatisch mitgenommen. Er landet mit viel Backspin und tendiert dazu, ein bißchen nach rechts auszurollen. Unsere Sandspur, eine flache Delle, zeigt immer nach links von der Ziellinie. Niemals vergessen: Nach jedem Schlag im Bunker die Spuren im Sand mit der bereitliegenden Harke beseitigen.

Wichtig beim Sandschlag: mit den Augen einen Punkt rechts vom Ball fixieren ▼

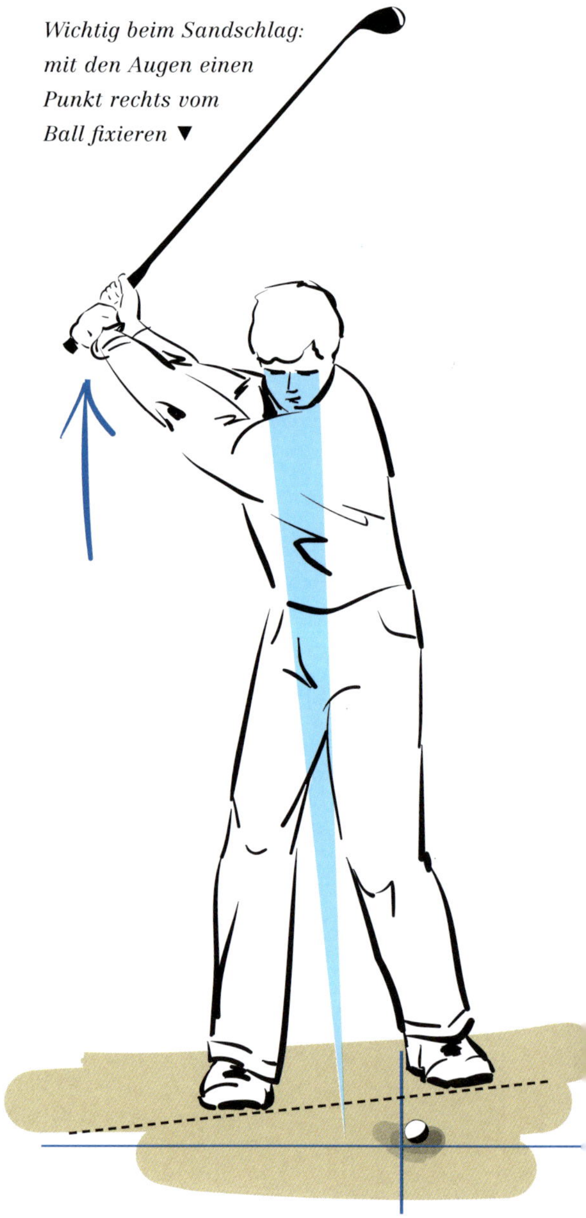

Schwere Aufgabe: Steckschüsse

Fällt der Ball nach mißglücktem Schlag in hohem Bogen in den Bunker, ist das ein Steckschuß, der eingebohrte Ball sieht im Sand aus wie ein Spiegelei. Spieler jeder Stärke stöhnen und kriegen weiche Knie. Nerven bewahren! Zuerst befreien wir uns von dem Druck, daß der nächste Schlag nah am Stock liegen muß. Es genügt, wenn wir es auf Anhieb schaffen, den Ball zum Grün zu spielen. Außergewöhnliche Lagen erfordern außergewöhnliche Maßnahmen. Wir verankern unsere Füße, tiefer als der Ball, fest im Sand. So verringern wir die Wahrscheinlichkeit, ihn zu dünn oder zu fett zu treffen. Grundsätzlich gilt: Je tiefer der Ball eingebohrt ist, um so weniger öffnen wir die Schlagfläche, weil der Schläger sonst zuwenig Sand erfaßt. Wir stellen uns praktisch parallel zur Ziellinie. Der Ball wird zwischen rechtem Fuß und Mitte gespielt. Das Gewicht liegt mehr auf der linken Körperseite. Steil und schwungvoll, trotz erhöhtem Widerstand im Treffbereich, schlagen wir durch den Sand. Je tiefer der Ball eingegraben ist, desto kräftiger praktizieren wir einen vollen Rück- und Durchschwung. Der Ball fliegt flach aus dem Bunker und rollt noch einige Meter.

Steckschuß
Dringt der Ball tief in den Sand, steht der Spieler vor einer schweren Aufgabe. Der eingebohrte Ball gleicht bei trockenem Sand einem Spiegelei

▲ *Bei guter Sandlage schlagen wir das Sand-Wedge mit offenem Schlägerblatt in Höhe der linken Ferse rechts vom Ball in den Sand*

▲ *Bei einem Steckschuß spielen wir den Ball in Höhe des rechten Fußes mit square gestelltem Schlägerblatt aus dem Bunker. Das Gewicht bleibt konstant überwiegend auf der linken Körperseite*

Einfache Ball-Lage (1) und ein Steckschuß (2) im Bunker ▼

Spiel aus Fairway-Bunkern

Ohne Hemmungen greifen wir im Fairway-Bunker, wenn Weite benötigt wird, der Ball nicht zu dicht am Rand und gut aufliegt, zu Holz 5 oder 7. Die breite Schlägerkopfsohle gleitet sicherer durch den Sand als ein scharfkantiges Eisen, das sich unter Umständen tief in den Boden gräbt. Wichtig beim Holzeinsatz: erst den Ball, dann den Sand treffen. Wir bedenken dabei: Ein getoppter Ball richtet weniger Schaden an als ein fett getroffener. Ferner fliegt der Ball, mit Flugtendenz von links nach rechts, als Fade. Vorher verankern sich unsere Füße im Sand. Dadurch fällt der Schwungbogen kleiner aus, wir greifen den Schläger kürzer als normal. Der Stand ist leicht offen. Das Schlägerblatt schwebt square zum Ziel. Niemals den Schläger hinter dem Ball aufsetzen. Der Sand darf keinesfalls, auch nicht im flachen Rückschwung, vor dem Ballkontakt im Hindernis berührt werden. Das Gewicht verlagern wir ganz leicht nach links. Ruhig, aber entschlossen schwingen wir das Holz ausbalanciert und rhythmisch durch den Ball. Im Treffbereich beschleunigen wir den Schlägerkopf. Der Ball fliegt mit leichter Links-rechts-Kurve zum Ziel. Ganz sicher!

▲ ***Rose Garden, Bangkok, Thailand***

▲ ***Kiele Lagoons, Kauai, Hawaii***

▼ ***Beuerberg bei München***

Steht keine hohe Bunkerkante im Weg, greifen wir bei größerer Entfernung ruhig schon mal zum Holz und treffen erst den Ball, dann den Sand ▶

▼ ***Royal Melbourne, Australien***

◀ *Kein Fall für ein Fairway-Holz. Der Loft des Schlägers läßt den Ball nicht schnell genug aufsteigen, damit er sicher über den Bunkerrand zum Grün fliegt*

▲ ***Erinvale, Kapstadt, Südafrika***

▲ *Free Drop von Treppe und Bunkerrand ist Platzregel in* ***Erinvale***

▲ ***Sentosa, Singapur***

▼ ***Doral, Miami, Florida***

Das Schöne an dem Spiel ist, daß man sich bei seinem Rückschwung wahnsinnig viel Zeit lassen kann – der Ball läuft nicht weg

Sam Snead, Golf-Pro

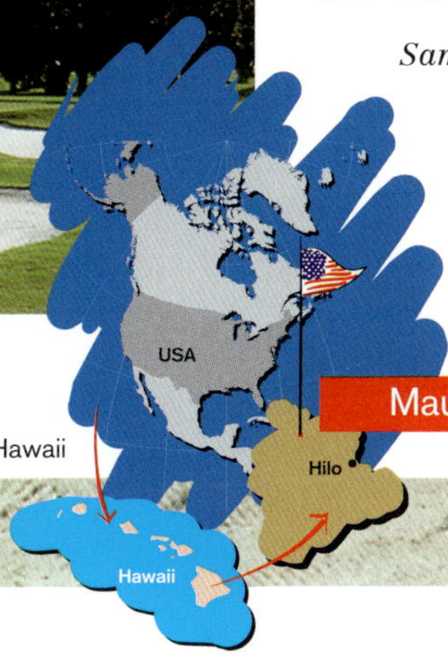

Mauna Kea Beach Resort, Kamuela, Hawaii

7. Loch – Chippen

Der reduzierte Schlag ums Grün

Hartgesottene Profis verlassen sich auf ihr kurzes Spiel. Mit sanftem Touch fliegt der gekonnte Chip eine minimale Flugstrecke mit maximaler Rollbahn. Entschlossene Neugolfer lernen ruck, zuck das Chippen

◄ ***Rose Garden, Bangkok, Thailand.*** *Caddies sind obligatorisch – und meist, wie im ganzen Land, weiblich*

▲ *Bangkok: Häuserfront am Fairway mit Werbung für Immobilien*

▲ *Schläge zwischen Tempel und Tee*

7

Der reduzierte Schlag ums Grün

Chippen
Annäherungsschlag zum Grün. Der Ball hat eine niedrige Flugbahn und einen beträchtlichen Auslauf auf dem Grün

*Sanftes Lächeln auf dem Golfplatz **Rose Garden, Bangkok** ▼*

▲ Mit einer Walze wird der Morgentau ins Grün gepreßt

Chippen auf persönliche Weise

Bei vielen Situationen ums Grün spielt der Chip-Schlag mit solider Technik und gutem Touch eine kolossale Rolle als Stroke-Saver. Fordert der volle Schwung eine komplexe, mechanische Körperkoordination, so verlangt ein Chip nur wenig Körpereinsatz, aber viel Kreativität und Phantasie. Chip-Technik, Distanzgefühl und Ball-Spin entscheiden bei einem präzisen Schlag über Flugbahn und Ausrollen des Balls auf dem Grün. Geübte Golfer spielen in optimaler Ball-Lage immer einen Chip-Putt, um das Par zu retten. Welcher Schläger zum ***Chippen*** benutzt wird, darüber streiten sich die Experten. Einige empfehlen, stur mit dem Lieblingseisen alle Chips zu bewältigen. Andere meinen, man sollte – je nach Lage und Entfernung – mittlere oder kurze Eisen wählen, um den Ball nahe an die ***Fahne*** zu legen oder gar zu versenken. Auch die Anwendungsmethode ist umstritten. Wir schlagen den einfachsten Weg ein, um für uns die narrensichere Technik für gute Chips zu finden.

Fahne
Andere Ausdrücke: Pin, Flagge, Stock. Sie zeigt weit sichtbar die Lage des Lochs auf dem Grün an. In der Regel ist der Stock der Fahne 1,80 Meter lang, am oberen Ende weht ein bunter Wimpel

Egal wie wir chippen, nur ran an die Fahne

Der Chip, ein Annäherungsschlag – eine von vielen Approach-Arten –, läßt sich verblüffend einfach ausführen. Vor jedem Schlag konzentrieren wir uns auf einen Punkt, auf dem wir den Ball landen lassen wollen und wo er enden wird. Der beste Landepunkt für den Ball ist immer auf dem Grün, da er dort flach und berechenbar aufprallt. Wir stehen entspannt und etwas links von der Ziellinie. Der Fußabstand ist enger als sonst beim Schwung. Das Gewicht ist leicht nach links gelagert. Beim Ansprechen neigen wir den Schaft nach vorn. So kommen die Hände automatisch vor den Schlägerkopf und bleiben dort im gesamten Schwungverlauf. Der Oberkörper pendelt im Einklang mit Schultern und Armen. Kopf und Körper bleiben ruhig, die Handgelenke fest. Je härter wir den Ball von rechts schlagen, desto mehr Backspin geben wir ihm auf den Weg. Wir schwingen das Eisen gerade und steil vom Ball weg nach hinten.

Im Durchschwung legen wir die gleiche Strecke zurück. Wie bei allen Schlägen halten wir den Griff konstant und leicht. Einige Spieler fassen den Schläger bis zu zehn Zentimeter tiefer, um näher am Ball zu stehen. Ansichtssache: Verfechter der Normalgriff-Methode lehnen das ab, weil es mehr eine Stoß- als eine Swingbewegung durch den Ball verursacht. Auch die Griffhaltung ist beliebig. Viele neigen zu einem schwachen Griff wie beim Putten. Die Schlagfläche weist während des Chippens stets zum Ziel. Das Schlägerblatt steht dabei aufrechter als normal, der Ball wird mit dem vorderen Teil der Schlagfläche getroffen. Manche Spieler lassen dabei die Ellbogen gebeugt. Andere favorisieren gestreckte Arme wie beim normalen Schwung.

Auf dem Chipping-Green zum persönlich perfekten Schlag

Welche Standardtechnik für unsere Chips am sichersten funktioniert, erforschen wir in einem gründlichen Test. Wir prüfen alle aufgezählten Alternativen: von der herkömmlichen Schlägerhaltung bis zu gebeugten Armen im Putt-Stil (siehe Seite 99). Auf der Driving Range starten wir eine Testreihe mit je zwanzig Bällen pro Variante. Alle solide getroffenen Bälle, die dicht an der Fahne zur Ruhe kommen, werden gewertet. Danach steht fest, welche Chip-Variante für uns persönlich auf der Runde die richtige ist. Übrigens: Ein abgeknicktes linkes Handgelenk ist die häufigste Fehlerquelle für mißratene Chips.

Falls wir einmal mit unseren kurzen Schlägen ins Wackeln geraten, schulen wir unser Entfernungsgefühl, indem wir wahllos Bälle ums Grün verteilen. Vor jedem Chip stellen wir uns für die Feinabstimmung der Entfernung ein Zifferblatt vor. So steht bei mittleren Chips der Zeiger imaginär in der Vier-Uhr-Stellung. Beim Rückschwung und im gleichen Tempo laufend, keineswegs abrupt, bewegt sich der Chip-Ablauf gleich weit zur Acht-Uhr-Position.

Chipping-Green
Grün zum Üben von Chips, oft Teil einer Driving Range

◀ *Die Hände bleiben vor dem Ball und die Handgelenke passiv. Der Ball wird mehr gegenüber Standmitte gespielt. Körpergewicht lagert zu 60 Prozent links. Kopf, Hüften und Knie bleiben ruhig*

Der Körper beugt sich leicht aus der Hüfte nach vorn, bis die Arme frei schwingen. Niedrig schwingt der Schlägerkopf vom Ball weg. Der linke Handrücken zeigt solange wie möglich nach dem Treffmoment zum Ziel ▶

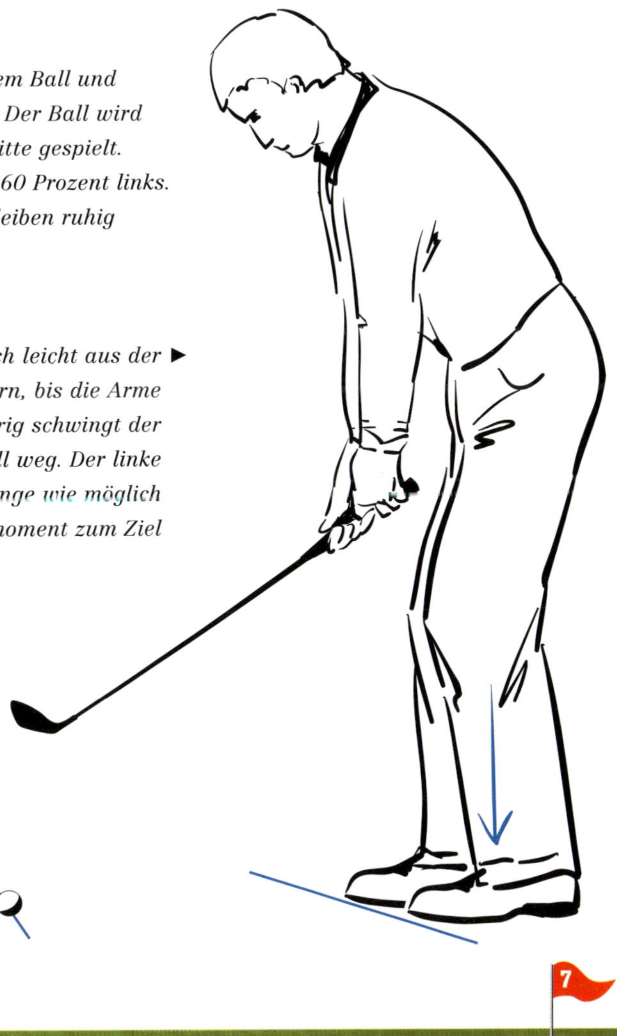

Kurze Chips mit dem Sand-Wedge

Der Ball liegt etwas eingegraben im hohen Gras am Grünrand. Die Fahne steckt vier Meter entfernt in leichter Bergab-Lage. Um die hohe Grünkante zu überwinden, chippen wir den Ball mit dem Sand-Wedge in relativ hoher Flugkurve zwischen Standmitte und rechtem Fuß. Dank des steilen Auftreffwinkels erhält der Ball genügend Backspin und bleibt dicht am Loch liegen. Das Gewicht lag während des gesamten Chippens linksseitig. Wir haben nicht zum Ball, sondern durch ihn geschwungen.

Chipper
Putterähnliches Sportgerät, daß sich für Schläge vom Grünrand eignet. Vorwiegend, wenn kein Hindernis wie ein Bunker zwischen Ball und Loch liegt

Der ***Chipper,*** auf den manche Golfer schwören, wäre fehl am Platz, weil der Ball tief im Gras liegt. Der Chipper-Loft (wie Eisen 7) ist zu gering. Er hätte den Ball nicht hoch genug gebracht und ihn wegen der flachen Flugkurve weit übers Ziel gespielt.

▲ *Bei leicht eingegrabener Lage spielen wir den Ball mehr gegenüber rechtem Fuß und Standmitte in leicht offenem Stand. Der Loft des Wedge reicht aus, den Ball auf dem Grün landen zu lassen*

Pitching-Wedge auf kahlem Boden

Fester Boden mit wenig Graswuchs oder ein Divot zwingen dazu, statt des favorisierten Lieblingseisens 8 ein Pitching-Wedge zu nehmen. Das steiler geneigte Schlägerblatt von Eisen 8 birgt Gefahren. Um den Ball hoch zu spielen, neigen wir dazu, den Schläger zu löffeln und damit den Ball zu hacken oder zu toppen. Dem gehen wir bewußt aus dem Weg, setzen das Pitching-Wedge (übliche Abkürzung: PW) auch wegen der geringeren Abprallwirkung ein. Wir stellen uns und die 52-Grad-Schlagfläche rechtwinklig zum Ziel. Die Ballposition gegenüber rechtem Absatz bewirkt einen steilen Schwung und eine niedrige Flugbahn. Während des gesamten Schwungablaufs bleibt das Gewicht auf der linken Seite. Damit der Schläger erst den Ball, dann den Boden berührt.

▲ *Bei kahler Ball-Lage sind wir gezwungen, mehr vom rechten Fuß zu chippen. Somit fällt die Flugkurve niedriger als normal aus. Unser Gewicht lagert im gesamten Chip-Verlauf überwiegend links*

Kurze Chips (1) mit Sand-Wedge und schwierige Chips mit Pitching-Wedge (2), siehe linke Seite.
Discovery Bay, Hongkong ▼

Mittlere Chips

Steht die Fahne etwa zehn Meter weit von der Grünkante weg, greifen wir zu Eisen 9, chippen den Ball aus normaler Lage – er befindet sich noch auf gemähtem Rasen – aufs Grün. Die Hälfte der Strecke fliegt der Ball, die andere Hälfte rollt er zum Loch hin aus. Wann immer es möglich ist, verzichten wir beim Chippen auf den schwer kontrollierbaren Backspin. Pros setzen alles daran, den Ball bei kurzen und mittleren Distanzen nicht zum, sondern gleich ins Loch zu chippen. Wir visieren konsequent einen sicheren Landepunkt auf dem Grün an und versuchen, dem Ball durch ausreichende Länge eine Chance zu geben, im Loch zu verschwinden.

Lange Chips

Den Chip für eine Entfernung von zwanzig Metern zur Fahne stellen wir uns zuerst bildlich vor. Ist kein Hindernis (Bunker) dazwischen, chippen wir den Ball mit einem Eisen 7. Der Ball liegt zwischen Standmitte und rechtem Fuß. Die Hände befinden sich generell vor der Schlagfläche. Das Gewicht verlagern wir geringfügig nach links. Unser Rückschwung erfolgt leicht nach innen. Solange der Ball fliegt, halten wir den Kopf ruhig unten. In niedriger Flugbahn, fast ohne Spin, aber mit viel Rollen ist der Ball auf dem weitläufigen Grün unterwegs.

Wichtig: Der Durchschwung ist mindestens so lang wie der Rückschwung!

▲ *Nur das Eisen 9 schafft diesen Chip-Effekt: Die erste Hälfte der Distanz fliegt der Ball, die zweite rollt er*

▲ *Mit Eisen 7 macht der Ball nur einen sicheren Hopser aufs Grün und rollt eine weite Strecke*

Flug- und Rollbahn von 9er-Eisen (1) und 7er-Eisen (2) bei verschiedenen Distanzen.
***Remuera, Auckland, Neuseeland* ▼**

Golf ist zu neunzig Prozent Inspiration und zu zehn Prozent Transpiration

Johnny Miller, Golf-Pro

Rose Garden Golf Course, Sukhumvit Road, Bangkok, Thailand

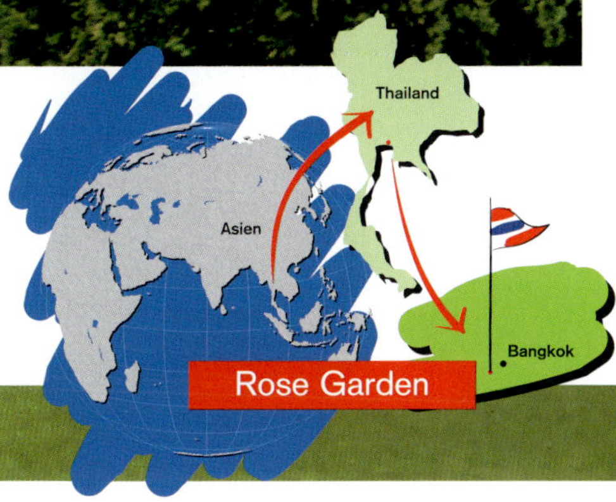

8. Loch – Putten

Filigranarbeit auf den letzten Metern

Die Leichtigkeit, mit der die Stars der Branche ihren Ball ins Loch befördern, täuscht. Sie putten mit Akkuratesse unter Beachtung aller Breaks und Spikes-Abdrücke. Machen wir es ihnen nach

◀ ***Titirangi, Auckland, Neuseeland.*** *Der Golfrasen ist mehr als nur grün. Elastisch und linientreu honoriert er jeden guten Putt*

▲ *Riesiges Putting-Green vor dem ältesten Clubhaus Neuseelands*

Filigranarbeit auf den letzten Metern

Ohne Gefühl geht auf dem Grün nichts

Die Kunst der meisterhaften Putt-Schläge, bei denen der Ball auf Anhieb ins Loch fällt, löst bei Laien schnell spitze Bemerkungen aus. Doch das als einfach beurteilte Putten ist für Professionals knallharte Knochenarbeit. Mit einem Putting-Gürtel, der sie bei krummer Körperhaltung stützt, stehen einige stundenlang auf dem Übungsgrün und rackern sich ab. Konzentriert putten die Cracks mit glasklarer Präzision für erfolgreiche Runden. Was nützt kraftvolle Schlagweite? Sie ist vergebene Liebesmüh, wenn Präzision beim Putten ausbleibt. Bei der offiziellen Schlagvorgabe pro Loch werden zwei Putts für jedes Par berechnet. Verstehen wir es, beim Geschicklichkeitsspiel Golf viele Putts zu stopfen, so salopp nennen es die Spieler, sparen wir Schläge ein und sind unschlagbar. Auch Anfänger sind gut beraten, sich intensiv mit Putten zu beschäftigen. Kein Part beim Golf bringt in kurzer Zeit so schnell deutlich bessere Resultate auf der Zählkarte. Leider gibt es kaum feste Technikregeln fürs Putten. Kein Bereich im Golf ist so von Individualität geprägt. »Test the best for your putting«, heißt die Devise, um über kurz oder lang den Ball in ein Loch von 10,8 Zentimeter Durchmesser zu spielen!

Tropisch und dennoch sehr englisch: neuseeländische Golfplätze ▼

▲ *Millionen Rasenmäher. Auf einen Neuseeländer entfallen laut Statistik 23 Schafe*

Touch
Gefühlvolle Ausführung von Schlägen und Putts

Stilkunde

Das letzte wichtige Teil im Puzzlespiel Golf ist Putten. Wir suchen vergebens einen starren Einheitsschwung, der für jedes Alter, jede Figur und Flexibilität paßt. Jeder von uns muß seinen persönlichen Putt-Stil herausfinden. Wir schauen uns auf dem Grün um, wie Golfgroßmeister die Übersicht wahren und den Ball kontrolliert schlagen. Dabei machen wir drei verschiedene Schlagweisen aus. Sie setzen betont entweder Hände, Arme oder Oberkörper ein, um den Ball in Bewegung zu bringen.

Putten mit den Händen

Eine veraltete, in Frage zu stellende Methode ist, den Putter in gebeugter Körperhaltung, ausschließlich mit abgewinkelten Händen, einzusetzen. Es hängt von der Tagesform ab, mit dem richtigen ***Touch*** das passende Tempo auf dem Grün vorherzusehen.

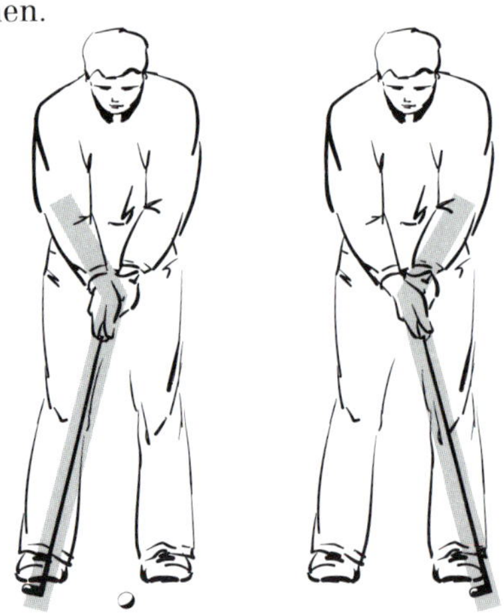

Putten mit den Armen

Diese moderne Methode, aufrechter in der Körperhaltung, findet immer mehr Anklang. Mit fast gestreckten Armen wird der Putter geschwungen. Alle anderen Körperpartien verhalten sich ruhig. Die mechanisch einfache Bewegung eignet sich auch fürs Chippen. Der Schläger wird gerade nach hinten und durch den Ball geführt.

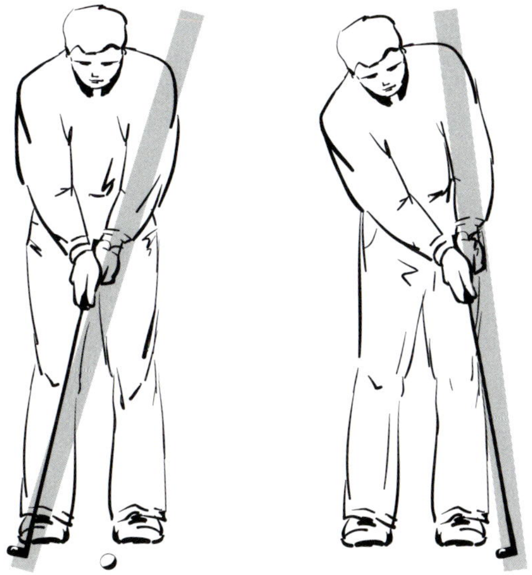

Putten mit den Schultern

Bei dieser Stilvariante fungieren die Schultern als Kraftquelle! Handgelenke und Arme bleiben passiv beim Bewegungsablauf. Prinzipiell treten Schwierigkeiten auf, wenn die Arme sich zu aktiv in den Putt-Schwung einschalten: Schlagartig wirken dann nämlich zwei unkontrollierbare Tempomacher.

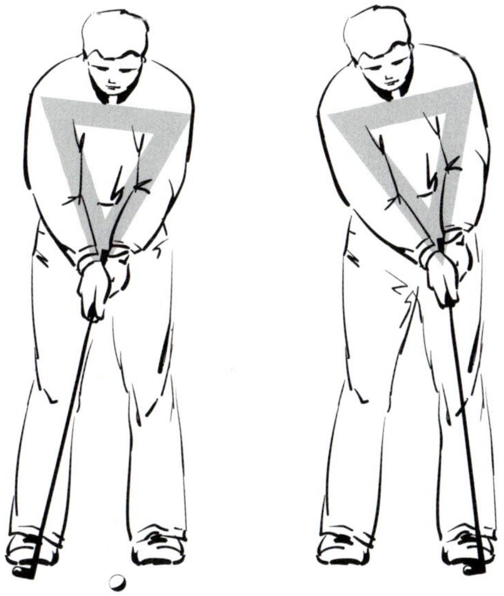

Putt-Stile kombinieren?

Die Kombination der drei Putt-Stile – mit Händen, Armen und Schultern – ist die schlechteste Lösung. Wir verlieren bei gleichzeitig auftretenden Energieeinsätzen die Kontrolle über Richtung und Länge. Um beim Griff zum Putter stets ein gutes Gefühl zu haben, vergleichen wir auf dem ***Putting-Green*** die drei verschiedenen Putt-Stile mehrmals. Pro Methode spielen wir zwanzig Bälle aus verschiedenen Richtungen und Entfernungen ins Loch. Wir favorisieren die Variante, die regelmäßig die wenigsten Schläge benötigt. Merke: keine Experimente auf der Runde.

Putting-Green
Übungsfläche zum Putten. Viele Löcher in verschiedenen Lagen, die gleichzeitig von mehreren Golfern genutzt werden können

Putten mit oder ohne Golfhandschuh?

Rechtshänder tragen ihn links, Linkshänder ziehen ihn rechts über. Nur ganz wenige Spitzenspieler verzichten beim Driven, Pitchen und Chippen auf ein Fingerkleid. Die Gründe liegen auf der Hand. Der Handschuh erlaubt während des Schwungs eine stabilere Griffverbindung zum Schläger. Die linke Hand in Leder oder Synthetik hält bei Schweißabsonderung und Regengüssen den Reibungsenergien sicherer stand. Beim Putten scheiden sich die Geister. Jeder muß für sich herausfinden, ob er mit oder ohne Golfhandschuh den Putter besser in der Hand hat.

Welcher Putter paßt auf Anhieb?

Die Auswahl des Putters hängt in hohem Maß vom persönlichen Gefühl ab. Liebe auf den ersten Blick spielt bei der Kaufentscheidung eine große Rolle. Doch Grundwissen vor der Bindung schadet nicht. Außer einer Vielfalt von Materialien verwirren im ersten Moment verschiedenartige Köpfe. Schwarz gefärbte oder spiegelglatt präparierte Schlagflächen, die aber bei Sonnenbestrahlung blendfrei bleiben. Traditionelle oder futuristische mit computergefrästem Schlägerblatt (Milled Face), das sich beim Ballkontakt seidenweich anfühlt. Nicht zu vergessen die hilfreichen, fehlerverzeihenden Modelle. Köpfe mit Linien oder Rillen, die uns das Zielen wesentlich erleichtern. Putter mit breiter Schlagfläche (Depth) verleiten weniger zum Toppen oder Fett-Treffen als schmale. Nützlich wie bei Eisen: Offset-Modelle, zurückversetzte Putter-Hälse im Verhältnis zum Kopf. Sie leisten Spielern Beistand, die ihre Hände schon bei der Ballansprache nach vorn drücken, und unterstützen beständige Schläge aus den Schultern heraus. Griffe gibt es auf der Vorderseite abgeflacht oder rund. Alle Putter verbindet allerdings eine Tatsache, die oft unterbewertet wird: der Loft. Ohne Loft würde das Putter-Blatt den Ball in den Boden eingraben. Jeder Putter hat einen Neigungswinkel bei der Schlagfläche. Zwei, drei, vier oder fünf Grad sind notwendig, um den Ball beim Treffen kurz in die Luft zu heben, damit er dann gleichmäßig rollen kann. Alle in die engere Wahl gezogenen Putter testen wir am besten auf dem Putting-Green.

Auf jeden Topf paßt ein Deckel, für jede Putt-Technik gibt es ein ideal geeignetes Gerät. Die gebräuchlichsten Schläger schauen wir uns genauer an.

Putter-Köpfe mit Linien oder Rillen erleichtern das Zielen deutlich ▼

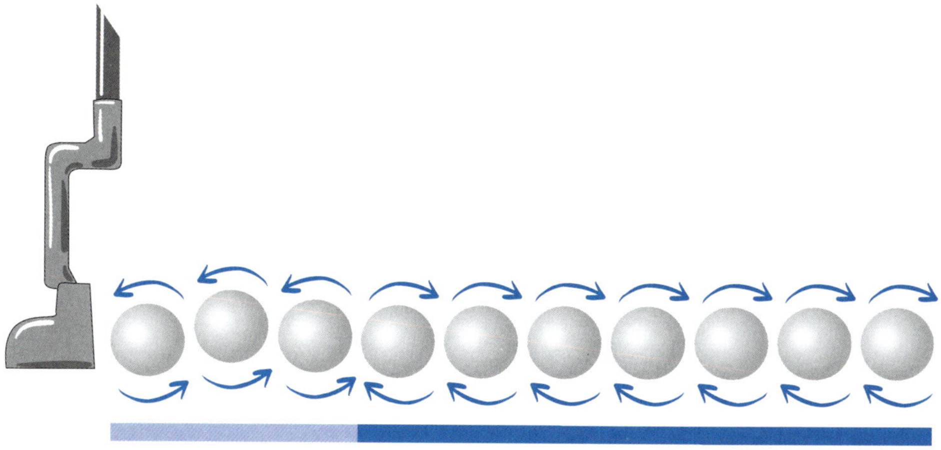

◄ *Ein paar Grad Loft braucht die Schlagfläche, damit das Putter-Blatt den Ball nicht eingräbt. Der Ball bewegt sich kurz mit Backspin in die Luft und rollt mit Overspin die restliche Linie auf dem Grün entlang. Im Idealfall trifft die Schlagfläche den Ball waagerecht leicht oberhalb der Mitte*

Mallet-Putter

Putten mit dem holzkopfähnlichen Gerät wird immer populärer. Die gedrungene Mallet-Form gibt es in verschiedenen Größen und mit sinnvollen Markierungen auf dem Kopf. Sie helfen, die Schlagfläche square zum Ziel auszurichten. Teilweise haben diese Modelle auch Schlägerblatt-Einsätze ***(Inserts),*** die einen guten Rückprall gewährleisten.

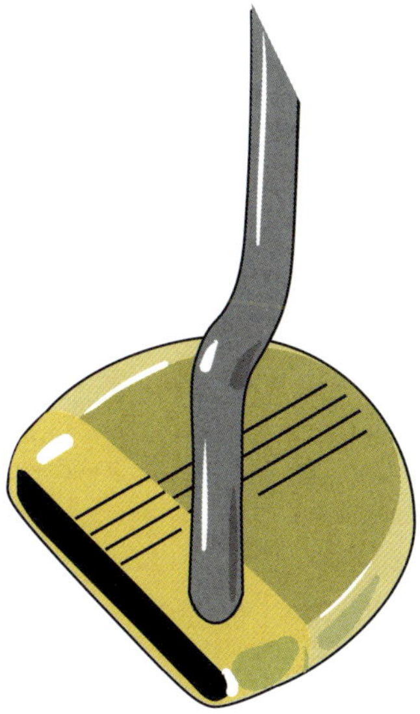

Heel-and-toe-weighting-Putter

Durch die Gewichtsdominanz an Ferse und Spitze des Putter-Kopfs bringt sich die Schlagfläche von selbst ins Gleichgewicht. Bälle, die nicht genau in der Mitte getroffen werden, halten so einigermaßen Richtung und Distanz ein.

Inserts
Die weichen Einsätze (Beispiel Mallet-Putter), teils flächenfüllend, teils als kleine Einlage auf der Schlagfläche des Putter-Kopfs, vermitteln subjektiv mehr Gefühl für den Ball. Die Einsätze sind meist aus Balata oder weichem Kunststoff – Materialien, die einen längeren Kontakt zwischen Putter-Blatt und Ball gewähren sollen. Was zu weniger Backspin führt und den Ball gegenüber herkömmlichen Puttern exakter auf der Linie hält

Centre-shafted-Putter

Vor allem Spitzenspieler greifen gern zu dem Gerät mit dem schlichten Aussehen. Es vermittelt den Händen beim Griff direkten Ballkontakt. Der Putter mit der Schaftverlängerung in der Mitte des Kopfs verlangt gute Technik, sicheres Timing und solide Treffer im Sweetspot.

Blade-Putter

Ein klassischer Putter mit schmalem, massivem Kopf. Verzeiht kaum technische Fehler. Könner setzten den Blade-Putter häufig auf schnellen Grüns ein, weil er ein unglaubliches Feedback vermittelt. Für Anfänger eignet sich das Sportgerät weniger, sie verkanten schnell das Schlägerblatt im Schwung und schieben den Putt vorbei.

Besenstiel-Putter

Ein Therapiemodell, auch als Broomhandle oder Broomstick bezeichnet, soll ***Yips*** kurieren und Rückenleiden mildern. Das schwere Sportgerät ist erheblich länger als übliche Putter. Es fordert eine ungewohnte Koordination der Hände, die separat auf zwei Griffen ruhen. Die Augen befinden sich beim Ansprechen direkt über dem Ball. Die Hände bewegen den bis zu 50 Inch langen Putter wie ein Pendel von der Brust oder dem Kinn aus.

Yips
Rätselhaftes, nervöses Zittern oder Muskelzucken der Hände, vor allem bei kurzen Putts. Oft lang anhaltendes Leiden. Zum Teil kontrollierbar durch neue Grifftechnik, Putter und eisernen Willen

Die Standard-Technik

Der Overlapping-Grip fördert einen Putt mit festen Handgelenken. Der rechte Zeigefinger auf den Schaft gestreckt hilft, den Touch zu verbessern. Beim Cross-Handed-Grip bildet der Putter eine Verlängerung des linken Arms und schaltet dadurch jede ungewollte Handgelenkaktion aus. Exotische Methoden, auch wenn sie gerade durch einen Profi-Spieler Schlagzeilen gemacht haben, kopieren wir besser nicht! Die Basis des Puttens: Eine perfekte Rollbewegung des Balls erhalten wir nur, wenn wir ihn im rechten Winkel des Schlägerblatts treffen. Es spielt keine entscheidende Rolle, wie wir den Putter greifen, Hauptsache, die Methode ist erfolgreich. Die häufigste Griffhaltung ist der Overlapping-Grip, der dem kompakten Standardgriff gleicht. Mit einer Ausnahme, dem gestreckten Zeigefinger der linken Hand: Der liegt bewegungslos auf den Fingern der rechten Hand. Auch ein Cross-Handed-Grip vermittelt ein gutes Gefühl für Beschleunigung und soliden Ballkontakt, vor allem bis zu Fünf-Meter-Entfernungen. Beim Putten verzichten wir nie auf die

gewissenhafte Ballansprache. Gerade unter starker Nervenanspannung stimmt uns eine vertraute Schlagvorbereitung, die streng nach Plan abläuft, positiv auf den Putt ein. Hinter dem Ball ein Zwischenziel suchen. Den Putter-Kopf auf Linie ausrichten. Bei unserem Probe-Putt sprechen wir den Ball in bequemer Körperhaltung gegenüber der linken Ferse an. Der Putter-Kopf schwebt oder steht hinter dem Ball auf dem Rasen. Wie beim Schwung können wir auch fürs Putten einen Bewegungsauslöser nutzen. Der häufigste heißt ***Forward-Press:*** Ein leichter Druck nach vorn leitet den Putt-Schwung fließend ein. Letzter Blick zum Ziel. Die Bewegung passiert überwiegend aus Händen, Armen oder Schultern. Je nach bevorzugtem Stil. Die Handgelenke bleiben passiv bei Putts mit Arm- und Schultereinsatz. Es darf nie ein schneller Schlag zum Ball werden, sondern stets eine weiche, fließende Bewegung durch den Ball hindurch. Putter vor dem Treffpunkt abrupt zu stoppen oder zu stoßen blockiert die Längenkontrolle. Der Putter schwingt konstant rhythmisch und mit gleichem Tempo. Eine der Distanz angemessene, harmonische Pendelbewegung bringt den Ball zum oder besser noch ins Loch. Vom Set-up bis nach dem Ballkontakt halten wir Kopf und Körper ruhig. Ein Schwanken des Körpers oder ein Kopfhochheben hat fatale Folgen, der Ball taumelt oder rutscht auf ungewollter Putt-Linie davon. Der Teufel sitzt im Detail. Letztendlich können selbst bei kurzen Putts Kleinigkeiten zum Desaster führen. Zum Beispiel kann sich der Ball an der oberen Lochkante entlang drehen (Golfer nennen das ***Auslippen),*** ohne ins Loch zu fallen. Der nächste Schlag zählt genauso viel wie ein Super-Drive über 250 Meter!

Forward-Press
Eine Waggle-Variante. Hände, Knie oder Hüften werden vor Schwung- oder Putt-Start leicht in entgegengesetzte Richtung gedrückt, um einen fließenden Schwung einzuleiten

Auslippen
Ein zu kräftig geputteter Ball, der um den Lochrand läuft, ohne zu fallen. Die obere Erdkante des Lochs wird als Lippe bezeichnet

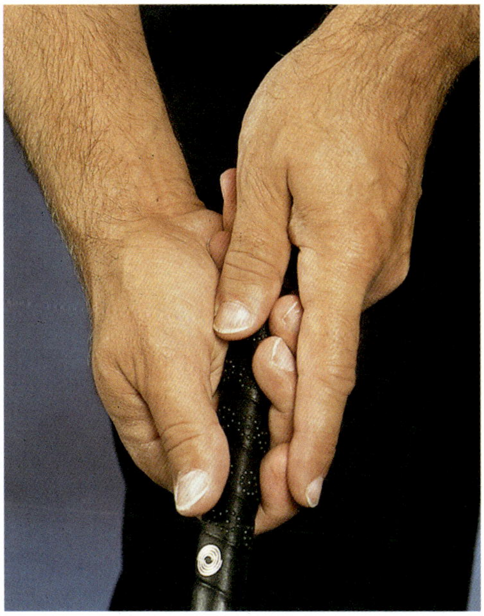

▲ ***Overlapping-Grip***
Bei langen Putts steht Distanz im Vordergrund. Der Griff erlaubt bequemen Stand, gibt uns ein gutes Entfernungsgefühl. Wir fassen den Putter immer mit gleichmäßigem Druck, ohne starke Anspannung

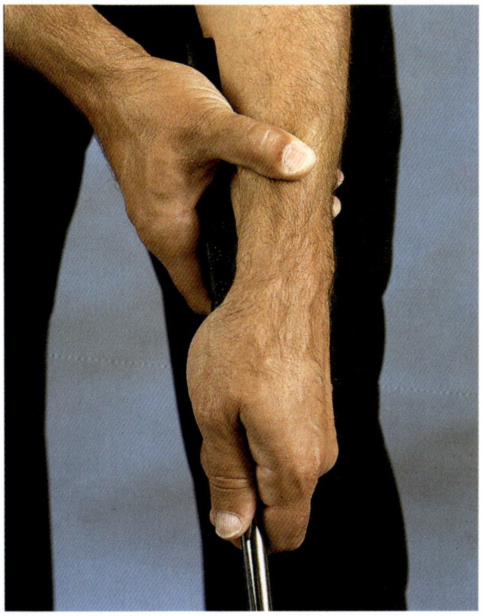

▲ ***Cross-Handed-Grip***
Die rechte Hand umfaßt – nicht zu fest – Schlägergriff und linken Unterarm. Eine Griffhaltung für kurze Putts, die beim Ansprechen einen wesentlich gebeugteren Stand zum Ball erfordert

Vertrauenszone für kurze Putts

Amateuren hängt das lästige Üben auf dem Putting-Green schnell zum Hals heraus. Doch nichts kommt von selbst, ausschlaggebend für unsere persönliche Putt-Entwicklung ist viel Übung. Welcher Stil auch den Vorzug erhält, wir zwingen uns, beim Training alle Putts (wie auf dem Platz, unter nervlicher Belastung) ins Loch zu bringen. Zum Übungsauftakt verteilen wir drei einwandfreie Bälle in Putter-Länge ums Loch. Insgesamt fünfmal spielen wir sie druckvoll und richtungsbestimmend. Hören wir bei allen Schlägen, ohne Aussetzer, das Poltern des Balls in der Fahnenhülse, vergrößern wir die Entfernung für die nächste Trainingseinheit. Das Procedere wiederholen wir solange, bis unsere persönliche Vertrauenszone für kurze Putts feststeht. Landet künftig ein Ball in der Vertrauenszone – nach Pitch, Chip oder langem Putt –, können wir gelassen an den kurzen Putt herangehen. Übrigens: kurze Putts nicht zu leicht nehmen, sondern einen Punkt hinter dem Loch anvisieren und sich im Schlag darauf konzentrieren. Forsch rollt so der Ball geradeaus ins Loch.

Trainings-Tip

Um aggressiv kurze und gerade Putts aus einem Meter zu üben, stecken wir ein Tee in die obere, hintere Lochkante und zielen darauf. Wer zu früh zum Loch blickt, gierig zu sehen, wie der Ball rollt, riskiert eine unerwünschte Kopf- und Körperbewegung. Dadurch weicht der Putter-Kopf von seiner idealen Laufbahn ab. Einen sicheren Stand verschaffen wir uns, wenn das Gewicht mehr auf den Fersen lagert, ohne die Balance zu gefährden. Kopf und Körper bewegen sich dadurch weniger. Golfer, die aus den Schultern heraus putten, nehmen gern bei schwierigen, kurzen Putts einen breiteren Stand ein als bei normalen Putts. Sie greifen den Putter tiefer und beugen sich näher als sonst zum Ball. Eine Position, die einen ruhigeren Einsatz von Schultern und Armen bewirkt und die kaum erlaubt, die Handgelenke abzuwinkeln. Selbstverständlich ziehen wir auch im Training unsere Set-ups rigoros durch. Lieber weniger, aber konzentrierter üben. Laufen dabei kurze Putts am Loch vorbei, weil sich der Oberkörper übermäßig aus den Hüften bewegt, halten wir den Kopf wieder ruhig. Unsere Schultern führen die gewünschte Pendelbewegung leichter und präziser durch. Wer kurze Putts rechts oder links als Push oder Pull rausdrückt, dem hilft es, das Schlägerblatt im Schwung zu überwachen. Durch das Hin- und Herpendeln beobachten wir aus den Augenwinkeln heraus, ob der Putter-Kopf gerade weg- und durchschwingt. Liegt er im Rückschwung schief, brechen wir den Putt einfach ab. Auf dem Grün führen wir den Schläger immer flach und sachte über den kurz geschnittenen Rasen zurück und dann genauso weit durch den Ball. Übertriebenes Exerzieren auf dem Übungsplatz fährt ins Kreuz. Eine lang anhaltende, gekrümmte Körperhaltung löst Rückenschmerzen aus. Wir umgehen sie durch kurze, aber regelmäßige Übungseinheiten.

Treue zahlt sich aus

Bei Formschwäche wechseln wir nicht permanent den Putter. Gewöhnlich schadet das mehr, als es nützt. Ob wir auf blitzschnellen oder furchtbar langsamen Grüns stehen, egal, wir haben einen Putter ausgewählt, der uns gefällt und gut in den Händen liegt. Wir halten an ihm fest in guten wie in schlechten Tagen. Weil wir ihn kennen, wissen wir genau, wie wir ihn leichter bei schnellem Grün und druckvoller bei langsamem Rasen halten müssen.

Kurze Putts

Beim Putten die Augen über dem Ball ausrichten. Die Handgelenke bleiben passiv, die Bewegung kommt überwiegend aus Schultern und Armen heraus. Die linke Hand spielt gern falsch. Deshalb halten wir den Putter-Griff auf der Handfläche und nicht mit den Fingern. Um optimale Geschwindigkeitskontrolle zu erreichen, arbeiten die Hände gleich stark, halten den gewählten Druck während des gesamten Schwungs. Gerade bei kurzen Putts ist es wichtig, daß der Schlägerkopf im Treffmoment beschleunigt – und den Ball nicht nur antippt, wie es viele Spieler falsch machen, je näher sie am Loch stehen. Auf kurze Distanz Putter-Kopf zum Loch durchschwingen, Breaks spielen dann kaum eine Rolle. Deshalb soll der Ball nie gerade noch so ins Loch fallen, weil Unebenheiten wie Spikes-Marken oder nachgewachsenes, erhöhtes Gras ihn leicht von der rechten Bahn abbringen können. Mit genügend Autorität gespielt, berührt der Ball den hinteren Lochrand

Mittlere Putts verdienen eine Chance

Bei Fünf-Meter-Entfernungen gehen Spitzen-Putter entschlossen an die Sache ran. Ruhig und rhythmisch vollziehen sie den Schlag. Ihr fester Putt, unbeeindruckt von kleinen Unebenheiten auf dem Grün, erhält auf alle Fälle eine Chance, ins Loch zu fallen. Anfänger und langjährige Golfer kennen ihre persönliche Distanz ***never up, never in,*** damit sie mittlere Putts in »Loch ihn«-Einstellung angehen. Der Ball ist mit genügend Power unterwegs, um garantiert ins Loch oder daran vorbeizulaufen. Maximal fünfundsiebzig Zentimeter dahinter sollte der Ball zur Ruhe kommen. Angriff oder Vorsicht? Wir wägen die Putt-Philosophien je nach Lage ab. Step by step steigern wir unsere Angriffsdistanz. Nicht zu vergessen der Vorteil: Nach einem vorbeigeschobenen Putt haben wir präzise Vorstellungen, wie die ***Breaks*** für den Rück-Putt laufen.

Never up, never in
Jargon-Ausdruck von Golfern: Der Ball darf ab einer persönlich bestimmten Distanz auf keinen Fall zu kurz bleiben

Break
Breaks unterbrechen den eigentlich geraden Ballverlauf auf dem Grün. Der Punkt, an dem der Ball von der Putt-Linie abweicht, wird als Break bezeichnet

Lange Putts

Kein reines Zuckerschlecken sind kurze Approach-Schläge. Wer das Grün getroffen hat und dann die oft verfluchten drei Putts braucht, bekommt Magendrücken. Der Grund dafür liegt in der geistigen Einstellung oder in der Technik. Hauptursache für das Übel: Kopf und Beine standen nicht still. Der neugierige Spieler schaute zu früh dem Ball nach, weil er sich plötzlich nicht mehr sicher fühlte. Durch das vorzeitige Aufrichten des Körpers verändert sich der Treffpunkt am Ball. Der Kontakt erfolgt nicht sauber und square, der Ball erhält falsche Länge und Richtung. Deshalb schlagen und lauschen. Ist der Ball mit Scheppern ins Loch gefallen, was leider selten bei langen Putts passiert, blicken wir wieder hoch. Nach dem genauen Lesen der bevorstehenden Putt-Linie entscheiden Timing und Touch über die richtige Einschätzung der Entfernung. Das Gefühl läßt sich schulen. Um Distanzen richtig einschätzen zu lernen, denken wir uns vor dem Schlag den Ballverlauf. Mit den Augen verfolgen wir langsam die gedachte Putt-Linie von der Fahne zum Ball. Mit geschlossenen Augen speichern wir die Entfernung ab. Ohne den Kopf noch einmal zu heben, putten wir los. Im Idealfall hat der Ball gerade soviel Geschwindigkeit, daß er noch über den Vorderrand, die Seite und bei Breaks sogar über den hinteren Rand ins Loch rollt.

▲ *Problemlösung für lange Putts: zuerst einen zu langen, dann einen zu kurzen Probe-Putt, um schließlich intuitiv den richtigen für den bevorstehenden Putt zu wählen.*
Grand Cypress, Orlando, Florida

Grün lesen, Break sehen

Allein den Ball gerade zu putten genügt noch lange nicht, um ihn zu lochen. Nur wer das ***Grün lesen*** kann, wie die Golfer sagen, steigert die Aussichten, den Putt zu versenken. Ohne Beherrschung der Grundregeln über Graswuchs und Breaks läuft nichts. Die Natur lebt. Morgens laufen die Putts in der Regel schneller als am Spätnachmittag. Schließlich wächst das Gras tagsüber zur Sonne hin. Die Grashalme wenden sich fast immer dem Licht zu. Uns leuchtet ein, daß ein Putt mit dem Strich – der Wuchsrichtung des Rasens – rasanter läuft und stärker bricht. Läuft der Ball seitlich gegen den Strich, kann er mehr oder weniger ausgeprägt von seiner idealen Putt-Linie abweichen. Bei dicht bewachsenen Grüns sehen wir den Strich selten auf Anhieb. Fällt das Grün ab, läuft der Strich des Grases meist dorthin. Auf flacher Grünfläche finden wir die Spur zum Strich leichter am Rand des Lochs. Dort, wo das Gras verblaßt und braun geworden ist, wachsen die Halme gegen den Strich. Wir erkennen die Richtung des Graswuchses einfacher beim höher gelassenen Vorgrün, dessen Halme fast immer in dieselbe Richtung weisen wie die Halme auf dem Grün. Manchmal läßt sich die Strichrichtung auch optisch feststellen. Schimmert das Grün von unserem Ball zum Loch silbern, spielen wir mit dem Strich, der Ball rollt schneller als üblich. Von der anderen Seite betrachtet, wirkt der Rasen dunkel mit kleinen Schatten, wir putten gegen den Strich. Der Ball läuft dann auf dem Grün langsamer.

Bei der Platzplanung entsteht bereits der Grüncharakter

Oft fallen Entscheidungen über die Grüngeschwindigkeit und die Richtung, in welche die Putts auf dem Grün brechen, schon auf dem Reißbrett. Moderne Platz-Designer planen für das Grün selten einen Wasserablauf in Richtung Bunker. Deshalb brechen kaum Putts in Richtung Bunker weg. Topographische Besonderheiten haben auch Einfluß auf die Kurskonzeption und den Verlauf der Putt-Linie. Fällt ein Berg nach rechts, fällt der Break meist auch rechts. Prinzipiell brechen scheinbar gerade Bälle doch noch etwas zur nahen Wasserstelle am Grün aus. Den tiefsten Punkt des Geländes verrät sicher ein Bach, eine Senke oder ein Teich. Wasser weist uns dann die Richtungstendenz für den Break beim Putt. Übrigens: Wässert oder düngt der ***Greenkeeper*** den Platz, laufen Putts langsamer. Spart er an Wasser, rollen sie schneller. Mehr Selbstvertrauen bekommen wir, wenn ein Mitspieler auf unserer Putt-Linie vorspielt. Sein Putt sagt uns viel über Grüngeschwindigkeit, Breaks und gibt uns wertvolle Hinweise über das Verhalten des Balls in Lochnähe.

Putten wie die Profis

Einsteigern und Wochenendgolfern fällt es manchmal schwer, die richtige Zielausrichtung und das passende Schwungtempo zu finden. Viele Rechtshänder kämpfen mehr mit Putts, die von links nach rechts fallen. Noch während des Rückschwungs verlieren sie das Vertrauen ins Schwungtempo und zum anvisierten, gewählten Break-Punkt. Sie steuern unbewußt mehr zum Loch hin. Keine Chance für den Ball, ins Loch zu rollen. Vorbeigeschoben auf der sogenannten ***Amateur-Linie***. Grundsätzlich halten wir auch im Schwung an der einmal getroffenen Entscheidung fest, putten den Ball mit Autorität. Schon beim Probe-Putt zwingen wir uns gedanklich, den Ball auf der ***Profi-Linie*** oberhalb des Lochs zu schlagen.

Grün lesen
Meist hinter, seitlich oder vor Ball und Loch legt man optisch fest, welcher Putt-Verlauf und welche Geschwindigkeit erforderlich sind, den Ball zu lochen

Greenkeeper
Platzarbeiter, der überwiegend für die Pflege der Grüns, Fairways und Tees auf der gesamten Anlage zuständig ist

Amateur-Linie
Wird zuwenig Break (S. 129) berechnet, rollt der Ball unterhalb des Lochs vorbei und hat nie eine Chance zu fallen

Profi-Linie
Läuft der Putt oberhalb des Lochs vorbei, hat er die Chance zu fallen

Platzbauer vermeiden es, Bunker so ums Grün zu plazieren, daß sich Regenwasser staut. Deshalb rollen Putts überwiegend vom Hindernis weg. ▶
Puerto Azul, Ternate/ Cavite, Philippinen

Grenzt Wasser dicht ans Grün, läuft der Ball meist in diese Richtung. ▶
Wailea, Maui, Hawaii

◀ *Schon auf dem Weg zum Ball hilft uns der Gesamteindruck des Grüns, den Verlauf des Putts zu berechnen.*
Old Marsh, Palm Beach, Florida

◀ *Grüns neigen sich naturgemäß meist zum Tal hin. Ein wichtiger Aspekt, der bei der Berechnung der Breaks einzuplanen ist.*
Brunnwies, Bad Griesbach

Putten in der Praxis

Bereits auf dem Weg vom Fairway zur Fahne fangen wir an, das Grün zu lesen. Die Landschaftsform verrät, ob der Putt bergauf oder bergab läuft, das Gelände nach rechts oder nach links abfällt. Wir gehen in Hockstellung und sehen uns die Putt-Linie genau an, vom Loch zum Ball und vom Ball zum Loch. Aus dieser Position erhalten wir nützliche Informationen. Wir taxieren nicht zu lange, der erste Eindruck ist der beste. Eine seitliche Betrachtungsweise hilft uns, das Tempo einzuschätzen. Nachdem wir unsere ***Pitch-Marke*** entfernten, den Ball markierten und sauber machten, prüfen wir sorgfältig die gesamte Rollbahn unseres bevorstehenden Putts. Reparieren alte Einschlaglöcher auf dem Grün, entfernen mit Hand oder Schläger (nicht mit dem Handtuch, das gibt zwei Strafschläge) losen Sand, Erde und hinderliche Stoffe, die den Putt ablenken könnten. ***Spikes-Schäden*** auf der Putt-Linie dürfen wir nicht glattdrücken. Die Bodenbeschaffenheit oder den Graswuchs mit der Hand prüfen kostet ebenfalls Strafschläge. Die Festigkeit des Grüns spüren wir mit den Füßen. Manchen nützt es, den Namenszug auf dem Ball als Richtungshilfe quer zur oder mit der Ziellinie auszurichten. Das Grün gelesen und Breaks berücksichtigt, spielen wir mit Selbstvertrauen den Putt. Dabei haben wir einen leichten Griff, bequemen Stand und gutes Timing – beste Grundlagen, den Ball mit gutem Touch zu lochen.

Pitch-Marke
Das Einschlagloch, beispielsweise von einem Pitch-Schlag, ist eine Beschädigung des Grüns. Aus Etikettegründen und damit das Grün schnell wieder einwandfrei gepflegt erscheint, beseitigen wir Ballspuren vor dem Putten mit einer Pitch-Gabel oder notfalls mit einem Tee. Die Pitch-Marke wird auch Ball Mark genannt

Spikes-Schäden
Stahlspikes von Golfschuhen hinterlassen auf dem empfindlichen Grünrasen Spuren. Vor dem Putt dürfen Spikes-Marken, die sich oft ums Loch befinden und den Ballverlauf erheblich verändern können, nicht durch Niederdrükken beseitigt werden

Ein Grund zum Zittern: Yips

Jugendliche Golfer spielen unbeschwerter, ihnen genügt es, auf dem Grün einmal die Putt-Linie entlangzusehen, um dann den Ball unbefangen ins Loch abtauchen zu lassen. In die Jahre gekommene Spieler können über Nacht die Leichtigkeit auf dem Grün verlieren. Überladen mit Erfahrungen und Informationen, überfällt sie nach einem guten Schuß aufs Grün das berüchtigte Yips. Das große Zittern fürchten Golfer wie der Teufel das Weihwasser. Die Golferkrankheit, mysteriöses Muskelzucken, verreißt gnadenlos einen gut angesetzten kurzen Putt auf dem Grün. Einige Golfgroßmeister sind an Yips zerbrochen. Neurochirurgen sprechen von Fehlimpulsen im Gehirn, die oft durch überanstrengte Feinmuskulatur zur Auslösung kommen. Bei betroffenen Professionals, die längere Zeit in der Turniermühle verbrachten, trifft das zu. Trotz vieler Kurangebote erfolgt nur in Ausnahmefällen eine Heilung durch Ruhepause. Die meisten der Betroffenen greifen zu dubiosem Stil und Gerät. Bravourös kämpfen sie langsam, aber sicher gegen regelmäßige Dreier-Putts auf dem Grün.

Um das unkontrollierte Nervenzucken zu überlisten, gehen sie neue Wege. Wechseln zum Kreuzhandgriff (Cross-Handed-Grip, die linke Hand ist unten) oder gehen in den gut sortierten Pro-Shop. Dort stehen Besenstiel-Putter neben speziellen Yips-Stick-Modellen, die, bis zu vierzig Prozent schwerer, einen größeren Griff und kürzere Schäfte als normale Putter haben. Beide Typen fördern einen kontrollierteren und ausgewogeneren Pendelschlag, einen langsameren, leichteren Touch und geben mehr Selbstbewußtsein. Psychologen vermuten, daß bei kurzen Putts plötzliches Zucken, auf das man keinen Einfluß hat, schlimmer wird, je länger Mann sich konzentriert. Also, Männer: Ziellinie klarmachen, kurz schauen und putten! Frauen bleiben offensichtlich von Yips verschont. Warum, weiß keiner. Auf der Reise sahen wir nie eine, die sich mit Klempnerwerkzeug ähnelndem Gerät beim Putten auf dem Grün plagte.

Alles im Lot

Putten verlangt Präzision. Konzentriert gehen Profis zwischen Ball und Loch hin und her. Andere stellen sich in die Mitte und machen – vor allem bei langen Putts – ein paar Probeschwünge, um das Gefühl für die passende Schlagstärke zu bekommen. Teilweise entdecken sie dort auch versteckte Tücken, wie Gefälle im Grün. Gelegentlich verändert der Standpunkt durch veränderten Lichteinfall die Konturen.

Einige Pros zählen die Schritte der Putt-Entfernung, um ein sicheres Gefühl für die Schwungbewegung zu bekommen. Sie verlassen sich bei der Beurteilung des bevorstehenden Putts nicht nur auf die verkürzt wirkende Sicht hinter dem Ball, obwohl von dort das Gefälle des Geländes am besten auszumachen ist. Meist gehen sie dazu in die Hocke und heben ein paar Meter hinter dem Ball auf der Ziellinie zum Loch ihren Putter vors Gesicht. Sie greifen ihn leicht mit Daumen und Zeigefinger und lassen ihn mit dem Kopf wie ein Lot fallen. Anhand der Senkrechten visieren sie die Linie von Schaft und Loch wie Kimme und Korn beim Gewehr (ausloten). Selten, außer bei ebenem Grün, stimmt sie auf Anhieb überein. Zeigt die Linie zum Beispiel nach rechts, ist dort wohl der Zielpunkt, die Neigung des Grüns für den Verlauf des Balls zu berücksichtigen. Eine genaue Festlegung des Zielpunkts hängt entscheidend von der Geschwindigkeit des Putts ab. Eine erhebliche Rolle spielt auch die Ballsorte. Zweischalenbälle starten schneller vom Putter-Blatt und rollen weiter als Balata-Bälle. Letztere erlauben eine längere und somit leichter auszuführende Putt-Bewegung, gehen weicher von der Schlagfläche, mit einem tiefen Ton im Impact, und geben Profis mehr Kontrolle auf den extrem schnellen Grüns im Turnierspiel.

Die Schnelligkeit der Grüns ist meßbar

Greenkeeper trimmen den Rasen um die Fahne so lange, bis auf allen 18 Grüns in unterschiedlichsten Lagen, Schatten und Umfeld fast gleiche Rollgeschwindigkeit herrscht. Sorgfältig und umfassend wässern, düngen, aerifizieren, mähen und walzen sie vor einem großen Wettspiel.

Ständig kontrolliert der Course-Manager vor und während des Turniers mit dem ***Stimpmeter*** auf einer möglichst waagerechten Grünfläche die Laufgeschwindigkeit des auf zwei bis drei Millimeter genau geschnittenen Rasenteppichs. Nicht umsonst spielt die Qualität der Grüns bei der Platzbewertung durch die Tour-Pros eine wichtige Rolle.

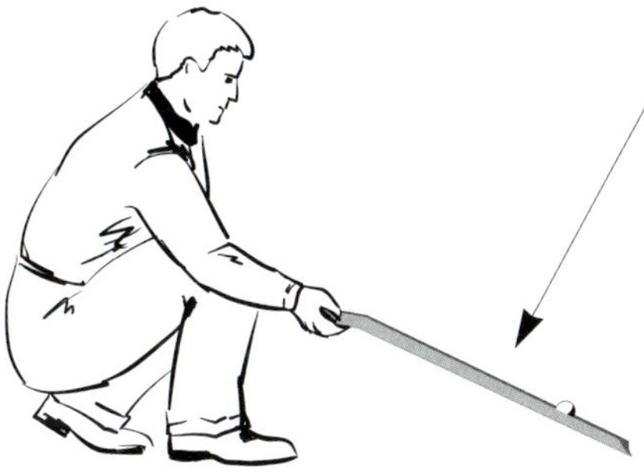

Grazie beim Putten zählt nicht, der Ball muß ins Loch

Nancy Lopez, Golf-Proette

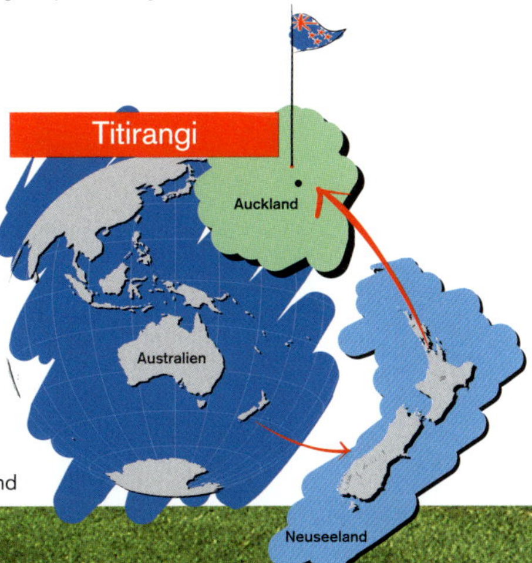

Stimpmeter
Genannt nach Edward Stimpson aus Massachusetts, USA, der 1935 die heute noch von der USGA empfohlene Meßvorrichtung zur Schnelligkeit der Grüns erfand. Die einfache Rutsche mißt zuverlässig und wiederholbar die Ball-Laufgeschwindigkeit auf dem Grün. Mit drei gleichen Bällen und drei Tees sowie einem Maßband (mindestens vier Meter) werden die Rolldaten nach dem Hochheben der 36 Inch langen, V-förmigen Schiene, die sich am Ende verjüngt, um ein Springen des Balls zu verhindern, erfaßt. Oben befindet sich eine Startgrube in der Rinne, die von der Horizontalen aus nach einem Neigungswinkel von rund 20 Grad den Ball losrollen läßt. Jeder ruhende Ball der Serie (A) wird mit einem Tee markiert. Alle drei müssen nach 20 Zentimetern zum Halten gekommen sein. Wenn nicht, wird die Laufserie wiederholt. Danach erfolgt in Gegenrichtung vom Tee aus eine erneute Meßserie (B). Die Durchschnittswerte von A und B addiert und durch zwei geteilt, ergeben die Grüngeschwindigkeit

Titirangi Golf Club, Links Road, New Lynn, Auckland, Neuseeland

9. Loch – Lagen rund ums Grün

Das ABC des kurzen Spiels

Scratch-Spieler treffen im Schnitt gerade zehn bis zwölf Grüns auf der Runde und schaffen dennoch Par oder gar darunter. Ihr raffiniertes Spiel ums Grün ist lernbar

◄ ***Kiele Lagoons, Kauai, Hawaii.*** *Ganzjährig in voller Blüte und erholsamer Ruhe präsentiert sich Golfern die Garteninsel Hawaiis*

▲ *Südsee-Kulisse: Schlag ins Wasser oder aufs Grün*

▲ *Jedes Tee hat eine Tierstatue mit Beschreibung der Spielbahn*

Das ABC des kurzen Spiels

Smiler
Ein Ball, der nach einem getoppten Schlag einen Schnitt in der Außenschale hat, nennen Golfer Smiler

Aus drei mach zwei

Oft retten sich Kurzspielexperten auf wunderbare Weise vor drohenden Bogeys ums Grün. Variantenreich schlagen sie aus jeder Lage wahre Kunstschüsse mit beängstigender Sicherheit dicht an die Fahne. Vergleichbar mit der Faszination, mit der die Piloten auf der Reise tonnenschwere Stahlvögel in der Luft beherrschen, sie mit traumwandlerischer Sicherheit auf die Landebahn setzen. Um Schwierigkeiten im kurzen Spiel zu meistern, ist es von Vorteil, die charakteristischen Flug- und Rolleigenschaften unseres runden Flugobjekts zu kennen. Kein Balltyp, egal ob billig oder teuer, gleicht dem anderen. Bevor wir die Kugel präzise zum Stock zirkeln, setzen wir uns über ihre Dreheigenschaften ins Bild. Zweischalenbälle vermitteln zwar ein hartes Schlaggefühl, sind jedoch haltbarer, selbst getoppte Schläge beschädigen sie kaum. Zudem nimmt der Zweischalenball weniger Drall (Spin) an, wodurch die Auswirkungen eines schlechten Schlags geringer sind. Diese in erster Linie auf Weite ausgelegte Ballart haben achtzig Prozent der Golfer im Bag. Mehr Backspin haben Bälle, die nach dem Multi-Layer-Prinzip oder als Drei- und Vierschalenball konstruiert sind. Für Tourspieler und Spitzenamateure ist die Schlagweite meist kein Thema. Sie geben auf dem Grün lieber empfindlicheren Balata-Bällen mit besserem Biß den Vorzug. Die weiche Außenschale (Cover) der Balata-Bälle aus Naturkautschuk ist weniger haltbar. Sie fühlt sich im Treffmoment wesentlich sanfter an. In den Versuchslabors der Ballhersteller werden laufend Testreihen von neu entwickelten Bällen geschlagen, die sich auf Anhieb weich anfühlen, weit fliegen und erste mißglückte Schläge ohne ***Smiler*** überstehen sollen. Bleiben wir den Golfgroßmeistern weiter auf den Fersen. Versuchen wir ihre Vorgehensweise zu verstehen, ehe sie zum kniffligen kurzen Spiel ansetzen, und sehen wir ihnen bei allen Basisschlägen auf dem Grün genau auf die Finger. Anhand ihrer Strategie, Technik und zauberhaften Spielweise entwickeln wir für unsere Annäherungen Schwünge und Schläge, mit denen wir den Ball zuverlässig über verschiedene Entfernungen befördern. Unser Motto: aus vier mach drei Schläge und dann aus drei mach zwei Schläge ums Grün.

▲ *Naturplatz:* ***Kiele Lagoons, Kauai.*** *Dunkle Lava-Küste im Kontrast mit saftigem Grün*

Viel oder weniger Backspin?

Genügend Backspin geben wir dem Ball mit auf den Weg, wenn wir ihn knapp gegenüber vom rechten Fuß positionieren, reichlich Handgelenkeinsatz geben und mit hoher Schlägerkopfgeschwindigkeit im steilen Winkel schlagen. Minimaler Rückwärtsdrall entsteht, wenn wir den Ball gegenüber dem linken Fuß plazieren. Geringfügig oder gar nicht die Handgelenke abwinkeln. Der Auftreffwinkel zum Ball ist flach, mit weitem Schwungauslauf.

Feeling trainieren

Das Gefühl, ob der Ball hoch, flach oder rollend zum Loch muß, holen wir uns auf dem Übungsgrün. Unser Leitsatz: Je flacher der Ball bewegt wird, um so sicherer ist er unterwegs.

Das notwendige Schlaggefühl für die Handicap-Verbesserung erreichen wir durch gezieltes Üben. Vom Sand-Wedge bis zum Eisen 5 spielen wir Bälle aus verschiedenen Lagen. So erhalten wir das richtige Feeling für Flugbahnen und fürs Ballausrollen. Bei allen Schlägen befinden sich die Hände vor dem Ball. Brillante Professionals schwören auf einen schwachen Griff bei kurzen Schlägen, dabei schließt sich die Schlagfläche im Treffbereich nie. Wir testen, ob wir so oder normal greifen. Der Fußabstand ist beim kurzen Spiel enger als bei vollen Schwüngen. Das Gewicht befindet sich im Zweifel mehr links.

Gelegentlich bereitet es Probleme, sich die passende Flugkurve und das Ballausrollen auf verschiedenartigen Grüns vorzustellen. Wir werfen auf dem Übungsgrün einfach Bälle (keine Übungsbälle) aus grundverschiedenen Lagen und Entfernungen zum Loch. Mit dem jeweils geeigneten Schläger versuchen wir, Flugbahn und Laufstrecke nachzuahmen. Sinn macht das Ganze mit dem Ballwerfen, wenn wir beim Putten, Chippen oder Pitchen Wettkampfanspannung simulieren. Unter Druck üben wir beharrlich routinemäßige Ballansprache und Probeschläge. Alles gelassen, ohne abrupte Bewegungen und überflüssige Experimente.

Methodisch vorgehen

Für alle anstehenden ***Approaches*** spielen wir erst die Grundvoraussetzungen in Gedanken durch. Beurteilen Boden und Ball-Lage. Blicken auf Flugstrecke, gewünschten Landebereich und wägen die Rollstrecke zur Flagge ab. Prüfen den tiefsten Punkt im Schwungbogen, ehe die richtige Waffe für den sichersten Weg zum Ziel auf den Ball trifft.

Flagge raus oder drin lassen?

Golfer beschäftigt vor kurzen Schlägen ums Grün oft die Frage: mit oder ohne Fahnenstock im Loch spielen? Tests mit Maschinen und Menschen kamen nach unzähligen Annäherungsschlägen zu dem knappen Ergebnis: Bleibt der Fahnenstock im Loch, fallen mehr Bälle. Warum? Mit auslaufender Geschwindigkeit läuft der Ball gegen den ***Pin*** und verschwindet leichter in der Lochhülse. Nur zu angriffslustig geschlagene Bälle prallen vom Pin ab und kommen neben dem Loch zur Ruhe. Drückt allerdings kräftiger Wind die Fahne so nach vorn, daß der Ball keinen Platz hat, von der Lochkante aus zu fallen, nehmen wir die Fahne vor dem Schlag heraus.

Pin
Englischer Begriff für Flaggenstock

◄ *Zahlreiche Tests haben bewiesen, daß es erfolgreicher ist, bei Schlägen rund ums Grün die Fahne im Loch stecken zu lassen*

Approach
Englischer Ausdruck für Annäherungsschlag aufs Grün

Lob über Bunker

Der Ball liegt gut, doch zwischen ihm und der Fahne lauert eine breit angelegte Sandschikane. Die Fahnenposition befindet sich am vorderen Grün, gut geschützt vom fiesen Bunker. Hier und auch bei erhöhten Grüns hilft der Lob. Zuerst überwinden wir das Hindernis im Kopf. Konzentrieren uns beim Miniaturschwung gezielt auf den Landepunkt des Balls. Ruhig schlagen wir einen gerade fliegenden, weich landenden Lob. Einen hohen Pitch, der neben der Fahne landet und praktisch in der Pitch-Marke zur Ruhe kommt. Am Schwungende weist die Brust zum Ziel. Den noch risikovolleren ***Cut-Lob,*** einen extrem angeschnittenen Bogenschlag mit weit offenem Stand, der bereits im Rückschwung ein Abwinkeln der Handgelenke verlangt und einen längeren Schwungauslauf fordert, spielen wir nur, wenn der Ball optimal auf dem Gras liegt.

Cut-Lob
Kurzer, hoher Schlag. Der Ball stoppt sofort nach der Landung. Durch offenen Stand und Schlägerblatt unterschneiden wir den Ball mit aggressivem Schwung

Für den Lob spielen wir den Ball mehr gegenüber vom linken Fuß. Das Gewicht ist bei der Ballansprache ausbalanciert ▼

Key Biscayne, Miami, Florida ▶

Pitchen mit Nachlauf

Der Ball liegt leicht eingegraben im Semi-Rough zwischen Sandbunkern und geschorener Rasenfläche. Die Fahne steckt weit weg am hinteren Grünrand. Stand und Schlagfläche square ausrichten. Der Golfball liegt gegenüber der Mitte unseres Stands. Das Gewicht ist gleichmäßig auf beide Beine verteilt. Vor dem Start steht der Schaft fast senkrecht zum Boden. Dann schwingen wir los. Wir schwingen die Arme über Hüfthöhe, um die Neun-Uhr-Stellung zurück in steil abwärts fallendem Schlagwinkel durch den Ball. Ein Überschwingen vermeiden wir, indem wir den Schwung bei drei Uhr beenden. Vorsichtig setzen wir die Handgelenke ein. Bei solidem Ballkontakt ist es nicht unbedingt nötig, den Landepunkt genau zu treffen, denn der Pitch mit Nachlauf rollt zum Loch hin oder darüber hinaus.

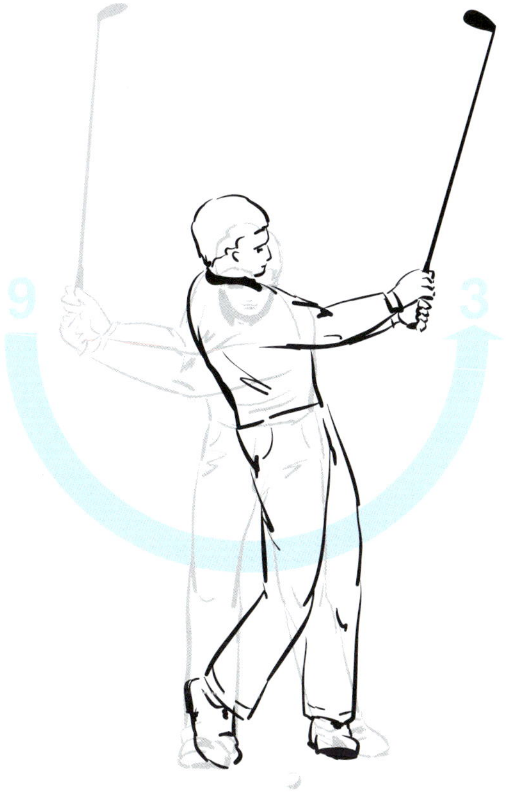

Mit entspannter Haltung und kontrolliertem Krafteinsatz spielen wir den Ball gegenüber der Mitte unseres Stands ▼

Kiele Lagoons, Kauai, Hawaii ▶

Im Rough auf Sicherheit gehen

Bei einer spielbaren Ball-Lage im hohen Gras nahe dem Grünrand entscheiden wir uns gegen ein Eisen 8, auch wenn die Entfernung zum Chippen ideal erscheint. Das Risiko, im höheren, dichten Gras hängenzubleiben und den Ball viel zu kurz werden zu lassen, gehen wir nicht ein. Ein Wedge befördert den Ball direkt aufs Grün, und er rollt kurz zur Fahne aus.

Nach verzogenem Schlag ist es ratsam, hohe Schlagzahlen zu vermeiden: nicht zuviel wollen, den Ball nur ins Spiel zurückbringen, notfalls mit Strafschlag. ***Melbourne, Australien*** ►

Kurzflieger mit langem Auslauf

Benötigen wir wenig Flughöhe aufs Grün und viel Auslauf, ziehen wir ein Eisen zum Chippen aus der Golftasche. Zum Chip-Schlag für gute und schlechte Lagen verhalten wir uns nach dem Prinzip: je einfacher, um so erfolgreicher. Das bedeutet: immer überlegen, eine minimale Schlagflächenneigung anwenden, damit der Ball kurz fliegt und viel rollt. Wichtig bei diesem kurzen Schlag: Schultern, Arme und Körper schwingen synchron durch den Ball. Damit er die lange Strecke zum Loch optimal läuft, chippen wir ihn von der Standmitte aus. Unser Gewicht lagert im ganzen Schwung überwiegend auf der linken Seite. Noch bis in den Schwungauslauf hinein halten wir die Winkelstellung der Hände, wir aktivieren sie in keiner Phase des Chippens. Der Schlägerkopf liegt am Schwungende tief und das Schlägerblatt zeigt in Richtung Ziel.

Chippen auf festem Boden

Eine Herausforderung stellt die Ball-Lage auf einem Trampelpfad dar. Der harte, glatte Boden entsteht an einem frequentierten, oft auch an dem bequemsten, nächsten Weg zum Grün. Ein Putt fällt flach in dieser Beschaffenheit, zu viele Geländeabweichungen und Schikanen liegen auf der Strecke zum Loch. Das Sandeisen würde alles erschweren. Die Hinterkante seines Schlägerkopfs neigt schnell dazu, im Schlag vom Boden abzuprallen und den Ball zu toppen. Ein Schläger wie das Pitching-Wedge mit etwas weniger Loft leistet zuverlässigere Dienste. Es befördert den Ball sicher auf eine weiche Platzstelle und läßt ihn spurtreuer zum Stock laufen. Immer die wichtigen Grundlagen zum Chippen beachten: Die Hände müssen im Treffmoment vor dem Ball sein, Gewicht links, Pendelschwung mit festem linkem Handgelenk, und schon wird alles gut.

Liegt der Ball halb im Gras, geht nichts mit dem Putter. Ein gefühlvoller, steiler Chip-Schlag gewährt kontrollierten Ballkontakt.
Kiele Lagoons, Kauai, Hawaii ▼

Spiegelei
(englisch: Fried Egg)
Ausdruck für einen halb im Sandbunker eingebetteten Ball, der äußerst schwierig aus dem Hindernis zu spielen ist. Die Veranstalter von großen Golfturnieren versuchen übrigens, mit der Bauart der Bunker und der Sandmischung sicherzustellen, daß solche Ball-Lagen eine Seltenheit bleiben

Spiegelei im Sand

Die Fahne weht sanft im Wind, wir schlagen kraftvoll ein mittleres Eisen. Klangvoll satt getroffen zischt der Ball in hohem Bogen davon. Doch die Attacke auf die Flagge geht gründlich daneben. Statt am Stock, der nahe am Grünrand steht, landet das Geschoß im angrenzenden Bunker, eingegraben in feinem Sand. Wir haben uns zuviel auf den Teller gelegt, den schwersten Schlag im Golf bestellt. »Paid the price«, sagen die Amerikaner nach aggressiven Misshots. Jetzt kommt es darauf an, wie wir das sogenannte ***Spiegelei*** verdauen. Aus unserer Bestecktasche ziehen wir ein Pitching-Wedge. Sandeisen arbeiten, dank ihres Flanschs, normalerweise zuverlässig, doch die Abprallwirkung des Sand-Wedge hilft hier kaum. Eine 10, so steht's manchmal auf dem Schlägerblatt des Pitching-Wedge, buddelt da den Ball mit geringerer Abprallwirkung und scharfer Vorderkante deutlich besser aus dem tiefen Sand. Technisch läuft der PW-Schlag einfach ab. Wir öffnen unseren Stand und das Schlägerblatt leicht zum Ziel. Die Ballposition für den Befreiungsschlag ist die Standmitte. Mit kraftvollem Schwung zielen wir ruhig auf den rechten Rand des Spiegeleis. Steil und mit reduziertem Rückschwung und halbem Schwungauslauf schlagen wir kraftvoll ein Kissen aus dem Sandbett. Die Flugbahn fällt etwas flacher aus als beim Sand-Wedge, der Ball landet auf dem Grün und hat eine längere Ausrollphase als üblich. Hauptsache, wir kommen aus dem Sandhindernis!

In fiesen Sandlagen sich notfalls seitlich oder gar gegen die Spielrichtung befreien. Hauptsache, mit dem nächsten Schlag raus.
Eglin, Florida ►

Roller

Chippen oder Putten vom Grünrand? Grundsätzlich erweist ein Putter, vorausgesetzt der Ball liegt außerhalb des Grüns auf kurz geschorenem Gras und ebener Fläche, sichere Dienste. Er rollt den ganzen Weg ungehindert zum Loch. In rhythmischer Pendelbewegung beschleunigen wir den Ball, in Gedanken an die Laufstrecke vom Vorgrün, doppelt so stark als Putt-Roller. Putt oder Chip? Bei der Entscheidungsfindung steht die Entfernungskontrolle im Vordergrund. Die Richtungskontrolle ist einfacher und deshalb sekundär. Nur eine schlechte Lage im dichten, hohen Rasen, die nicht erlaubt, den Ball solide im Schlagzentrum (Sweetspot) des Putters zu treffen, läßt uns zum Chip-Schlag wechseln. Ein gefühlvoller Chip gewährt einen abschätzbaren Ballkontakt. Auch bei leichter Bergab-Lage ist er vorteilhafter, denn mit bremsendem Backspin läuft er kontrollierter abwärts zum Loch.

Mit Texas-Wedge aus dem Bunker

Der gelegentlich von Mitspielern belächelte Einsatz des sogenannten ***Texas-Wedge,*** des Putters, verhilft im Sand zu Schlägen mit maximaler Sicherheit. Viele putten gefühlvoll und erfolgreich bei guter Ball-Lage in einem flachen Bunker ganz ohne Kante und mit fester Sandkonsistenz. Wir fühlen sie beim Betreten des Hindernisses. Wächst zwischen Sandkiste und kurz gemähter Günfläche hohes, holpriges und krauses Gras oder befindet sich eine größere Kante am Bunkerrand zum Grün, lassen wir das Texas-Wedge in der Tasche stecken. Ohne Hemmungen ziehen wir es aus dem Bag, wenn auf direkter Linie eine Semi-Rough-Kante im Weg ist. Den höher gemähten Rasen überwinden wir einfach mit einer größeren Pendelbewegung des Putters. Für manche Mitspieler ist es immer wieder eine Überraschung anzusehen, wie gut Befreiungsschläge mit dem Putter aus dem Bunker gelingen. Doch ohne Übung läuft das nicht! Genausowenig wie Experimente auf der Runde.

Texas-Wedge
Umgangsprachliche Bezeichnung für den Putter bei Benutzung im Sandbunker und außerhalb des Grüns

Putten ohne beachtenswerte Bunkerlippe: Wichtig ist es, den Ball gegenüber vom linken Fuß zu treffen, damit er kaum rutscht, sondern gleich losrollt.
Kiele Lagoons, Kauai, Hawaii ▼

Der Bunker hat keine hohe Hinderniskante, der Ball liegt gut auf dem Sand. Der sicherste Weg hinaus ist für Geübte das Texas-Wedge.
San Lorenzo, Algarve, Portugal ▼

Golf ist wie Kunst – es ist unmöglich, perfekt zu sein

Sandra Palmer, Golf-Proette

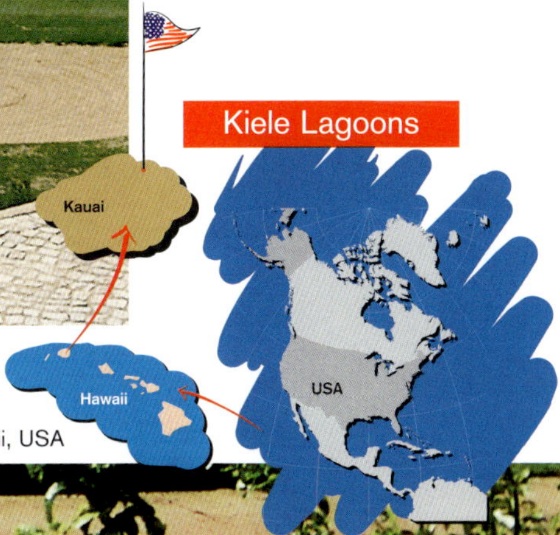

Kiele Lagoons Golf Club, Kauai, Hawaii, USA

10. Loch – Schräglagen

Spielen am Hang

Schon beim Anblick ansteigender oder abfallender Spielbahnen, Sandbunker und Grünflächen kriegen manche eine Gänsehaut. Profigolfer wissen, welche Schlagtechnik und Strategie in schwierigen Schräglagen verlangt werden

◄ ***Monte Carlo, Monaco.*** *900 Meter über der Côte d'Azur liegt der Golfplatz der Grimaldis*

▲ *Vom Heli-Airport Monte Carlo in wenigen Minuten zum Golfplatz*

▲ *Gäste dürfen golfen, aber das Clubhaus: for members only*

10

Spielen am Hang

Balance
Wichtige Voraussetzung im gesamten Bewegungsablauf des Schwungs. Sie zu halten erfordert einwandfrei kontrolliertes und entspanntes Durchschwingen

Wappen des regierenden Fürstenhauses ▶

Yachthafen von Monte Carlo ▼

Hang zu falschem Stand

Einer wie der andere flog gerade und lang vom ebenen Platz der Driving Range. Auf dem hügeligen Course kurven die Bälle plötzlich kreuz und quer über die sportlich anspruchsvolle Anlage. Freizeitgolfer aus dem Flachland, die in den Ferien mit Schräglagen konfrontiert werden, neigen zum schnellen Schwingen mit feuchten Händen und verschwommenen Augen. Ihr Hauptproblem ist: Sie stellen sich zum Schlag, dem natürlichen Drang von Zweibeinern folgend, zu aufrecht in den Hang hinein, statt sich der Hanglage soweit wie möglich im rechten Winkel anzupassen – quasi auf dem sogenannten Talfuß noch gerade bequem die ***Balance*** haltend. So folgen wir im Schwungbogen erheblich besser der Bodenneigung. Treffen den Ball und dann den Rasen an der tiefsten Stelle. Durch Probeschwünge fixieren wir präzise unseren Berührungspunkt am Boden, die Stelle, an der unser Schlägerkopf das Gras satt streift. Dann beziehen wir Stellung zum Ball, zum Ziel und im Kopf. Ob auf ansteigenden oder abfallenden Fairways, Hindernissen und hängenden Grüns, wir bleiben in jeder Situation Herr der Lage.

Fairway-Schläge bergauf

Ungeübte Schläge in Schieflagen geraten gern aus der Bahn. Werden zu lang oder zu kurz. Bergauf fehlen meist noch viele Meter zum Loch, auch gute Spieler unterschätzen in solch einer Situation immer wieder die Veränderung der Schlagfläche. Grundsätzlich kommen durch die Neigung des Hangs bereits vor dem Schlag zwischen zehn und zwanzig Grad Loft ins Spiel. Der Ball steigt weitaus höher, als erwartet. Deshalb setzen wir Schläger mit einer bis zu drei Nummern geringeren Neigung ein. Beispielsweise statt Eisen 9 ein Eisen 8 oder 7 mit flacherer Flugbahn. Um sicherer die Balance zu halten, unterlassen wir Vollgasschwünge. Bei der Ansprache berücksichtigen wir: Der Ball wird weiter vom linken Fuß gespielt als normal. Die Flugbahn verläuft tendenziell in einer Draw-Kurve von rechts nach links und hat weniger Ballauslauf als üblich. Bei der Zielausrichtung berücksichtigen wir das bis zum Eisen 9. Nur beim Wedge stellen wir das Schlägerblatt square zur Ziellinie, weil der Sidespin nicht zum Tragen kommt.

Fairway-Schläge bergab

Bergab-Lagen bringen selbst erfahrene Golfer gelegentlich in Schwierigkeiten. Die Spielregeln gelten genau entgegengesetzt zum Bergauf-Spielen. Allerdings verändern Schläge den Hang runter die Schlagfläche im Schwung gefährlich steil. Aus diesem Grund greifen wir statt zum für diese Entfernung üblichen Eisen zu Schlägern, die kürzere Distanzen erreichen. Beispiel: Anstelle eines Eisens 5 schwingen wir ein kürzeres Eisen 6 und bei extremer Schräglage sogar ein Eisen 7 oder 8. Schultern und Füße richten wir weiter links von der Ziellinie aus, um die Slice-Flugbahn von links nach rechts zu gewährleisten. Bei Bergab-Schlägen rollt der Ball ungewöhnlich lange aus. Im Probeschwung erkennen wir, wie weit er vom rechten Fuß geschlagen werden muß.

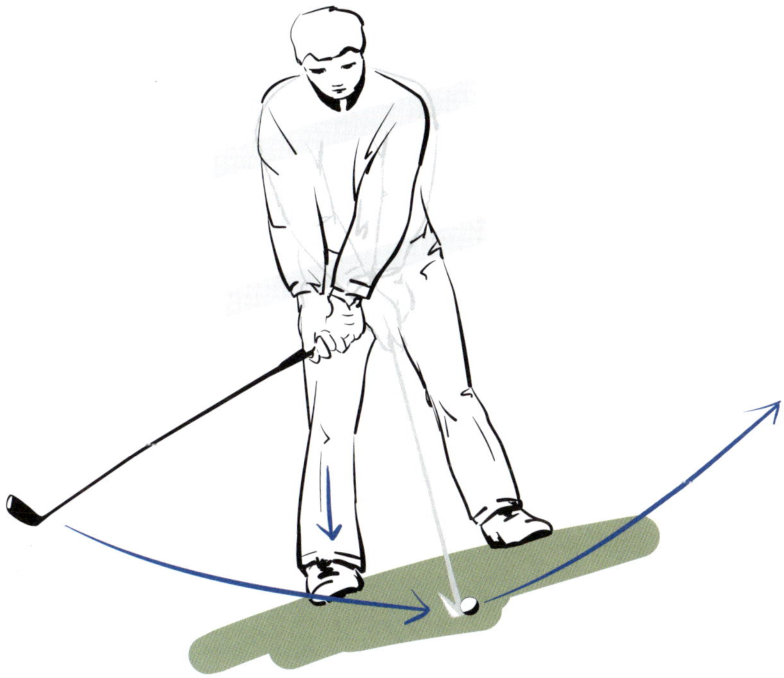

◄ *Bei **Bergauf-Lagen** beachten wir: Ball fliegt höher als gewohnt, je steiler der Winkel, um so weniger hart schlagen wir. Die Körperhaltung so weit wie möglich im rechten Winkel dem Hang anpassen. Gewicht lagert beim Ansprechen des Balls mehr rechts, nach dem Durchschwung links. Draw berücksichtigen. Schläger in der Mitte bis Griffende greifen, auf keinen Fall Ball in die Luft schaufeln*

◄ *Bei **Bergab-Lagen** fällt es besonders schwer, die Balance zu halten. Im Idealfall steht man im rechten Winkel am Hang oder paßt sich ihm soweit wie möglich an. Ball mehr gegenüber der Mitte und vom rechten Fuß spielen. Slice berücksichtigen. Gewicht überwiegend links halten. Offenen Stand einnehmen. Fällt der Winkel zu steil aus, ist kein voller Schwung möglich*

Luftschlag
Ein beabsichtigter Schlag, bei dem versehentlich der Ball unberührt bleibt, dennoch zählt er als Schlag

Seitliche Hanglage

Ist der Ball auf stark abschüssiger Lage seitlich zu spielen und liegt er unterhalb der Füße, geraten wir bei einem zu kraftvollen Schwung schnell aus den Fugen. Die Zentrifugalkraft kippt uns im Schwung, vor dem Ballkontakt, nach vorn. Wir prüfen per Probeschwung die optimale Ballposition und wie weit wir zurück- und durchschwingen können, ohne das Gleichgewicht zu verlieren. Einen von Anfängern gefürchteten ***Luftschlag*** vermeiden wir, indem der Körper mehr in Richtung Ball gebeugt wird. Deshalb gehen wir weniger als sonst in die Kniebeuge. So verlagert sich automatisch das Gewicht nach vorn. Dort bleibt es während des gesamten Schwungs. Die wichtigste Grundlage zur Wahrung der Ballkontrolle: ruhig und bewußt durch den Ball schwingen. Slice-Flugbahn, Schlägerwahl und Schwungablauf ähneln dem Schwung in Bergab-Lage.

Befindet sich der Ball oberhalb der Füße, beherzigen wir die Regeln des Bergauf-Spielens (siehe Seite 124). Verbietet die zu steile Hanglage einen einfachen Schwung, gehen wir auf Sicherheit. Greifen den Schläger kürzer und stellen uns, gleichmäßig ausbalanciert, fast aufrecht auf die Fußballen. In flacher Schwungebene und mit halbem Schlag bugsieren wir den Ball zurück auf die Spielbahn.

Ball unterhalb *der Füße verlangt, daß die Körperhaltung soweit wie möglich der Hanglage angepaßt wird. Der Oberkörper beugt sich dabei mehr als üblich nach vorn. Während des Schwungs Gleichgewicht halten, Schläger länger fassen und den Hang entlang nach oben führen. Der Schwung fällt steiler aus, den Ball mehr vom linken Fuß spielen, er fliegt als Fade oder Slice flacher und weiter. Selten sind volle Schläge möglich* ▶

Ball oberhalb *der Füße, nach rechts zielen. Ball von Standmitte bis rechten Fuß spielen. Wir stehen aufrechter als sonst, unser Rückschwung fällt kürzer als gewöhnlich aus, wir fassen den Schläger kürzer und passen unseren Körper soweit wie möglich dem Hang an. Der Ball neigt je nach Steigung zum Draw oder Hook* ▶

Bergauf-Lage im Bunker

Der Ball liegt, bergauf im Sandbunker, einwandfrei – keine unlösbare Aufgabe. Ohne Veränderungen im Set-up und im Schwung schlagen wir den Ball hoch hinaus aus dem Krater. Nur der Stand ist leicht geöffnet. Um stabiler zu stehen, graben wir uns vor dem Schwung mit den Füßen etwas in den Sand. Unser Gewicht passen wir der Hanglage an, vorwiegend ruht es rechts. Schulter und Rückgrat bringen sich daher von allein richtig in Stellung, um einen normalen Schwung zu ermöglichen. Der Ball fliegt hoch und rollt nach dem Aufprall kaum weiter.

Spiegelei in Bergab-Lage

Kein Golfschlag spielt sich so schwer wie ein tief im Sand eingebohrter Ball auf abfallender Hanglage. Wir richten unseren Stand und das Schlägerblatt square aus. Das Gewicht verlagern wir auf die linke Körperseite. So schwingen wir steiler, und das Sand-Wedge-Schlägerblatt gräbt sich einwandfrei durch den Sand. Der Ball wird mehr vom rechten Fuß angesprochen. Heftig schlagen wir drei bis vier Zentimeter rechts vom Ball durch den Sand. Während des gesamten Schwungs bleibt das Gewicht auf der linken Körperseite. Der Ball fliegt flach und rollt mehrere Meter aus. Ragt die Bunkerkante zu hoch hinaus und der Ball liegt nahe, befreien wir uns, auch wenn es schwerfällt, seitlich aus dem Hindernis.

Bergab-Lage im Bunker

Bunkerschläge zählen bei Amateuren bestimmt zu den gefürchtetsten. Besondere Pein bereitet die Kombination Sand und abfallende Schräglage. Dennoch ist der Ball mit viel Übung regelmäßig aus dem Bunker zu befreien. Wir beugen unser linkes Knie soweit wie möglich, um unseren Körper der Hanglage im rechten Winkel anzupassen. Konzentriert schlagen wir rechts vom Ball schwungvoll hangabwärts ein Sandkissen heraus. Der Ball fliegt etwas flacher als sonst und rollt weiter. Achtung: Bevor wir, bedingt durch die Schräglage, einen Schritt in Richtung Ziel machen, müssen wir mit dem Schlägerkopf durch die Treffzone geschwungen haben.

◄ ***Bergauf-Lagen im Bunker*** *lassen sich leicht lösen, wenn wir Mut haben, voll hinter den Ball durch den Sand zu schwingen.* ***Kiele Lagoons, Kauai, Hawaii***

▲ *Aus verzwickter Spiegelei-Lage notfalls seitlich aus dem Bunker spielen*

◄ ***Bergab-Lage im Bunker*** *bewirkt bei vielen Streß. Der schwierige Schlag fordert Balance-Gefühl und viel Geschick, um den Ball überhaupt aufs Grün zu bekommen.* ***Royal Melbourne, Australien***

Hangaufwärts putten

Wie Blicke täuschen! Amateure pflegen lange Putts von unten nach oben auf Grüns mit ausgeprägter Steigung viel zu kurz zu spielen. Schade eigentlich, denn der Ball ist einfach in der Richtung zu halten, selten bricht ein Bergauf-Putt aus. Schwieriger wird es, die Distanz einzuschätzen. Deshalb unbedingt, wie es sich vor jedem Putt gehört, die Rollstrecke des Balls von der anderen, oberen Seite betrachten. Nun beurteilen wir die Schlaghärte genauer. Handgelenke wie gewöhnlich bei langen Putts im Zaum halten. Wer zu feige auf steilen Wellengrüns von unten nach oben spielt, dem passiert das Frustrierendste im Golf überhaupt: Er muß machtlos zusehen, wie sein Ball zurückläuft und vor seinen Füßen zur Ruhe kommt. Deshalb dem Ball genügend Power mit auf den Weg geben, damit er sicher auf die Etage gelangen kann, in der die Fahne steckt. Erst an Distanz, dann an Richtung denken.

Hangabwärts putten

Auf schnellen, trockenen Grüns mit Gefälle läuft der Ball beängstigend talwärts. Kommt er überhaupt auf dem zwei Millimeter kurz geschnittenen Rasen mit Linksrechts- und Rechts-links-Neigung zur Ruhe? Auf keinen Fall darf der Weg zum Loch auf direkter Putt-Linie gesucht werden. Auch die Putt-Regel never up, never in brechen wir. Die Ballschwerkraft würde eine unerwünschte Eigendynamik entwickeln, der Ball weit übers gefürchtete Grün hinausschießen. Unser Verstand rät uns, auf zwei Putts zu gehen. Behutsam bringen wir den Ball gegen den Hang in Bewegung. Mit der Spitze des Putters tippen wir ihn an, so daß er auf der Schräge zum Loch rollt. Bälle, die außerhalb vom Putter-Sweetspot getroffen werden, laufen langsamer. Strategisch ist es klüger, den zweiten Putt so zu plazieren, daß wir von unten nach oben putten, damit das Einlochen nur noch eine Formalität ist.

Seitlich am Hang entlang putten

Kein beneidenswerter Ein-Meter-Putt – er soll seitlich von links nach rechts ins Loch kurven. Viel Übung und Erfahrung fordern Schläge seitlich am Hang entlang. In unserem Fall weichen wir etwas von der normalen Ballposition ab, spielen ihn mehr vom linken Fuß aus. So bleiben wir länger auf der Schwungbahn zum ***Break-Punkt*** oberhalb vom Loch. Putts, die von rechts nach links laufen, sind vielen Golfern sympathischer. Die Rollstrecke läßt sich perspektivisch einfacher erfassen. Der Ball puttet sich angenehmer, wenn er etwas mehr vom rechten Fuß gespielt wird. Das Schlägerblatt zeigt im Schwungverlauf square zum Break-Punkt rechts vom Loch.

Break-Punkt
Anfänger und Wochenendgolfer neigen häufig dazu, dem Ball keine Chance zu geben, ins Loch zu fallen. Mut- und gedankenlos gehen sie an Schräglagen-Putts heran. Regelmäßig berücksichtigen sie zuwenig Break, und der Ball rollt auf einer Linie unterhalb des Lochs (siehe Amateur-Linie). Übung auf dem Putting-Green schärft den Blick für den Break-Punkt und vermittelt das Gefühl für die richtige Ballgeschwindigkeit und die Profi-Linie.

Golf ist eine Möglichkeit, uns selbst zu testen, während wir uns selbst genießen

Arnold Palmer, Golf-Pro

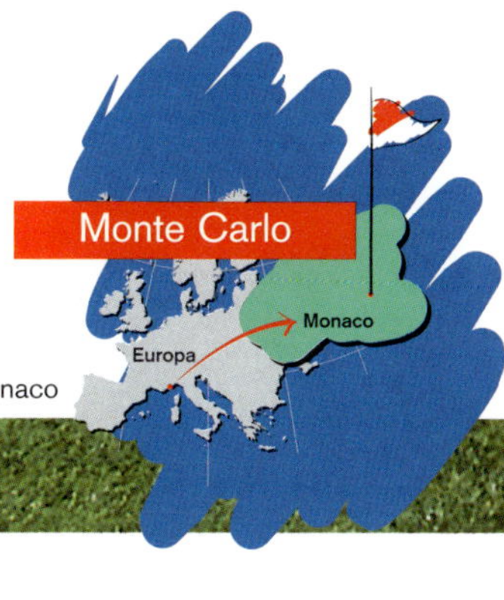

Monte Carlo Golf Club, La Turbie, Monaco

11. Loch – Rough

Nur raus aus dem Rauhen

Im Rough kriegen viele weiche Knie und begehen dilettantische Fehler. Sie tun mehr, als die Lage erfordert. Dabei ist es gar nicht so aussichtslos, den im Gras gefangenen Ball sicher ins Spiel zurückzubringen

◄ ***Grand Cypress, Orlando, Florida.*** *1800 meist manikürte Spielbahnen schlängeln sich um Disney World*

▲ *Epcot Center, ein Wahrzeichen des riesigen Vergnügungsparks*

▲ *Nur einen Chip entfernt: Neuschwanstein, USA*

Nur raus aus dem Rauhen

Rough
Rauhes, schwer spielbares und naturbelassenes Gelände außerhalb der Spielbahn. Meist mit hohem Gras, Büschen und Gestrüpp

Semi-Rough
Abgeschwächte Art des Roughs, denn auf gemähtem und gepflegtem Semi-Rough läßt sich leichter weiterspielen

Links-Kurs
Ursprüngliche Bezeichnung für naturbelassenen Golfplatz entlang der Küste. Typische Merkmale: schneller Seaside-Rasen auf den Grüns, stachelige Grasdünen, gewaltige Graskrater und Sandschluchten sowie launenhaft wechselndes Wetter

Grundsätzliches zum Rough

Kontrollierte Schläge aus knöchelhoch geschnittenem ***Semi-Rough,*** auch zärtlich Baby-Rough genannt, und wild ausgewachsenem, meterhohem ***Rough*** gehören zu den gewaltigen Herausforderungen des Golfens. Im tiefen oder leichten Rough geht Sicherheit um jeden Preis vor Schlaglänge. Der Ball muß mit dem nächsten Schlag aus seiner schwierigen Lage gefühlvoll und konsequent in eine bessere Position gebracht werden. Doch Rough ist nicht gleich Rough. In Südeuropa und im Süden der USA wachsen aus klimatischen Gründen kaum hohe Gräser. Auf den übermäßig manikürten Plätzen Floridas verlieren wir kaum einen Ball im dichten, hohen Gras. Eher taucht er nach gehacktem oder verzogenem Schlag für immer in einem der zahlreichen Wasserhindernisse unter. Der dort bevorzugte, besonders strapazierfähige Bermuda-Rasen mit dichter, weicher Polsterung läßt den Ball zwar optisch versinken, doch mit etwas Übung befreien wir uns, ähnlich wie mit einem Bunkerschlag, schnell aus dem künstlich angelegten luftigen Semi-Rough.

Wesentlich schwieriger wird es auf den klassischen ***Links-Kursen*** Schottlands oder den traditionsreichen Plätzen Deutschlands. Dort wächst hohes, fieses Rough an allen Ecken und Kanten der Spielbahnen. Beim Anblick drohender Sommerwiesen und undurchdringlich gewachsener Grasbüschel laufen einem Angstschauer den Rücken hinunter. Die Chancen, den Ball überhaupt wiederzufinden, sind oft gleich null. Verschlagen wir einen Ball ins Rough, spielen wir generell gleich einen sogenannten provisorischen Ball hinterher. Der erleichtert uns in der Regel das Suchen auf vergleichbarer Ballhöhe. Und wir müssen, falls der Ball auch nach der maximalen Suchzeit von fünf Minuten verschwunden bleibt, nicht zurückgehen, um von der Stelle, an der wir den ersten Ball verschlugen, einen neuen ins Spiel zu bringen. Doch mit Glück finden wir im zottig wild gewachsenen Gras unseren Golfball. Um den Score zu schonen, ist ein mutiger Befreiungsschlag fällig.

*Natürliches Rough **an der australischen Küste** ►*

*◄ Künstliches, dichtes Rough in **Florida**: undurchdringlich!*

Graslage beurteilen

Die Grasneigung bestimmt die Ballansprache, den passenden Probeschwung und auch, welcher Schläger aus der Tasche gezogen wird. Wächst der Rasen des Semi-Roughs oder des kaum höheren Roughs in Schwungrichtung, spielen wir fast jeden Schläger, wie normal. Wegen eines wahrscheinlich entstehenden Flyers – der Ball fliegt flacher und rollt weiter – nehmen wir eine Schlägernummer weniger als normal für die bevorstehende Distanz. Läuft die Graswuchsrichtung entgegengesetzt, überwinden wir falschen Stolz und benutzen einen Schläger mit viel Loft. Wir spielen den Ball rechts von der Mitte mit einem geöffneten Wedge, um das Schließen der Schlagfläche im dichten Gras zu kompensieren und den Ball sicher aufs Fairway zu bringen.

Übrigens: Bei der Ballansprache im hohen Gras setzen Einsteiger gern den Schlägerkopf hinter dem Ball auf, wie am Abschlag, Fairway oder Grün. Achtung: Bewegt sich der leicht aufliegende Ball dabei, führt das zu Strafschlägen.

▲ *Schläge aus zum Ziel geneigten Grashalmen fliegen fast ohne Backspin als Flyer. Eine Schlägernummer weniger spielen*

▲ *Im Rough geht Sicherheit vor Länge. Das gegen die Spielrichtung laufende Gras läßt nur den Schwung mit einem Wedge zu*

Spiel aus miserabler Rough-Lage

Wenn der Ball tief im kniehohen Rough liegt, Ruhe bewahren, sich selbst nicht über- und die Situation nicht unterschätzen. Kein golfspielender Mensch auf der Welt schwingt fehlerfrei, jeder bringt sich über kurz oder lang in Schwierigkeiten und landet mal im hochgewachsenen Gras. Einsteiger und Freizeitgolfer analysieren oft falsch, nehmen Schläger für Weite, statt den Ball auf dem sichersten, kürzesten Weg aufs Fairway zu befördern. Durch Toppen oder Hacken verschlimmern sie die Lage. Profis passiert das selten, sie unterdrücken übertriebenen Ehrgeiz und schätzen die Situation sachlicher ein. Im ungünstigsten Falle hacken sie den vom Gras verschlungenen Ball mit dem Sand-Wedge oder dem Pitching-Wedge seitlich raus auf die Spielbahn. Ein normaler Schwung ist hier ausgeschlossen, weil die Dichte des Grases einen Ballkontakt verhindert. Die langen Grashalme wickeln sich so stark um den Schaftansatz des Schlägers, daß sich das Schlägerblatt bereits beim Ballkontakt schließt. Deshalb benutzen wir im tiefen Rough einen Schläger mit möglichst viel Loft. Das Wedge, mit dem wir viel Umgang haben, bewirkt mit seinem Schlägerkopfgewicht schnellen Ballanstieg und durchdringt das annähernd undurchlässige Gras. Mit offen gestellter Schlagfläche und Stand schlagen wir im steilen Schwung nach dem Ball. Der liegt weiter rechts als üblich, und unser Körpergewicht bleibt im gesamten Schwungverlauf links. Wichtig: in miserabler Lage nie zuviel wollen – Hauptsache heraus aus dem »Rauhen«.

Steht das Glück zur Seite ► und der Ball wird in der Sommerwiese gefunden, geht Sicherheit beim nächsten Schlag vor. Aus einem so schlimmen Rough ist es erlaubt, den Ball nur aufs Fairway zu hacken.
Brunnwies, Bad Griesbach

Spiel aus dem Semi-Rough

Der Drive verzieht sich und landet nach krummem Flug im Semi-Rough. Wir finden den Ball leicht eingebettet im knöchelhohen Gras. Auf dem Fairway würde nun ein Eisen 4 genügen. Doch unsere Ball-Lage erlaubt für den soliden Ballkontakt bloß ein Eisen 7. Hauptsache, zurück auf die Spielbahn und Richtung Fahne, um den nächsten Annäherungsschlag leichter und einwandfreier spielen zu können. Auf steilerer Schwungebene – wie auf der gemähten Spielbahn – schwingen wir durch den Ball. Bei der Schlägerwahl berücksichtigten wir, daß sich zwischen Ball und Schläger keineswegs viel Gras verfangen darf. Der Ball liegt weiter hinten im Stand. Automatisch werden dadurch die Hände im Treffmoment weiter vorn sein. Die Schlagflächenneigung fällt geringer aus als auf dem Fairway. Ein Eisen 7 erhält die Neigung von einem Eisen 6 oder 5. Der Ball fliegt niedriger, nicht ganz so weit, rollt aber mehr als normal aus. Wir richten die Schlagfläche zum Ziel aus. Schwingen den Schläger steil etwas von außen nach innen. Das offene Schlägerblatt bewirkt eine spätere Schließung der Schlagfläche durch das hohe Gras. Bei dem mehr von oben kommenden Schlag durch den Ball setzen wir die Handgelenke bewußt wenig ein. Die Flugbahn tendiert von links nach rechts vom Ziel. Dies beachten wir schon bei der Standausrichtung und stellen uns offen zum Ball. So schwingen wir bequemer, weil die Hüften bereits aus dem Weg sind. Strategisch legen wir vorher den Punkt fest, von dem wir mit dem nächsten Schlag den sichersten Zugang zur Fahne haben.

◀ *Keine Ball-Lage zum Davonlaufen, aber auch kein Grund, übermütig zu werden, denn im Semi-Rough lauert stets Gefahr für unberechenbare Flyer.*
Doral, Miami, Florida

Weite Schläge mit Holz aus guter Rough-Lage

Lange Eisen haben im Rough nichts zu suchen. Außer, der Ball liegt unerwartet weit sichtbar – wie aufgeteet – auf der gemähten Wiese. Sind dann noch die Grashalme in Richtung Ziel geneigt, ziehen wir ein langes Eisen in Betracht. Meist eignet sich aber für weite Schläge aus dem Rough eher ein Holz. Das Gewicht und die Sohlenform des Schlägerkopfs verkanten weniger schnell als ein Eisenblatt. Der klobige Holzkopf gleitet mit weniger Widerstand durchs Gras und hebt den Ball leichter in die Luft. Mit offenem Stand sprechen wir den Ball an. Die geöffnete Schlagfläche zeigt etwas nach rechts vom Ziel. Im Rough schließt sich, je nach Struktur des Grases, das Schlägerblatt, eine Draw-Flugbahn folgt. Die Ballposition liegt zwischen Standmitte und linkem Fußabsatz. Wir schwingen flach durch den Ball. Benutzen im Treffmoment kaum die Handgelenke, damit der Ball auf keinen Fall noch zusätzlich weiter ausrollt. Eine Holz- oder Eisennummer weniger, vorher einkalkuliert, gleicht den Flyer aus.

Wenn der Ball weit sichtbar im Rough liegt, spielen wir aus guter Lage fast wie normal.
***Grand Cypress, Orlando* ▼**

Kurzes Spiel aus dem Rough zum Grün

Mit Kopf und Technik Schaden begrenzen, das heißt, der Pitch- oder Chip-Schlag vom dichten, groben Gras aufs gepflegte Grün muß sorgfältig geplant werden. Schultern, Hüften und Füße richten wir links vom Ziel aus. Die Ball-Lage bestimmt die Schlägerkopfposition beim Ansprechen. Das Gewicht liegt zu 60 bis 70 Prozent auf der linken Körperseite. Somit trifft der Schlägerkopf den Ball automatisch steiler. Beherzt, aber nicht brutal schwingen wir rhythmisch mit geöffnetem Schlägerblatt durch den Ball. Der kontrollierte Durchschwung verläuft mindestens genauso lang wie der Rückschwung. Handgelenke nie löffeln, am besten ruhig halten. Der Ball wird hier mit wenig Rückwärtsdrall auf dem Grün landen und weiter laufen als gewöhnlich.

▲ *Weitere Gefahren in Grenzen halten. Je schlechter die Lage, um so steiler der Schwung. Der Ball wird mehr vom rechten Fuß gespielt*

Chip oder Putt von der Semi-Rough-Kante

Unglücklich weit läuft der sauber geschlagene Ball übers Grün und kommt genau an der Kante des Semi-Rough zur Ruhe. Ein normaler Schlag mit dem Putter fällt flach, weil das Gras hinter dem Ball zu hoch ist und keinen korrekten Kontakt ermöglicht. Ein Chip trifft mit der vorderen Schlägerunterkante eines Wedge die Ballmitte präziser und läßt ihn kontrollierter zur Fahne laufen.

Je häufiger wir die sogenannten ***Recovery-Shots*** üben, um so weniger spielt der Glücksfaktor eine ausschlaggebende Rolle, unbeschadet aus dem Rough zu kommen.

Recovery-Shot
Erfolgreicher Risikoschlag aus Hindernislage, der sich nicht auf das Ergebnis auswirkt

Mit der vorderen Kante des Wedge spielen wir den Chip wie einen Putt ▼

▲ *Die Rückseite des Balls ist von Gras abgedeckt. Zum kontrollierten Spielen in Chip- oder Putt-Art zielen wir mit der Schlägerunterkante auf die Ballmitte.* ***Kaanapali, Lahaina, Maui, Hawaii***

Golf ist kein Spiel der großartigen Schläge, sondern eines der geringen Fehlschläge. Die Spieler, die gewinnen, machen die kleinsten Fehler

Gene Littler, Golf-Pro

Grand Cypress Resort, Orlando, Florida, USA

Gutes Spiel bei widriger Witterung

Der Wind bläst kräftig, der Regenschauer hält an, und klirrende Kälte lähmt die Glieder – da verlieren viele ihr Schlaggefühl. Wir sind positiv eingestellt und überwinden die zum Spiel gehörenden natürlichen Hemmnisse

◀ ***Costa Teguise, Lanzarote.*** *Auf der Kanarischen Insel nahe Afrika sorgen Klima und Natur für saftige Grüns zwischen der Lava*

▲ *Bizarre Lava-Küste an der Sonnenuntergangsseite der Insel*

▲ *Typisches feines Ferienhaus unterhalb des Golfplatzes*

Gutes Spiel bei widriger Witterung

Schläge gegen jede Wetterfront

Als Erlebnissport in weitläufiger, grüner Landschaft, an wolkenlosen, windstillen Tagen und bei angenehmen Temperaturen, zieht Golf seine Anhänger ganz in seinen Bann. Doch ändert sich das Wetter, trübt das schlagartig die Spielfreude: Schönwetter- und unerfahrene Golfer geraten bei der ersten Brise aus der Balance. Dabei ist es gar nicht so schwer, bei Regen, Sturm und Kälte auf der Golfrunde zu bestehen. Wir sprühen bei jedem Wetter vor Spiellaune, stellen Strategie, Schwung und Spiel auf die Launen der Natur ein. Nur wenn Blitz und Donner uns überraschen, unterbrechen wir die Golfpartie und machen uns schnell aus dem Staub. Wir suchen Schutz im nahe gelegenen Gewitterhäuschen oder im Clubhaus.

*Dreitausend-Palmen-Platz mit Blick auf die **Costa Teguise*** ▶

▲ *In windgeschützten Mulden gedeihen auf **Lanzarote** Weintrauben*

Lebenswichtig: Bei Gewitter abbrechen!

Alle Jahre wieder: Wenn der Himmel Feuer speit, können auch Golfer vom Blitz erschlagen oder verletzt werden. Sommer und Herbst sind bei uns die gewitterträchtigen Jahreszeiten. Scheinbar amboßförmige Cumulonimbus-Wolken künden ein Gewitter an. Ob wir noch ausreichend Zeit haben, ins Clubhaus zu flüchten, zeigt uns die Spanne zwischen Blitz und Donner. Der Donner wird vom Menschen als rollendes oder krachendes Geräusch wahrgenommen und breitet sich mit Schallgeschwindigkeit aus. Die durch drei geteilte Sekundenzahl zwischen Blitz und Donner zeigt etwa die Entfernung des Gewitters in Kilometern an: Verstreichen neun Sekunden, ist das Gewitter noch drei Kilometer entfernt. Aber Achtung, beträgt die Zeitspanne nur eine Sekunde oder weniger, befindet sich das Gewitter direkt über uns.

Schutzmaßnahmen bei Blitzgefahr

Auch wenn wir auf den letzten Bahnen anscheinend im Silber liegen, auf keinen Fall weiterspielen! Ein äußerst anziehendes Objekt für Blitze ist der aufschwingende Schläger. Niemals Schutz unter einem Baum suchen. Bäume sind für die Flammenschwerter des Himmels ein bevorzugtes Ziel. Höchste Gefahr also für schutzsuchende Personen. Wir trauen auch nicht dem Spruch: Vor den Eichen sollst du weichen, und die Buchen sollst du suchen. Er kann uns in Lebensgefahr bringen. Mindestens 50 Meter weit weg stellen wir das mit »Antennen« gespickte Bag ab und achten darauf, daß wir in der Eile ja keinen Schläger in der Hand behalten. Hand- und Motorgolfwagen gewähren übrigens keine Sicherheit, denn nur eine geschlossene Umhüllung aus Blech oder Maschendraht bildet einen Faradayschen Käfig. Erreichen wir Clubhaus oder Gewitterhäuschen nicht mehr rechtzeitig, suchen wir Schutz in einer Bodenmulde oder einem Fairway-Bunker, dort nehmen wir eine kauernde Stellung ein. Weit weg von Bäumen, Masten und glitzernden Wasserhindernissen. Grüns meiden wir generell. Sie liegen häufig erhöht, und die meist metallene Fahnenstange zieht Blitze besonders an.

Es soll ja Leute geben, die auch das Restrisiko noch auf ein Minimum reduzieren, indem sie sich Kunststoff-Spikes unter die Schuhe schrauben, um die Isolation zu verbessern. Schieben oder tragen Sie stets eine Metallplatte mit den Maßen 40 x 40 Zentimeter mit sich, um sich bei Gewitter darauf zu stellen. Nicht vergessen, ständig den selbstgebauten, transportablen Faraday-Käfig über den Kurs zu schleifen: Er schützt vor direkten Blitzeinschlägen. Zu guter Letzt tauscht der über Gebühr ängstliche Golfer die Schildmütze gegen den Schutzhelm, der, zugegeben, relativ wenig vor Blitzschlag behütet, dafür sicher vor verschlagenen Bällen.

Woher der Wind weht ...

Pros haben keine Angst vor Windböen. Sie beherrschen die Kunst, den Ball auf Anhieb hoch oder flach zu schlagen. Am Tee ***prüfen*** sie den ***Wind*** und woher er ins Spiel eingreift. Sie haben im Laufe ihrer Golfjahre ein Gefühl und ein Gespür entwickelt, bei Wind Schläger mit mehr oder weniger Loft zu nehmen. Sie wissen, daß der Wind, wenn er heimtückisch leicht um die Nase weht, in der Luft wesentlich stärker sein kann. Ein Blick in die Baumkronen verrät es. Sie stellen ihre Spielweise geschickt auf äußere Umstände ein, kennen die Auswirkungen jeder Windstärke auf Flugbahn und Rollen des Balls.

Ruhe bewahren ist das A und O beim Windspiel. Pfeift der Wind wild über den Platz, erweitern Pros bei allen Schlägen die Fußstellung. Sie variieren auch die Entfernung des Balls bei der Ansprache. Der Winkel der Wirbelsäule bleibt unverändert, wie beim normalen, ausgewogenen Schwung. Viele Amateure lassen sich schon bei geringer Brise aus dem Gleichgewicht bringen und neigen zu ruckartigen, überhasteten Schlägen. Unterschiedliche Sturmstärke und aufkommende Böen verunsichern schnell bei der Wahl des Schlägers. Selten genügt eine Nummer mehr oder weniger, wie Golfer sagen. Zwei, drei und vier Schlägerlängen Unterschied sind bei starkem Wind keine Seltenheit.

Wind prüfen
Das beliebte Gras-Werfen verrät zum Teil, wie stark der Wind aus welcher Richtung weht. Bei mittleren und kurzen Eisen fliegt der Ball über die Baumspitzen hinaus, dort verändert der Windeinfluß die Flugbahn stärker. Schon ein Blick in die Baumkronen bestätigt das. Erfahrungsgemäß dreht der Wind selten, er bläst eher stundenlang konstant aus einer Ecke

Rückenwind beim Abschlag

Mit Wind im Rücken kriegen viele Lust, der Naturgewalt ein Schnippchen zu schlagen. Je nach Windstärke schwingen wir eine oder mehrere Schlägernummern kürzer, beispielsweise statt eines Eisens 5 ein Eisen 6, 7 oder gar 8. Vom Wind wird der Ball förmlich zum Ziel getragen, springt und rollt weiter als im Normalfall. Je größer der Windeinfluß, desto niedriger verläuft die Flugbahn. Manchmal muß der Ball bereits vor dem Grün auftreffen, um auf Fahnenhöhe zur Ruhe zu kommen. Den schwer kontrollierbaren Driver ziehen wir bei starkem Rückenwind nie aus dem Bag. Der Einsatz eines Holzes 3 am Abschlag genügt, es erzielt dank des Winds meist mehr Schlagweite als ein Driver. Wollen wir hoch spielen, schlagen wir den Ball weiter vom Stand weg und mehr gegenüber der linken Ferse. Schlägerblatt und Fußstellung öffnen wir leicht. Vorsicht beim Aufteen! Allzu hoch aufgeteete Bälle werden von manchen Gelegenheitsgolfern gern ***unterschlagen*** und fliegen statt weit nur kerzengerade hoch, wie mit einem Sand-Wedge gespielt.

Unterschlagen
Mißglückter Schlag, bei dem der aufgeteete Ball von einem Holz oder Eisen im oberen Bereich seiner Schlagfläche getroffen (unterschlagen) wurde. Der Ball fliegt unverhältnismäßig hoch und bleibt viel kürzer als beabsichtigt. Kann auch im Rough passieren, wenn der Ball hoch aufliegt

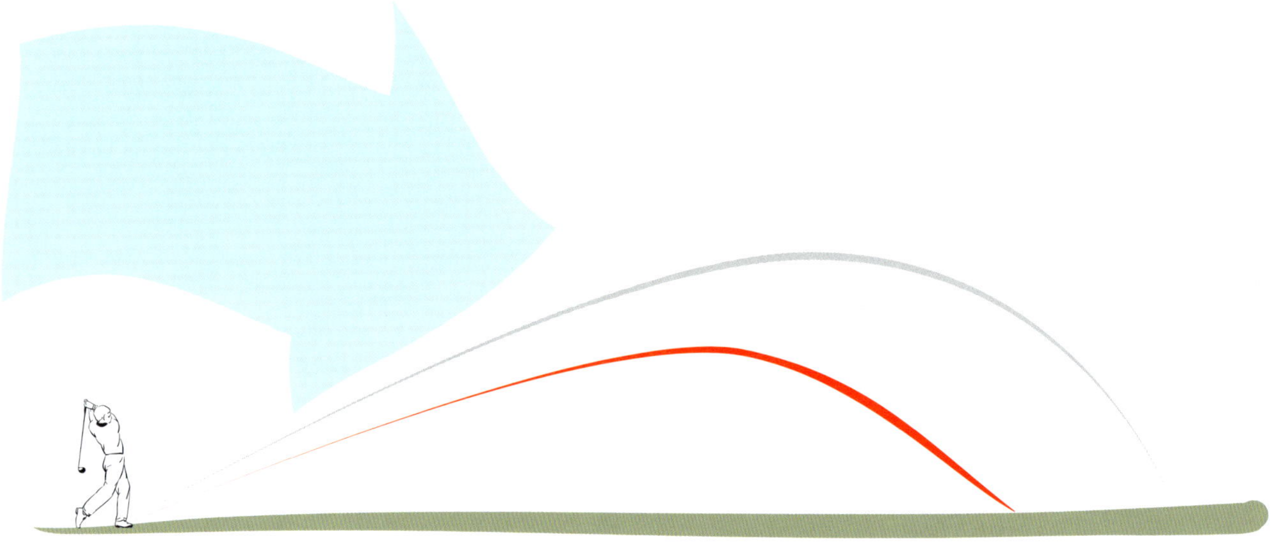

▲ *Bläst kräftiger Wind von hinten, verbünden wir uns mit ihm und schwingen am Abschlag Holz 3, das unter diesen Umständen größere Weite erzielt als der Driver, weil Rückenwind den Ball im Flug drückt*

Gegenwind beim Abschlag

Bei Wochenendgolfern steigt der Ball im Gegenwind extrem hoch und stürzt weit vor dem Par-3-Grün ab. Bläst der Wind frontal ins Gesicht, entsteht eine Blockade im Kopf und läßt viele im Schwung erstarren. In Kampfstellung dreschen sie auf den Ball ein, der – durch das übermäßige Draufhauen angetrieben – zuviel Rückwärtsdrall erhält, fast senkrecht in die Wolken aufsteigt und ziemlich kurz bleibt. Warum? Weil in zunehmender Flughöhe die Windgeschwindigkeit wächst.

Um die Backspin-Energie auf ein Mindestmaß zu reduzieren, schwingen wir ruhig, locker und kontrolliert auf flacher Schwungebene. Für flache Flugbahnen rücken wir näher zum Ball. Spielen ihn mehr von der Mitte im Stand und stehen etwas geschlossener, rechts vom Ziel ausgerichtet. Wir erweitern unseren Stand zum reduzierten, flacheren Schwung. Gut ausbalanciert, schwingen wir durch den Ball, der niedriger als sonst seine Strecke zurücklegt. Amerikanische Golflehrer sagen: »Swing with ease against a breeze!« Benötigen wir eine extrem niedrige Flugbahn, fassen wir den Schläger kürzer, stehen näher zum Ball und führen die Arme im Schwung ganz dicht am Körper entlang. Allen Versuchen, wild gegen den Wind zu prügeln, widerstehen wir. Besonders auf dem Tee. Es ist keineswegs ein Vorteil, den Ball am Abschlag niedrig aufzuteen. Denn so erhält er erfahrungsgemäß übermäßig Backspin und verhungert förmlich in der Luft, wie es im Golferjargon heißt. Besser, den Ball auf normale Tee-Höhe setzen und ihn im ruhigen, flachen Schwungbogen vom Abschlag spielen!

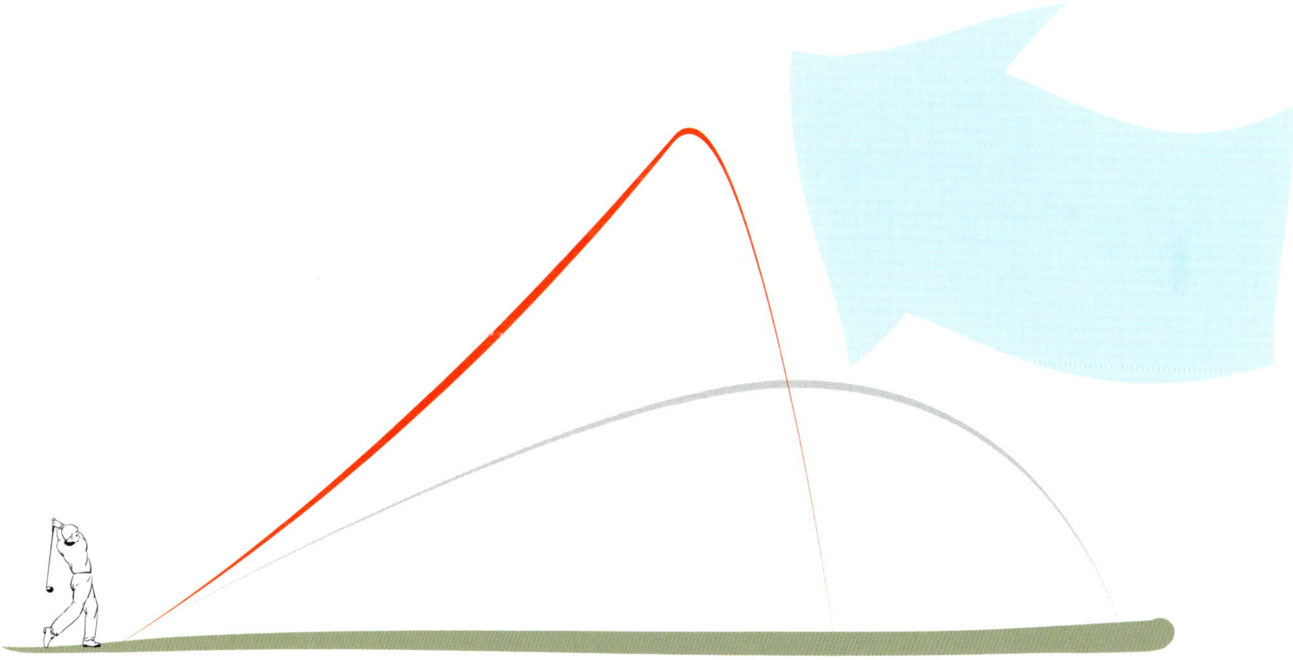

▲ *Kommt der Wind von vorn, vermeiden wir es, den Ball überhastet mit hoher Flugbahn ins unsichtbare Hemmnis zu schlagen. Strategisch schwingen wir, näher am Ball, in einer weitaus flacheren Schwungkurve*

Seitenwind beim Abschlag

Peitscht der Wind die Fahne von der Seite, passieren meist die schlimmsten Aussetzer. Sein natürlicher Einfluß von der linken Seite verschärft einen Fade zum schrecklichen Slice. Slicer nehmen am Abschlag bei Wind von rechts einen Schläger höher, stellen sich näher und spielen den Ball mehr von der Mitte als üblich. Sie zielen nicht wie normalerweise links vom Ziel, sondern auf die Fairway-Mitte. Der Wind von rechts reduziert die Rechtskurve erheblich. Tour-Profis und Top-Amateure schlagen, um den Ball vom von rechts kommenden Wind weit tragen zu lassen, einen Draw. Bläst der Wind von links, fliegt der Ball des Slicers weiter und driftet nach rechts weg. Gute Spieler nutzen am Abschlag den Seitenwind von links, um mehr Weite rauszuholen: Sie driven den Ball als Fade in die linke Windwand.

Seitenwind beim Schlag aufs Grün

Beim Spiel zum Stock wenden manche eine umgekehrte Taktik an. Schlagen die Annäherungen lieber als Draw und Fade in den Wind hinein. Den Verlust an Schlaglänge kompensieren sie mit einer Eisen- oder Holznummer mehr. Vorteil dieser Variante: Der Ball fliegt konstanter, landet weicher und rollt kaum aus.

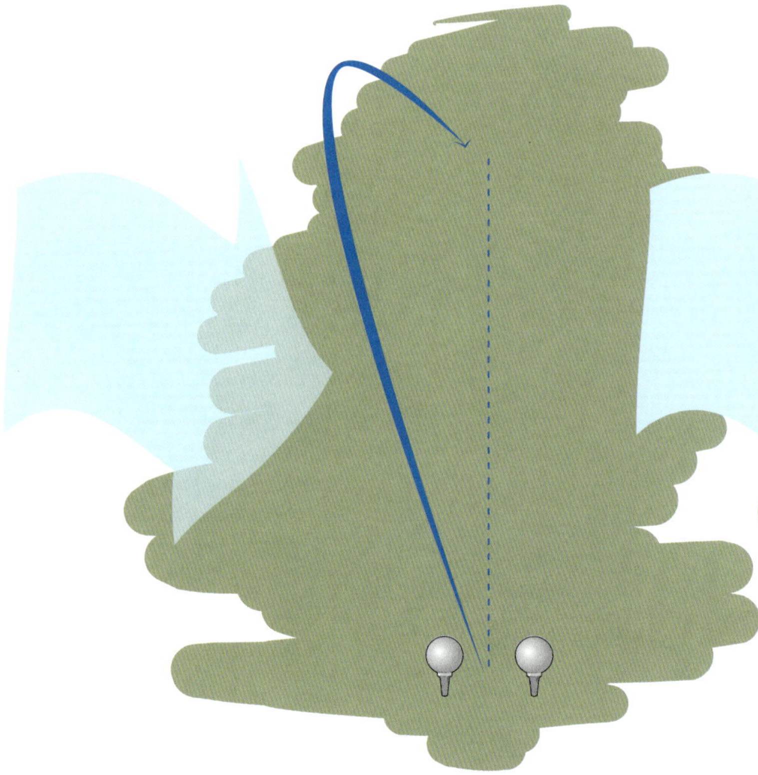

▲ *Bei Seitenwind von links spielen wir den Ball vom Abschlag als Fade auf die linke Fairway-Seite. So trägt der Windeinfluß den Ball weiter als unter normalen Spielbedingungen*

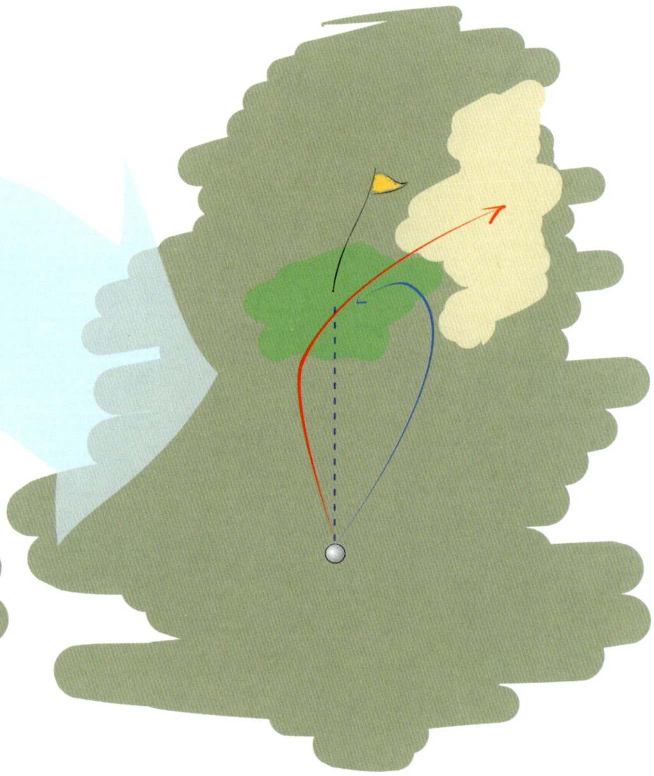

▲ *Schlagfertige Golfer kurven den Ball als Draw in den Seitenwind hinein aufs Grün. Das ist sicherer, als zu hoffen, der Fade nach rechts zur linken Grünseite würde vom Wind an den Stock gedrückt*

Mit dem Punch genauer aufs Grün

Sturm legt uns gern Steine in den Weg. Teich, Bunker und Rough grenzen nahe ans Grün. Die Fahne steckt am Rand, und der Wind drückt mit ganzer Kraft von der Seite. Für die erforderlichen Präzisionsschläge bewährt es sich, einen ***Punch*** im Spielrepertoire zu haben. Er fliegt bei windigem Wetter konstant flach, stoppt schnell nach der Landung, legt nur nicht ganz soviel Strecke wie ein normaler Schlag zurück. Beim verkürzten Dreiviertelschwung-Punch befindet sich die Ballposition weiter hinten als normal. Entspricht die Entfernung zum Grün normal einem Pitching-Wedge, gleichen wir den reduzierten Schwung mit niedrigem Ballflug gegen den Wind durch das längere Eisen 9 oder gar 8 aus. Damit wir sicher und sauber erst den Ball, dann den Rasen berühren, verlagern wir das Gewicht mehr auf den linken Fuß. Der Schläger verliert dadurch Neigung und unterstützt einen steileren Schwung nach unten. Wir schwingen kürzer auf. Das linke Handgelenk bleibt ruhig. Den Schlägerkopf führen wir, solange es geht, auf der Ziellinie entlang. Der Schwungauslauf endet weitaus früher und flacher als üblich. Gelegenheitsgolfer hauen beim Punch oft unkontrolliert hart zum Ball. Doch ein ausgewogener Punch dient ausdrücklich dazu, bei schwieriger Windlage den Ball genauer aufs Grün zu bringen.

Punch
Geeigneter Schlag bei Gegenwind, weil er niedrig fliegt. Der Ball wird vom rechten Fuß gespielt, das Gewicht liegt mehr auf der linken Seite. Dient auch als Befreiungsschlag aus einer Divot-Mulde

▲ *Der Punch benötigt keinen vollen Rück- und Durchschwung. Zwar verliert man dadurch Länge, erhält aber mehr Genauigkeit. Der Schlägerkopf wird mit festem linkem Handgelenk square durch die Treffzone geschwungen. Vor dem kurzen Schwungauslauf führen wir den Schlägerkopf solange es geht auf der Ziellinie entlang*

Putten im Wind

Starker Sturm erhöht innerhalb von ein paar gespielten Löchern die Grüngeschwindigkeit. Und ausgetrocknetes Gras macht an windigen Tagen den gemähten Rasen rasanter und gefährlicher fürs Putten. Wind spielt eine tragende Rolle beim Auslauf des Schlags. Er kann ihn von der Seite entscheidend aus der Richtung blasen oder von hinten beschleunigen sowie von vorn bremsen. Manche sprechen den Ball zügiger an, putten ohne Umschweife rhythmisch und fließend. Wir sollten uns aber nicht vom peitschenden Wind oder von Böen zum überhasteten, abgehackten Putt-Schwung verleiten lassen. Um das Gleichgewicht zu bewahren, erweitern wir den Stand und beugen uns etwas tiefer zum Ball als sonst.

Ersatzball wärmen
Nicht zu unterschätzen ist die Temperatur des Balls. Sie hat große Wirkung auf Flugbahn und Weite. Optimal ist die Ball-Leistung bei Temperaturen von 25 bis 30 Grad Celsius. Kalte Bälle um 10 Grad Celsius verlieren an Strecke – Balata-Bälle noch mehr als Zweischalen-Surlyn-Bälle, die fast gleich lang bleiben, sich nur im Schlag spürbar härter anfühlen

Anpassung ans Wetter

Frühzeitig auf naßkaltes Wetter vorbereitet, gehen wir gut verpackt und positiv eingestellt auf den Übungsplatz. Es dauert bei kühler Witterung länger, bis die Muskeln warm sind und richtig mitspielen. Viel Zuwendung braucht der Rücken. Damit alle am Schwung beteiligten Muskeln geschmeidig werden, beugen, drehen und strecken wir uns ausgiebig.

Für eine fließende Bewegung bei strömendem Regen oder klirrender Kälte brauchen wir von Kopf bis Fuß passende Kleidung. Historie sind die wasserdichten Sauna-Verpackungen, die jeden Schwung, Schritt und Windstoß lästig geräuschvoll kommentierten. Atmungsaktive Warm-up-Angebote aus Mikrofasern mit ausgetüftelten Funktionen hängen in Hülle und Fülle an Ständern gut sortierter Golf-Shops. Die leichten Jacken und Hosen, in breiter Farbpalette angeboten, gewähren Bewegungsfreiheit und überstehen erstaunlich gut harte Tests auf Winddichte und Abriebfestigkeit. Unter Regenjacke und -hose – sie schützen auch vor kaltem Wind hervorragend – ziehen wir luftdurchlässige, warme Kleidung an. Lange Unterhosen oder dicke Strumpfhosen als zweite Haut gehören selbstverständlich mit auf die Runde. An wasserabweisenden Schuhen kommt keiner vorbei.

Mit klammen, nassen Fingern verlieren wir jegliches Gefühl und die Kraft, schwungvoll zu agieren. Fingerhandschuhe für beide Hände helfen, doch noch wohltuender wärmen Fäustlinge, die wir vor und nach dem Schlagen überziehen. Einige Golfveteranen schwören auf Handwärmer. Sie werden vorwiegend in Jagdgeschäften und einigen Pro-Shops geführt. Den ***Ersatzball wärmen*** wir in einer Tasche für den kommenden Schuß an, damit er am nächsten Abschlag weiter fliegt. Nicht zu vergessen: Wollmütze oder Stirnband aus Baumwolle. Regenhut oder Schirmmütze verhindern, daß Wasser ins Gesicht läuft. So bedeckt und eingehüllt, sind wir natürlich in der Drehbewegung blockiert und schwingen verkürzter auf. Zum Ausgleich greifen wir eine Schlägernummer länger und führen den Schlag nicht überstürzt aus. Lange Eisen bleiben bei miesem Wetter in der Tasche, sie lassen sich bekanntlich bei Kälte und Regen schwerer spielen. Fairway-Hölzer sind fehlerverzeihender und befördern den Ball leichter in die Luft.

Den Regen beherrschen wie ein Profi

Im Fernsehen sehen wir bei Turnieren im Regen oft, wie der Caddie noch schnell Schlägergriff und -blatt mit einem Handtuch trockenreibt, bevor er dem Pro den

Schläger reicht. Nachahmenswert, das nimmt einem die Angst, daß während des Schlags die Hände auf dem nassen Griff verrutschen könnten. Bei der Vorbereitung der Profis entdecken wir noch weitere Details, wie sie erfolgreich im Regen bestehen. Im Schirmgestänge hängt ein Handtuch, vor jedem Schlag reiben sie sich damit die Hände trocken. Ein Grund mehr, genügend Handtücher einzupacken. Kaum ein Wochenendgolfer denkt an die Sauberkeit der Spikes. Wenn Gras und Blätter an der Sohle haften, vermindert sich die Standfestigkeit beim Schwingen. Gravierend wirkt sich Nässe auf das Ballverhalten aus: Liegt ein dünner Wasserfilm zwischen Ball und Schlagfläche, reduziert das den Spin erheblich und fördert einen unberechenbaren Flyer. Wie im Rough, wenn Gras zwischen Ball und Schlägerblatt gerät. Viel Wasser bewirkt das Gegenteil: Der Schlag wird gedämpft, fällt wesentlich kürzer aus. Wer bewußt einen Fade oder Draw zur Fahne spielen will, weiß, wie wichtig es ist, die Schlagfläche vor jedem Hit zu putzen. Dreck, Gras und Wasser in den ***Grooves*** verhindern eindeutig einen sauberen Ballkontakt. Jeder Top-Spieler befeuchtet vor dem ersten Rückschwung ein Handtuch, das an der Golftasche hängt, um nach jedem Schwung (auch bei gutem Wetter) die Rillen auf der Schlagfläche sofort zu reinigen. Den Ball ausnahmslos – auch nach dem Markieren – säubern und trocken reiben. Pitch-Marke ausbessern nicht vergessen. Und die Ballmarkierung an den ursprünglichen Platz zurücklegen. Falls sie auf der Putt-Linie eines anderen war, versetzen wir die Markierung seitlich genau um die Putter-Kopfbreite. Nach dem Probeschlag nicht vergessen: nur mit sauberer, trockener Schlagfläche putten.

Mücken lieben kurze Hosen

Shorts und Röcke lassen große Angriffsflächen für Mücken frei. Lange Hosen schützen vor schmerzhaften Insektenstichen in Risiko-Regionen. Moskitos sind besonders in tropischen Dämmerungszeiten aktiv. Malaria übertragende Insekten stechen gern auch zwischen Hosenbeine und Schuhe. Flauschige Socken helfen, das zu verhindern, und helle Kleidung schützt besser als dunkle. Nicht nur auf afrikanischen Anlagen empfiehlt es sich, Gels, Cremes oder Sprays gegen lästige Insektenstiche mit auf den Platz zu nehmen.

Grooves
Längliche Rillen in der Schlagfläche. Sind sie sauber, erhält der Ball mehr Backspin

◂ *Selbst bei strahlender Sonne tragen einheimische Caddies in warmen Ländern lange Hosen. Nur ein unerfahrener Golfer steht mit kurzer Hose da.*
Sine Course, Singapur

Schutz gegen Sonne

Sonne steigert das Wohlbefinden, stärkt das Immunsystem und kurbelt den Kreislauf an. Doch sie hat auch Schattenseiten. Sorgloser Sonnengenuß kann bei Golf-Pros in US-Sunshine-Staaten wie Florida, Arizona und Kalifornien zu einer lebensbedrohenden Berufskrankheit führen: Hautkrebs, vorzugsweise auf der Nasenspitze. Selbst in unseren Breitengraden hat sich das Schutzbedürfnis vor Sonne in den letzten Jahren erheblich gesteigert. Sonnenschutzmittel, speziell solche mit hohen Lichtschutzfaktoren, gewähren hellhäutigen, sonnenempfindlichen Golfern einen längeren Trainings- und Spielaufenthalt im Sonnenschein. Immens notwendig für sorgenfreies Swinging in the sun sind außerdem ***Augenschutz*** und Kopfbedeckung. Vor allem für Sonnenungewöhnte nach langen Stubenhocker-Zwangspausen im naßkalten Herbst oder eisigen Winter.

Augenschutz
Brillen mit Panoramagläsern helfen gegen grelles Sonnenlicht und Bindehautentzündungen. Spezielle Golfbrillen, die splitterfrei sind und fest sitzen, stören kaum noch beim schwungvollen Drive oder gefühlsbetonten Putt

Lichtschutzfaktor

Geht es in kalter Jahreszeit ab in den sonnigen Süden, nehmen wir zumindest an den ersten Tagen Mittel mit Schutzfaktor 10 oder höher. Sunblocker gehören zusätzlich ins Golfbag, denn nur wiederholtes und reichliches Auftragen während des Schwingens unter der Sonne schützt zuverlässig. Doch Achtung, ein hundertprozentiger Schutz ist selbst mit Lichtschutzfaktor 40 nicht zu erreichen. Vor der Golfrunde im heißen Klima treffen wir Vorkehrungen, um nicht auf halber Strecke wegen der intensiven Sonnenstrahlung umdrehen zu müssen. Wir schützen uns durch sinnvolle Bekleidung: keine kurzen Hosen, keine T-Shirts oder Spaghettiträger-Hemdchen. Zwischen den Schlägen bleiben wir, solange es geht, im Schatten. Vorsicht ist auch bei bedecktem Himmel geboten. Ist die Haut einmal überreizt, halten wir uns für den Rest des Tages möglichst an schattigen Plätzen auf.

Generell stimmen wir Lichtschutzmittel auf unsere persönlichen Bedürfnisse ab. Für Menschen, die zu starker Schweißbildung neigen, gibt es wasserfeste Cremes, Gels und Lotionen. Nicht zu unterschätzen sind hautpflegende Eigenschaften, denn beim Aufenthalt in Sonne und Wind trocknet die Haut schnell aus. Da hilft es nicht nur, viel Flüssigkeit zu sich zu nehmen, auch das Sonnenschutzmittel kann den Feuchtigkeitshaushalt der Haut wieder ins Lot bringen. Ferner ist es wichtig, auf Hautverträglichkeit des Mittels zu achten. Immer mehr Menschen haben Allergieprobleme, und einige Inhaltsstoffe der Sonnenschutzmittel können empfindliche Reaktionen hervorrufen. Auch dunkle Kleidung kann beim Schwitzen leicht Hautallergien auslösen.

Pollenplage

Rund 15 Prozent sind betroffen. Golfer, die zu gewissen Zeiten mehr niesen als slicen, stehen im Kampf mit Pollen und Pilzen. Gerade bei warmer, windiger und trockener Witterung am Morgen ärgern Baumpollen im Frühjahr und Gräser im Sommer die Spieler mit Juckreiz, tränenden Augen, laufender Nase und, im schlimmsten Fall, mit Atemnot. Außer Tee-Times gegen Abend können Medikamente den Amoklauf im Körper mildern. Nicht jede Medizin heilt einwandfrei, und bei Einnahme von Antihistaminen fühlt sich der Betroffene oft schläfrig und benommen. Ein Nasenspray als Allergieblocker wirkt manchmal schon Wunder. Wer sich zur Heuschnupfen-Zeit wieder mehr aufs sanfte Schwingen statt auf hartnäckige Niesanfälle konzentrieren will, sucht am besten einen Facharzt auf. Der nimmt in vielen Allergiefällen sogenannte Desensibilisierungs-Injektionen vor, die erhebliche Erleichterung schaffen.

Flüssigkeitshaushalt

Bei Backofenhitze weiten sich bekanntlich die Gefäße in unserer Haut, um die Wärme abzuleiten. Wir schwitzen und verlieren Flüssigkeit. Es ist deshalb sehr wichtig, daß wir immer reichlich Flüssigkeit zu uns nehmen. Fruchtsäfte, mit Wasser verdünnt, oder Früchtetees eignen sich gut, auch sogenannte Softdrinks sind hilfreich. Auf jeden Fall Finger weg vom Alkohol. Ob wir auf der Golfrunde genügend trinken, läßt sich einfach feststellen: Wenn wir in heißem Klima ebensooft das WC aufsuchen wie zu Hause, merken wir, daß der Körper genügend Flüssigkeit bekommt. Bis zu zwei Liter brauchen wir ohne weiteres auf einer Runde.

Abschlag mit Jetlag

Alles geht verkehrt. Wegen der hochtourigen Flugverbindungen von Kontinent zu Kontinent kriegen wir gelegentlich Probleme mit unserer inneren Uhr. Die Kraftakte, um den Zeitunterschied auszugleichen, sind auf Dauer ein Risiko für Körper und Geist. Alle Golfer, die schon längere Reiserouten hinter sich hatten und dann eine Runde drehten, stellten mit Kopfschütteln fest, daß ihre momentane Leistungsfähigkeit Lichtjahre entfernt vom Handicap lag. Mediziner sagen, daß die Stoffwechselfunktionen schuld sind, die im Körper gestört werden. Der veränderte Rhythmus zieht auch Schwierigkeiten mit der Verdauung und der Ruhe – mit den Wach- und vor allem den Schlafphasen – nach sich. Die ersten Tage tickt unsere Uhr noch automatisch im gewohnten Takt. Der eine gewöhnt sich schneller an die neuen Zeiten, der andere braucht länger, hat Schlafstörungen und ringt nach frühem Aufwachen mit einer bleiernen Müdigkeit am hellichten Tag. Jeder sollte unbedingt beachten, daß er sich schnellstens der Hell- und Dunkelperiode des jeweiligen Landes, in dem er sich aufhält, anpaßt.

Viele Tourspieler, die in unserer globalen Nonstop-Gesellschaft regelmäßig von einem Kontinent zum anderen düsen, greifen bei krassen Zeitverschiebungen gelegentlich zum Schlafmittel. Einige schwören auf ***Melatonin.*** Für uns ist es am besten, wenn wir auf unseren Körper hören und das tun, was für ihn gut ist. Denn es steht fest: Wer auf Dauer gegen seine innere Uhr lebt, der lebt gefährlich und riskiert vielleicht irgendwann Kopf und Kragen. Daß der Körper nach Fernreisen geschwächt ist, beweisen uns jene Golffreunde, die nach der Rückkehr gelegentlich mit einer Erkältung zu schaffen haben.

Melatonin
Das Mittel, künstlich produziert, hilft angeblich gegen Schlaflosigkeit und Jetlag. Die Modedroge des dritten Jahrtausends, wie die Werbung titelt, wird in den USA als Wundermittel gepriesen. Im Nebeneffekt soll es den Alterungsprozeß stoppen und das Immunsystem bei Herzkrankheiten stabilisieren. Für viele europäische Wissenschaftler bestehen da Zweifel

Wenn Gott durchspielen will, dann wink ihn durch

Lee Trevino, Golf-Pro, nachdem er vom Blitz getroffen wurde

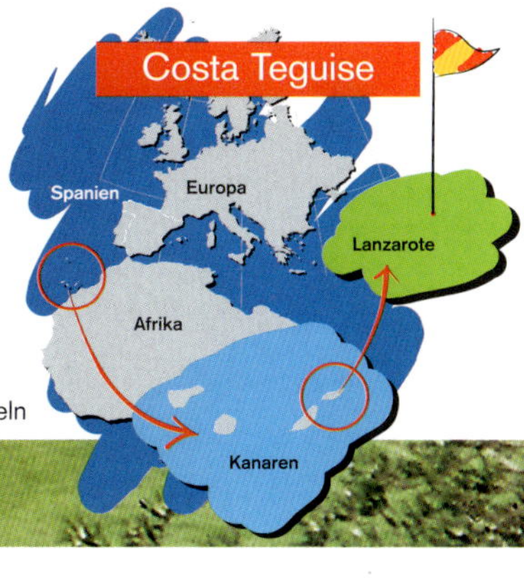

Club de Golf Costa Teguise, Lanzarote, Kanarische Inseln

13. Loch – Par-3-Strategie

Gründliche Maßarbeit

Unliebsamen Par-3-Löchern nähern sich Spieler jeder Klasse oft mit zittrigen Händen. Wir schlagen im Einklang mit der entsprechenden Taktik für unsere Spielstärke ab

◀ ***Tanjong Course, Sentosa, Singapur.*** *Par 3 mit Hindernis: ein ausgedienter Gefechtsstand vor dem Schuß aufs Grün*

▲ *Tee-Time im exotischen Inselstaat am Äquator: Ladies-Flight im benachbarten Golfclub*

▲ *Viel Sand im Spiel bei allen Schlägen auf Sentosa*

Gründliche Maßarbeit

Pin-Position
Auch Fahnenposition genannt. Bei großen Turnieren erhalten die Teilnehmer vor der Runde ein Blatt, auf dem 18 Grüns maßstabgetreu abgebildet und die exakten Fahnenpositionen mit Entfernungsangaben vermerkt sind

Wo ein Handy kein Handicap ist: Nach Lust und Laune piepst, klingelt, blinkt und vibriert beliebtes Spielzeug auf Singapurs Plätzen ▼

Stroke-Saver benutzen

Großmeister des Golfs ziehen vor jedem Abschlag ihren meist selbstgefertigten Stroke-Saver aus der Hosentasche. Amateure erhalten auf fast jedem Platz der Welt gegen einen geringen Obolus so etwas Ähnliches in Form eines handlichen Heftchens. Darin sind alle Spielbahnen detailliert skizziert und alle Distanzen zu den Hindernissen und Grüns exakt erfaßt. Die Vorteile dieses Nachschlagewerks liegen auf der Hand. Wissen wir, wie weit die Gefahren entfernt sind und wo sie lauern, dann fällt die Schlägerauswahl dank dieses Büchleins oder Spiralblocks erheblich leichter.

Grundsätzlich fragt man ▶ *auf unbekannten Plätzen beim Greenfee-Lösen nach einem Birdie-Maker, Yardage-Book, Stroke-Saver oder Top-Scorer. Alles Namen für nützliche Wegweiser, die mit ausschlaggebend für eine gute Runde sind*

Pin-Position bewerten

Woher kommt der Wind? An welcher Stelle gibt es genügend Freiraum, falls der Schlag verunglückt? Die ***Pin-Position*** bestimmt bei einem Par-3-Loch die Taktik entscheidend. Steckt die Fahne in der Mitte des Grüns, ist es einfacher anzugreifen. Steht sie versteckt in der Ecke, nahe am Bunker oder Wasser, bevorzugen wir als Anspielstation die sichere Grünmitte.

Wieviel Carry und wieviel Auslauf des Balls brauchen wir? Hat der Golfplatz-Architekt gravierende Schwierigkeiten implantiert – zum Beispiel tiefe Bunker, die das kleine Grün umschlingen und in denen Hoffnungen versanden –, gehen wir gemäß unserer Spielstärke sicher vors Grün.

Auf vielen Plätzen wechselt die Pin-Position fast täglich. Oft verrät die Höhe der Plastikkugel an der Fahnenstange, von weitem sichtbar, ob das Loch am Grünanfang (Kugel unten), in der Grünmitte (Kugel in der Mitte) oder hinten auf dem Grün (Kugel oben) ist. Es gibt auch Golfplätze, da weisen drei Fähnchenfarben – stehen auf Zählkarte – darauf hin, auf welchem Teil des Grüns die Fahne gerade steckt.

Große Resorts schonen ihre Grüns, indem sie die empfindlichen kleinen Rasenflächen in bis zu zwölf Zonen einteilen. Die Information, in welcher Zone sich die Fahne am jeweiligen Spieltag befindet, erhält der Spieler auf einem Formblatt, das mit der Zählkarte vom Starter ausgehändigt wird.

Den persönlichen Schlag aufs Grün abwägen

Die ganz Großen des Golfsports besitzen die Fähigkeit, den Ball auf Ansage von links nach rechts oder von rechts nach links zu dirigieren. Mit dieser Voraussetzung visieren sie die Mitte des Grüns an, um den Ball zur jeweiligen Fahnenposition nach links als Draw weiter oder nach rechts als Fade weniger weit rollen zu lassen. Das Heer der Wochenendgolfer fühlt sich in der Regel schon glücklich, wenn es gelingt, den Ball von A nach B zu befördern. Ihre Tendenz geht eindeutig zum Slice oder Fade. Letzterer verlangt keine so ausgefeilte Technik wie ein Draw. Golf ist ein Zielspiel, erklären viele Lehrer ihren ABC-Schützen in den ersten Stunden. Daher spielen wir unter Streß am besten den Schlag, mit dem wir alles im Griff behalten. Wenige Fehler in der Summe bestimmen unser Rundenergebnis. Ein Fade, bei dem bekanntlich die Flugbahn von links nach rechts verläuft, erfordert keinen extrem komplizierten und präzisen Schwung. Er ist auch bei Spitzenspielern der beständigere und zuverlässigere Schlag aufs Grün, weil der Ball nach dem Aufprall wesentlich kürzer und kalkulierbarer ausrollt als beim Draw. Wir stellen uns etwas offener zur Ziellinie und drücken das Tee etwas tiefer in den Boden, bevor wir losschwingen.

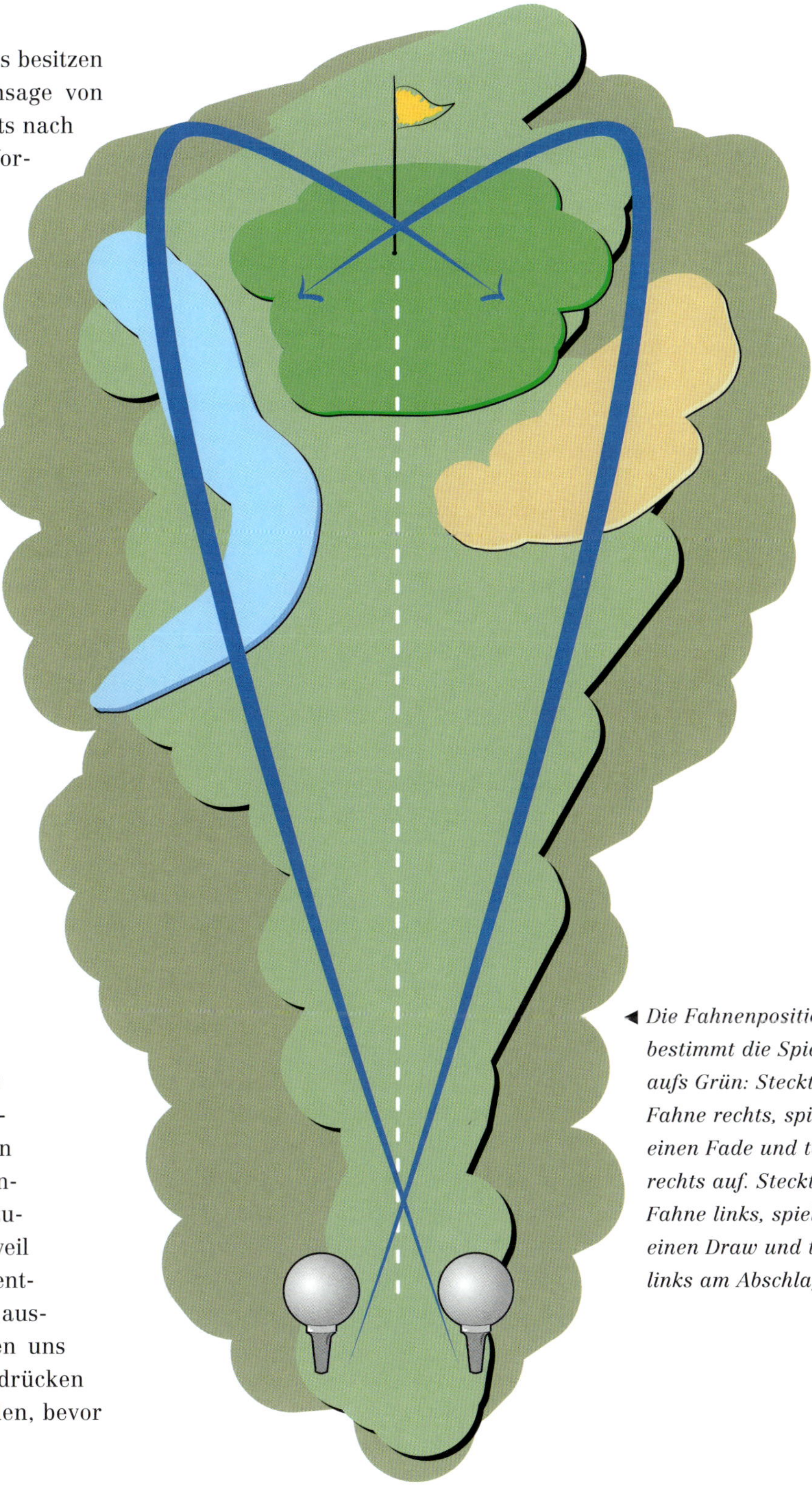

◀ *Die Fahnenposition bestimmt die Spielweise aufs Grün: Steckt die Fahne rechts, spielt man einen Fade und teet rechts auf. Steckt die Fahne links, spielt man einen Draw und teet links am Abschlag auf*

Einstelliger Handicapper
Spieler, die höchstens Vorgabe 9 haben, gehören zur Elite der Einstelligen. Wer Handicap 0 hat, wird als Scratch-Spieler bezeichnet. Pros werden automatisch so geführt, obwohl nur wenige dies regelmäßig schaffen oder das Par des Platzes (meist 72) unterspielen

Stableford
Eine beliebte Wettspielform in Clubs. Falls man an einem Loch keinen Punkt schaffte, erhält man einen Strich, z. B.:
Par 4 mit 2 Schlägen = 4 Punkte
Par 4 mit 3 Schlägen = 3 Punkte
Par 4 mit 4 Schlägen = 2 Punkte
Par 4 mit 5 Schlägen = 1 Punkt
Par 4 mit 6 Schlägen = – (der Ball muß aufgehoben werden).
Wer am Loch 1 oder 2 Handicap-Schläge vor hat, kassiert immer 2 Punkte aufs Netto-Par

Hole in one
Auch As genannt. Es ist der Traum eines jeden Golfers, einmal den Ball mit dem ersten Schlag direkt vom Tee aus einzulochen. Nach alter Sitte gibt der Glückliche dann im Clubhaus eine Runde aus. In vielen Clubs werden die Schützen auf einer Tafel im Clubhaus verewigt

Strategisch spielen – ablegen

Die Fahne beim Par 3 kann bis zu 229 Meter für Herren und für Damen bis 183 Meter entfernt wehen. Ist das Grün zu weit weg, um es auf Anhieb carry zu treffen, legen wir den Ball auf dem Fairway ab, wie ***einstellige Handicapper*** gern sagen. In sympathischer Entfernung für den nächsten Chip oder Pitch. Oft entsteht aus der Vorsichtsmaßnahme sogar ein Vorteil. Vor dem kurzen Schlag können wir das Grün viel genauer als am Abschlag beurteilen. Neigt sich das Grün zu einer Seite, spielen wir es so an, daß wir von unten nach oben putten. Besser gleich auf Bogey gehen, als sich im ***Stableford*** einen Strich auf der Zählkarte einzufangen. Am besten scoren wir mit dem Lieblingsschläger. Mit ihm treffen wir sicher das Ziel, zudem sind uns Flugbahn und Ausrollphase vertraut.

Aufs Ganze gehen

Idyllisch aussehende, niedliche Par-3-Blender, die großzügig umgeben von Teich, Bunkern und Bäumen in die Landschaft gepflanzt wurden, erhalten oft nicht den nötigen Respekt. Wir unterschätzen sie nicht, nehmen, wie die Profis sagen, einen bequemen Schläger, der nach solidem Kontakt den Ball sicher aufs Grün bugsiert. Wer eine Schlägernummer zuviel aus der Tasche zieht und hofft, perfekt zu schwingen, erhöht unnötig das Risiko, nach dem Ball prügeln zu müssen. Auf der Zählkarte wird übrigens nirgends registriert, mit welchem Schläger wir das Grün getroffen haben. Auf vielen Plätzen sind Par-3-Löcher überwiegend auf der Seite und vorn – kaum hinten – mit Schikanen versehen. Die meisten ***Holes in one*** von Amateuren resultieren, sagen böse Pro-Zungen, aus verunglückten, am häufigsten aus dünn getroffenen Schlägen auf Par 3.

Merkmale eines Lochs

ROUGH
Hohes Gras, Büsche, Gestrüpp, Geröll, Lava oder Sandboden neben der Spielbahn geben nur unter schwierigen Umständen verschlagene Bälle frei

ABSCHLAG
Rechteckige, auf 8 bis 14 Millimeter gemähte Rasenfläche (Tee oder Tee-Box genannt), von der an jeder Spielbahn der erste Schlag ausgeführt werden muß. Hinter den beiden Abschlagmarkierungen (Tee-Markers, S. 161) erfolgt innerhalb zwei Schlägerlängen das Aufteen (Tee-up), der Ball wird auf den V-förmigen Stift (Tee) gelegt für den Abschlag

SEMI-ROUGH
Um die 35 Millimeter hoch gehaltenes Gras. Teilweise trägt der voll entwickelte Rasen den Ball nicht ganz auf seiner Grasnarbe, so daß beim Schlag Flyer-Gefahr besteht

BUNKER
Sandgruben am Grünrand, oft umgeben von fiesem Böschungsrasen, schlucken gnadenlos ungenaue Schläge. Es gibt sie auch am Fairway im Landebereich von schlapp getroffenen oder krummen Drives

VORGRÜN
Der auf 8 bis 12 Millimeter geschnittene Approach-Rasen grenzt unmittelbar ans Grün

FAHNE
Von weitem erkennbar, weist ein Fähnchen auf dem Fahnenstock aus Metall oder Plastik die Position des Lochs auf dem Grün. Übrigens darf die Fahne jederzeit bedient oder hochgehoben werden, um die genaue Lage des Lochs anzuzeigen. Nur beim Putten auf dem Grün muß sie bedient werden. Trifft man sie, erhält man Strafschläge – von außerhalb des Grüns gespielt, allerdings nicht

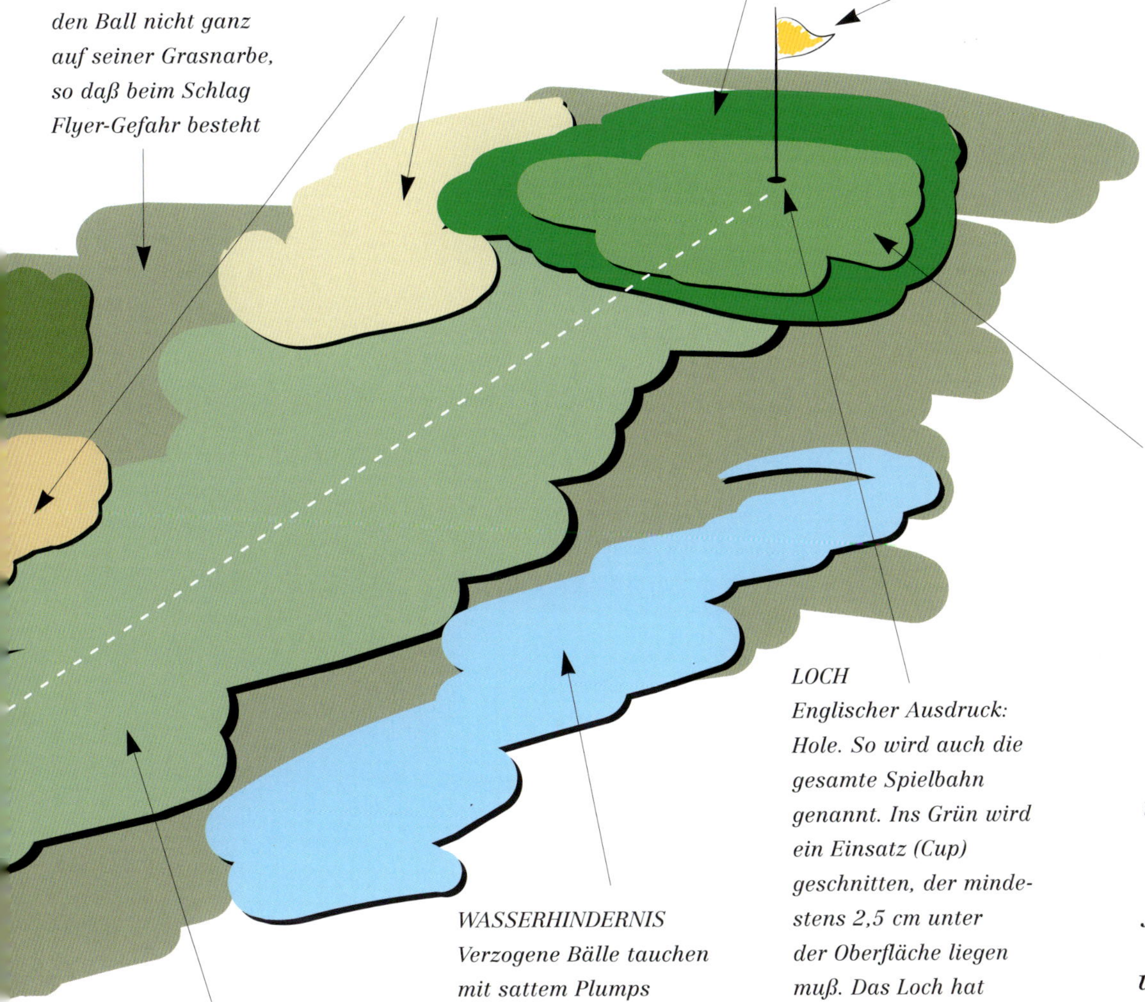

GRÜN
Feinster Teppichrasen auf dem Golfgelände zum Einputten. Schnitthöhe zwischen 3 bis 6 Millimeter. Hier rollt der Ball am besten

LOCH
Englischer Ausdruck: Hole. So wird auch die gesamte Spielbahn genannt. Ins Grün wird ein Einsatz (Cup) geschnitten, der mindestens 2,5 cm unter der Oberfläche liegen muß. Das Loch hat einen Durchmesser von 10,8 cm (4,25 Inch) und eine Tiefe von mindestens 10 cm (4 Inch)

FAIRWAY
Um 16 Millimeter beträgt die Schnitthöhe der Spielbahn zwischen Abschlag und Grün. Der dichte Graswuchs verschafft optimale Ballkontrolle und Backspin

WASSERHINDERNIS
Verzogene Bälle tauchen mit sattem Plumps ins Hindernis. Mit Strafschlag (S. 169 u. 170) geht's weiter. Platzplaner beziehen natürlich vorhandene Wasserflächen oder Läufe gern als seitliche oder frontale Hindernisse ein. Fehlen sie, designen Architekten künstliche Schikanen oder bauen aus Naturschutzgründen Biotope (nie betreten!)

Als einer der alten Pros mal gefragt wurde, warum er so gut wie nie einen Probeschwung ausführe, soll er geantwortet haben: »Ich will den Schlag nicht verschwenden, weil es der gute sein könnte«

Golf-Anekdote

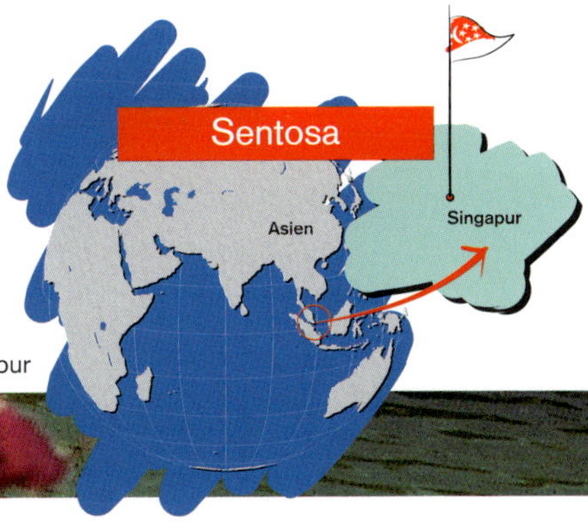

Sentosa Golf Club, 27 Bukit Manis Road, Sentosa, Singapur

14. Loch – Par-4-Strategie

Taktik und Aussichten

Ein Großteil aller Golfer stehen sich im Kampf ums Handicap selbst im Weg. Dabei fällt es gerade bei Par-4-Löchern nicht schwer, den Grundstein für gutes Golf zu legen

◄ ***Hongkong, China.*** *Hochhäuser breiten sich in jede Richtung aus. Nur der Golfkurs trotzt ihnen seit Jahren*

▲ *Symbol der Kolonialherrschaft: das Clubhaus des alten 9-Loch-Platzes in City-Nähe*

▲ *Die Engländer gingen, Golf und die chinesischen Caddies blieben*

14

Taktik und Aussichten

Erfolgsaussichten abwägen

Golf ist kein Glücksspiel. Vielmehr beruht die Häufigkeit perfekter Schläge auf einer Wahrscheinlichkeitsrechnung. Sicher gelingt dem Einsteiger schon mal ein verblüffender Schlag, den keiner auf der Welt besser hinkriegen könnte, und Clubspieler verlieren dann schnell die Realität aus den Augen. Sie haben noch die brillanten Schüsse von der Driving Range im Kopf und versuchen nun, die gleichen Hits auf dem Platz zu landen. Auch großen Golfern gelingen nicht laufend Superschläge in der richtigen Reihenfolge. Doch sie sind in der Lage, Ausfälle gering zu halten. Täglich feilen sie an ihrer Schwungtechnik, stehen stundenlang zum Probelauf auf Putting-Green und Übungsplatz. Doch neben sicherem Schwingen verstehen sie es ebenso, sich strategisch optimal auf den Platz einzustellen. Cracks kalkulieren von vornherein kleine Abweichungen in ihr Spiel ein, falls die Schläge einmal nicht perfekt gelingen. Das sollten wir sinnvoller Weise auch versuchen. Damit unser Ergebnis nie ganz und gar in die Binsen geht, taxieren wir vor jedem Hit realistisch unsere Chancen. Bewegen sie sich bei annähernd 75 Prozent Erfolgsaussichten, schlagen wir mit gutem Gefühl locker drauflos.

Hongkong: traditioneller Charme im Hafen, technischer Hochglanz auf schier unbezahlbarem Boden ▼

Rechts oder links aufteen?

Intelligente Tee-Shot-Strategie stellt die Weichen zum Erfolg. Einsteiger, die noch keine klare Flugtendenz in ihrem Spiel feststellen, teen den Ball auf der Seite der Gefahr auf. Lauert beispielsweise die Ausgrenze links, schlagen sie von der Gefahrenseite weg aufs rechte Fairway. Die Profis machen es dagegen andersherum. Nutzen bereits am Abschlagplatz die gesamte Spielbahn für ihre Schlagweise aus. Jeder von ihnen hat seine Neigung, den Ball mehr in einer Fade- oder Draw-Kurve zu spielen. Keiner schlägt nur perfekte, schnurgerade Bälle. Liegen links Hindernisse, in die sie um keinen Preis geraten wollen, teen sie den Ball am Abschlag rechts auf und lassen ihn als Fade nach links starten und rechts ausrollen. Beim Draw läuft es seitenverkehrt.

Zur hohen Spielkunst gehört auch, den Ball ständig auf der Bahn zu halten. Mißglückt wirklich mal ein Schlag, soll der Ball ohne große Streuung sicher im Spiel bleiben. Selten teen Spitzenspieler ihren Ball in der Mitte zwischen den Tee-Markierungen auf. Außer, die Wunschseite befindet sich in einer Schräglage, die keinen einwandfreien Stand und Schwung zuläßt.

◄ *Körbchenweise gibt es Golfbälle zum Üben im* ***Hong Kong Golf Club***

Schwierigkeitsgrad: Lang, schmal und schwer

Bei einem langen und respekteinflößenden Par 4 (171 bis 381 Meter bei Damen, 201 bis 457 Meter bei Herren – die Weiten werden unter Berücksichtigung von Steigung und Gefälle festgelegt) tauschen gute Spieler nicht einfach ein Holz 3 gegen einen Driver aus. Aus gutem Grund: Der Längenverlust wäre zu groß und die Chance, Par zu spielen, zu klein. Verläuft zudem die Spielbahn sehr eng zwischen Baumreihen, Bach und Bunkern, greifen gute Golfer konsequent den Driver kürzer, um den Ball genauer auf dem Fairway zu plazieren. Die tiefer liegenden Hände am Griff geben etwas mehr Nähe zum Ball und eine direktere Schlägerkopfkontrolle. Beste Voraussetzungen für angemessene Flug- und vor allem Rollweite, um mit dem zweiten Schlag aufs Grün zu gelangen und das Par zu spielen.

Greifen wir den Driver kürzer, stehen wir näher zum Ball und erhalten mehr Sicherheit und Balance im Schwungverlauf. Gute Golfer spielen ihn bei Bedarf und einwandfreier Ball-Lage auch schon mal vom Fairway ▶

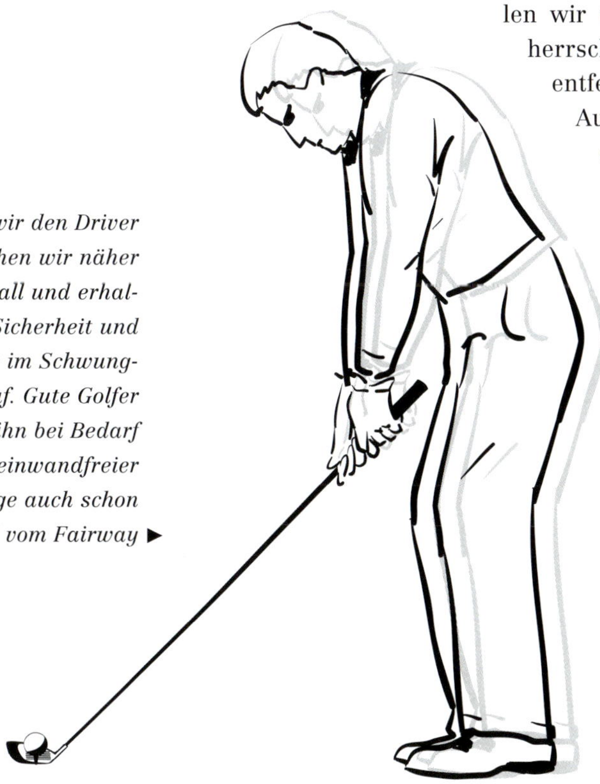

Kluge Taktik zahlt sich aus – immer ganze Schwünge planen

Gelegenheitsgolfern verursacht ein Par-4-Loch ab 350 Meter häufig Verkrampfungen. Zudem lassen sie sich auf waghalsige Sonntagsschüsse mit Holz 1 und 3 ein. Zu 90 Prozent zieht das verheerende Folgen nach sich und treibt die Schlagzahl bis zum Loch ins Uferlose.

Besser ist es, jeden Schlag genau zu durchdenken: Auf welcher Seite lauern Schwierigkeiten, geht's bergab oder bergauf, woher kommt der Wind? Und in welcher für uns angenehmen Entfernung liegt der Freiraum, damit wir in guter Lage auf gleichmäßiger Fläche präzise weiterspielen können?

Konservativ taktiert, spielt es sich einfacher mit drei Eisenschlägen zum Grün. Vor dem Losschwingen teilen wir uns die Distanz für beherrschbare Eisen- oder Holzentfernungen auf. Wichtig: Auch der dritte Schlag aufs Grün wird voll geschwungen. Die sogenannten halben Schwünge unbedingt vermeiden. Sie werden selten geübt und sind in der Distanz schwer einzuschätzen. Beim Schlag zum Stock suchen wir uns im Vorfeld eine Stelle, die uns beim Verfehlen des Grüns viel verzeiht und uns eine vorteilhafte Lage zum Einlochen verschafft.

Schwierigkeitsgrad: Leicht bis mittelschwer

Fassungslos stellen langjährige Golfer und Pros bei der Fehleranalyse oft fest, daß ihnen die schlimmsten Ausrutscher bei scheinbar leicht zu bewältigenden Par-4-Löchern passierten. Ursache des Patzens: Selbstüberschätzung und Unterschätzung des Holes. Der Reihe nach. Bei einem kurzen Par 4 um die 300 Meter werden viele gierig und neigen zum spektakulären Prügeln. Verwechseln Drive-Carry mit ***Gesamtweite***. Übersehen, daß der Architekt die Spielbahn mit zahlreichen Schikanen, wie Sandbunkern, spickte – als Landepunkt des Balls für mißglückte Drives. Von dort ist zum Beispiel ein beträchtlicher Risikoschlag aus dem Sand zur 80 Meter entfernten Fahne fällig. Sparen können wir uns den, wenn wir demütig mit einem Eisen 5 abschlagen und aus guter Lage ein Wedge oder Eisen 9 aufs Grün hauen. Auf diese Art und Weise gelingt es uns leichter, über das offene Grün an die Fahne zu spielen. Steht die Fahne auf der rechten Seite, spielen wir den Tee-Shot auf die linke Fairway-Seite. Übrigens: Befindet sich die Fahne am Rand, spielen wir grundsätzlich zur Grünmitte.

Gesamtweite
Die reine Fluglänge (Carry) des Balls bis zum Aufprall auf dem Boden und die Distanz, die der Ball ausrollt, wird als Gesamtweite bezeichnet

Am Boden bleiben

Kurze Bahnen neigen zur Hinterhältigkeit, bestrafen sofort weite, verzogene Abschläge. Gern täuschen auch schön anzusehende, aber schwer zu puttende, wellige und mehrstöckige Terrassengrüns. Scheußliche Drei- oder gar Vier-Putter sind keine Seltenheit. Beherrscht halten wir den Ball bei vermeintlich leichten Par 4 auf der sicheren Seite der Spielbahn, schwingen konzentriert und nehmen sie durchgehend sehr ernst, auch wenn sie im ***Platz-Handicap*** als einfach bewertet sind.

Platz-Handicap
Alle 18 Löcher werden nach Schwierigkeitsgrad eingestuft. Das schwerste Loch hat Platz-Handicap 1, das einfachste 18. Wird auch als Vorgabeloch 18 bezeichnet

Lady
Mißglückter Schlag bei Männern: Wenn der Ball vor dem Damenabschlag liegen bleibt, ist nach der Runde inoffiziell im Clubhaus ein Getränk für die Mitspieler fällig

*Üblicherweise gibt es drei Abschläge – für Damen wie auch für Herren. Laut Deutschem Golf Verband: Orange und Blau für vordere, Rot und Gelb für mittlere, Schwarz und Weiß für hintere Abschlagmarkierungen. Wer es von letzteren nicht schaffte, den Ball über die vorderste Abschlagmarkierung (meist die für Damen) zu spielen, hat im Golfjargon eine **Lady** geschossen*

Tiger-Line
Direkte Linie vom Abschlag zum Loch, meist ein riskanter Schlag über Hindernisse bei Doglegs

Dogleg
Spielbahn, die oft auf Drive-Länge einen Knick nach links oder rechts macht und dann den Blick aufs Grün erlaubt. Gut angelegte Par-4- und Par-5-Löcher zwingen den Golfer, entweder die längere, meist weniger riskante Strecke entlang dem Schenkel des Hundebeins zu wählen oder die schlagsparende, oft gefährliche Abkürzung (Tiger-Line) zu nehmen

Der normale Berufsspieler schafft, wenn er Glück hat, sechs, acht oder zehn wirklich gute Schläge pro Runde. Der Rest sind wirklich gute Fehlschläge

Tommy Armour, Golf-Pro

*Ist das Landegebiet um eine Fahnenposition am Rand zu klein, zielen wir ausnahmslos aufs Fairway. Auf der **Tiger-Line** (rote Linie) kann der Ball schnell in den Bäumen hängenbleiben oder im Bunker versanden. Sicherer ist es, den Ball mit einem kürzeren Schläger entlang dem **Dogleg** (blaue Linie) zu spielen*

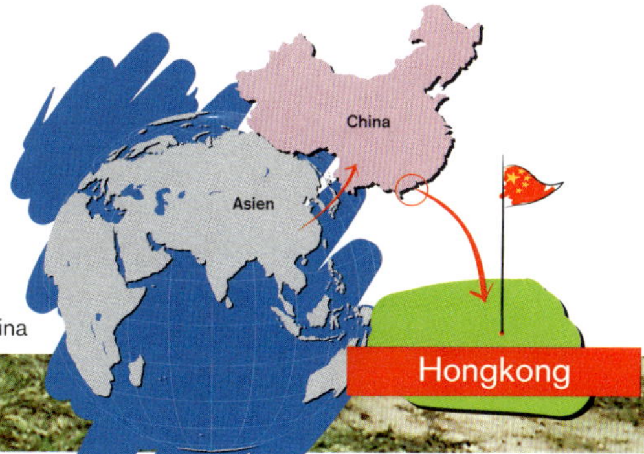

Hong Kong Golf Club, Fanling Lot No. 1, New Territories, China

15. Loch – Par-5-
Spielweisen

Taktik mit Hindernisregeln

Bei den längsten Bahnen des Platzes gehen wir auf Nummer Sicher. Landet der Ball dennoch im Bunker oder im Wasserhindernis, bewahren wir einen kühlen Kopf. Wir kennen den Auslegungsspielraum der wichtigen Regeln und befreien uns aus dem Dilemma

◀ ***Royal Melbourne, Australien.*** *Eine Offenbarung für Golffreaks sind die Fairways nahe der Küste des kleinsten Kontinents*

▲ *Sandbunker, die Angst einflößen, schützen die Grüns*

▲ *Eingang zum Clubhaus des ältesten Golfclubs des Kontinents*

Taktik mit Hindernisregeln

Birdie
Gelingt es, einen Schlag unter Par zu spielen, haben wir beim Par 3 mit dem zweiten Schlag, beim Par 4 mit dem dritten, beim Par 5 mit dem vierten zum Birdie eingelocht

Bogey
Wird das Loch einen Schlag über Par abgeschlossen, haben wir Bogey gespielt. Zwei Schläge über Par heißen Doppel-Bogey und drei Triple-Bogey

Hole
Englischer Ausdruck für Golfloch. Gemeint ist auch die gesamte Spielbahn vom Abschlag bis zur Fahne auf dem Grün

Persönliche Vorgehensweise

Bei Par-5-Bahnen geht Bruder Leichtsinn gern mit. Löcher für Damen von mindestens 342 Metern und für Herren ab 402 Metern und mehr verleiten zahllose Spieler zum Bolzen. Sie geraten ins Stolpern und schnell in eine Zählorgie. Statt des erhofften ***Birdies*** notieren sie den Bruder ***Bogey*** oder die böse Schwester Triple-Bogey auf der Zählkarte. Grundsätzlich erfordert jedes ***Hole*** eine persönliche Spielweise. Wir gehen auf Nummer Sicher, agieren strategisch klug und richten uns stets ehrlich nach unserer Schlagfähigkeit aus, bevor wir kontrolliert und ausgewogen schwingen. In der Regel hat ein klassischer Par-72-Platz vier Par-3-, zehn Par-4- und vier Par-5-Holes.

Sicher aufs Grün: Mißglückte Abschläge kommen meist im Sand an.
Royal Melbourne, Australien ▼

Wichtige Grundregeln

Welche verzwickten Eigenarten und Schwierigkeiten hat der Platz? Was für eine Flugtendenz haben unsere Bälle? Von welcher Seite ergibt sich die beste Öffnung zum Grün? Steckt die Fahne vorn oder hinten? Von wo weht der Wind? Wie weit verstreut liegen die Hindernisse auseinander? Theoretische Fragen, die wir uns vor jedem Loch stellen, geben noch lange keine Gewähr, daß in der Praxis alles nach Wunsch verläuft. Über kurz oder lang scheitert der erfolgreiche Professional ebenso wie der blutige Anfänger mit einem Fehlschlag ins Hindernis. Wie wir uns regelfest und ziemlich schadlos daraus befreien, nehmen wir uns jetzt an Hand von Beispielen vor. Motto: keine Angst vor kniffligen Regelfragen!

Aus-Ball

Aus-Bälle sind der Alptraum vieler Golfer. Bälle, die außerhalb der Golfplatzgrenze landen, gelten als Ball im Aus. Die Aus-Grenze ist in der Regel mit weißen Markierungen, oft sind es Pfosten, deutlich gekennzeichnet. Ohne Wenn und Aber bedeuten Aus-Bälle Distanzverlust und einen Strafschlag. Solche Rückschläge schließen wir bei unseren Überlegungen von vornherein aus, bleiben um jeden Preis auf der Spielbahn. Liegt der Ball out of bounds, wie es die Golfer bezeichnen, müssen wir nachladen. Am Abschlag dürfen wir dazu noch mal ein Tee benutzen. Auf dem Weg zum Loch schlagen wir so nahe wie möglich von der gleichen Stelle, an der der verschossene Ball lag, einen nach. ***Ball fallen lassen*** führt man korrekt mit gestrecktem Arm auf Schulterhöhe aus, im aufrechten Stand natürlich. Vermuten wir den Ball nicht ganz im Aus und glauben wir, ihn im hüfthohen Gras zu finden, schlagen wir einen ***provisorischen Ball*** nach. Selbstverständlich teilen wir das vorher einem Mitspieler mit. Finden wir den ursprünglichen Ball nicht in fünf Minuten, spielen wir mit dem provisorischen das Loch zu Ende. Haben wir wahrscheinlich einen Ball ins Wasserhindernis verschlagen, dürfen wir keinen provisorischen nachspielen. Auch auf die Gefahr, daß ein Irrtum vorliegt und sich der Ball daneben im Aus befindet. Dieser Härtefall zwingt uns laut Regeln zurückzugehen, um von unserer letzten Position aus einen neuen Ball ins Spiel zu bringen.

Ball fallen lassen
Nicht näher zum Loch, als die Lage des vormaligen Balls war, wird im aufrechten Stand mit gestrecktem Arm auf Schulterhöhe ein neuer Ball ins Spiel gebracht

Provisorischer Ball
Sind wir nicht sicher, daß wir den Ball finden, spielen wir unverzüglich einen weiteren, auch Provisional-Ball genannt, nach. Finden wir den ersten Ball nicht innerhalb von fünf Minuten, wird der nachgeschlagene zum Ball im Spiel

◄ *Weiße Pfosten markieren die Aus-Grenze auf dem **Golfplatz Brunnwies in Bad Griesbach,** den Bernhard Langer konzipierte*

Unspielbare Lagen am Baum

Der Ball liegt unspielbar hinter dem Baum. Ein vernünftiger Schlag ist nicht möglich. Innerhalb von zwei Schlägerlängen darf der Ball mit Strafschlag gedroppt werden.
Bluewater Bay, Florida ▼

Nach schiefgegangenem Schlag steht es uns frei, den Ball an jeder Stelle innerhalb des Platzes für unspielbar zu erklären. Wir heben den Ball auf und erhalten einen Strafschlag. Droppen dürfen wir den Ball immer innerhalb von zwei Schlägerlängen. Wir messen in jedem Fall genau vom Ball weg und nie näher zum Loch. Alternativ erlauben uns die Regeln auch, auf einer gedachten Linie, die vom Loch über den Punkt der vorgefundenen Lage führt, so weit zurückzugehen, wie wir wollen. Oder von der Stelle zu spielen, von der der letzte Schlag ausgeführt wurde.

Unspielbare Lagen im Bunker

Im Bunker läuft das nicht ganz so wie am Baum. Dort können wir die Regel mit der gedachten Linie zwar auch anwenden, der Ball muß aber noch im Bunkerbereich gedroppt werden. Was wir bei jeder unspielbaren Lage machen können: einen Ball aus unserer letzten Schlagposition erneut driven, pitchen oder putten. Putten wir zum Beispiel auf sogenannten Glasplatten-Grüns mit zuviel Fahrt bergab und der Ball schießt übers Grün in den Sandbunker, gestatten die Regeln unter Anrechnung eines Strafschlags, den Ball erneut von der gleichen Stelle auf dem Grün zu putten.

Wird der Ball im Bunker für unspielbar erklärt, muß mit Strafschlag innerhalb des gleichen Hindernisses gedroppt werden. Man kann auch zurückgehen und von der ursprünglichen Stelle mit Strafschlag weiterspielen.
Pebble Beach Golf Links, Kalifornien ▼

Regelsicher aus dem Hindernis

Bunker befinden sich auf oder seitlich neben Fairways und ums Grün. Die Grenzen sind klar erkennbar. Bei Wasserhindernissen sind künstliche Markierungen notwendig: Gelbe Markierungen in Form von Linien, Steinen oder Pfosten zeigen Anfang und Ende der sogenannten normalen ***Wasserhindernisse.*** Eine rote Kennzeichnung ist seitliches Wasser (siehe Seite 170). Im Bunker und im Wasserhindernis dürfen wir vor dem Schlag weder Ball, Boden noch Wasser mit dem Schläger berühren. Achtung beim Probeschwung. Wer im Rückschwung etwas im Hindernis berührt (außer Boden und Wasser), verstößt nicht gegen das Golfgesetz und zieht sich keinen Strafschlag zu. Nur die Vorwärtsbewegung gilt als Schlag. Und der darf im Schwung Grund und Boden des Hindernisses berühren.

Wasserhindernis
Je nach Position ist ein Wasserhindernis gelb oder rot markiert. Innerhalb oder auf der Linie der Markierungen darf der Schläger den Boden weder beim Ansprechen des Balls noch beim Probeschwung berühren. Besteht keine Chance, den Ball direkt herauszuspielen, erhalten wir unter Anwendung der Regel einen Strafschlag

Darf man im Hindernis etwas verändern?

Auf dem Fairway dürfen wir verwehte Blätter und verstreute Ästchen, in der Golfsprache als loser, hinderlicher Naturstoff betitelt, wegräumen. Im Hindernis muß der Ball gespielt werden, wie er liegt. Nur Künstliches – also Rechen, Getränkedosen, Zigarettenkippen und dergleichen – darf vor dem Schlag straflos entfernt werden.

Schlag ins Wasser

Beim sogenannten normalen Wasserhindernis, gekennzeichnet mit gelben Markierungen, bieten sich uns folgende Alternativen. Ein Spielen im Wasser fällt flach, der Ball gilt als verloren, es gibt einen Strafschlag. Ob wir dafür Spielvariante A oder B wählen, wägen wir in Ruhe auf der nächsten Seite ab.

Dropping-Zone
Manchmal ist es Platzregel, den neuen Ball mit Strafschlag innerhalb einer sogenannten Dropping-Zone fallen zu lassen. Auf der gekennzeichneten Dropping-Fläche (weiße Markierung) muß der Ball aus Schulterhöhe fallen gelassen werden. Wer nicht dort droppt, erhält weitere Strafschläge. ***Blue Monster, Doral, Florida*** ►

Ball im Wasserhindernis mit gelber Markierung – was tun?

Gelbe Markierung
Alle Wasserhindernisse (Wassergraben, Teich, Bach, Fluß, See, Meer) – auch die nicht mit gelben Pfosten, Linien oder Marken gekennzeichneten – gelten als frontale Wasserhindernisse

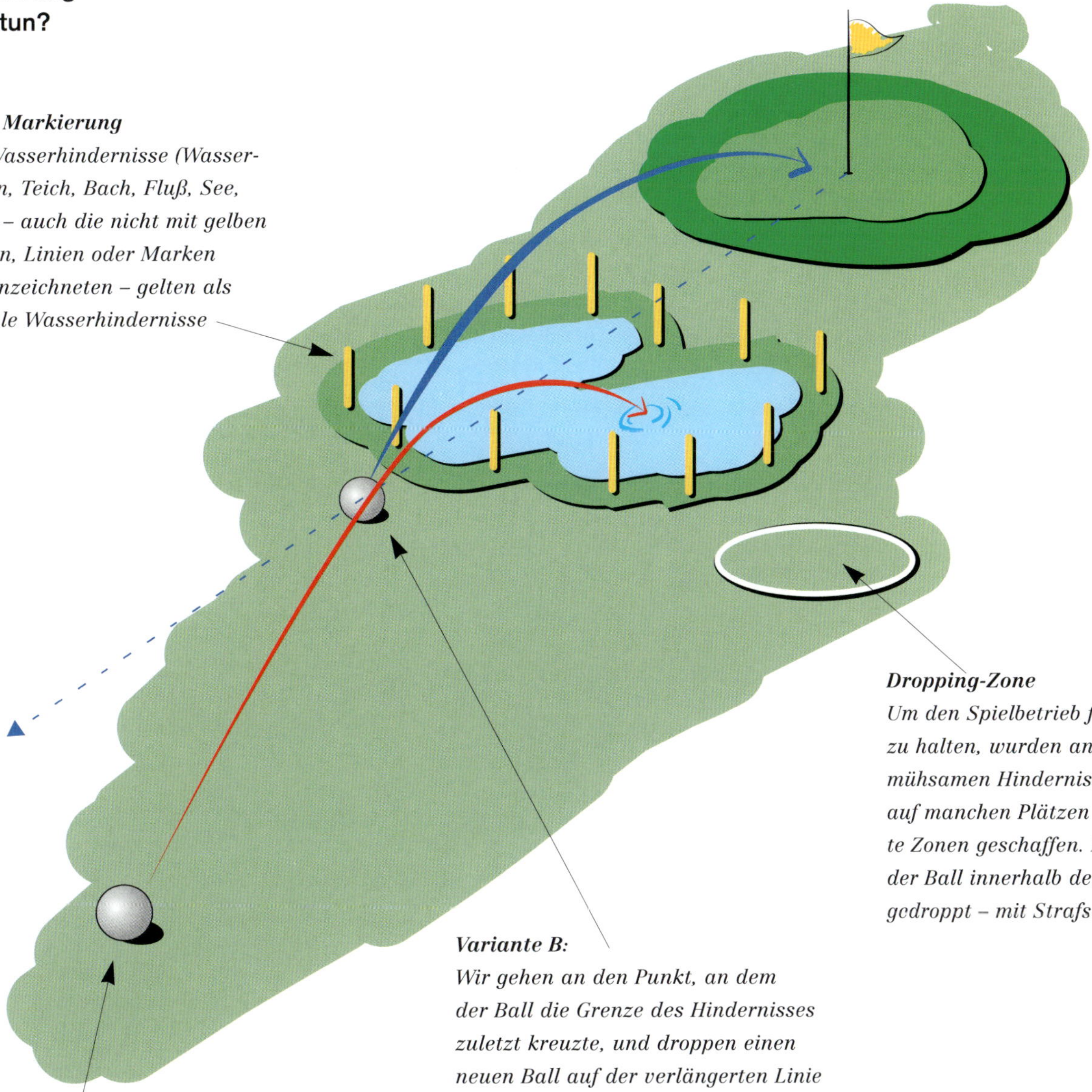

Variante A:
Wir kehren zum Ausgangspunkt zurück und müssen erneut den Schlag und die gesamte Entfernung bewältigen, so das Regelbuch. Diese Möglichkeit wird selten genutzt. Normalerweise ist Variante B erfolgversprechender, weil wir näher zum Grün liegen

Variante B:
Wir gehen an den Punkt, an dem der Ball die Grenze des Hindernisses zuletzt kreuzte, und droppen einen neuen Ball auf der verlängerten Linie (blaue gestrichelte Linie) zum Loch. Da wir unbegrenzt weit auf der Linie zurückgehen können, wählen wir einen Punkt, an dem wir ein gutes Entfernungsgefühl haben und eine einwandfreie Ball-Lage

Dropping-Zone
Um den Spielbetrieb fließend zu halten, wurden an extrem mühsamen Hindernissen auf manchen Plätzen markierte Zonen geschaffen. Dort wird der Ball innerhalb der Zone gedroppt – mit Strafschlag

Ball innerhalb roter Markierung – was tun?

Variante C:
Wo der Ball seitlich in die Wassergrenze kurvte, droppt man außerhalb des Hindernisses einen Ball innerhalb zwei Schlägerlängen, nicht näher zum Loch. Man erhält dafür einen Strafschlag

Variante A:
Zurück zum Ausgangspunkt. Hier verliert man im Vergleich zu B, C und D zusätzlich Entfernung und erhält einen Strafschlag

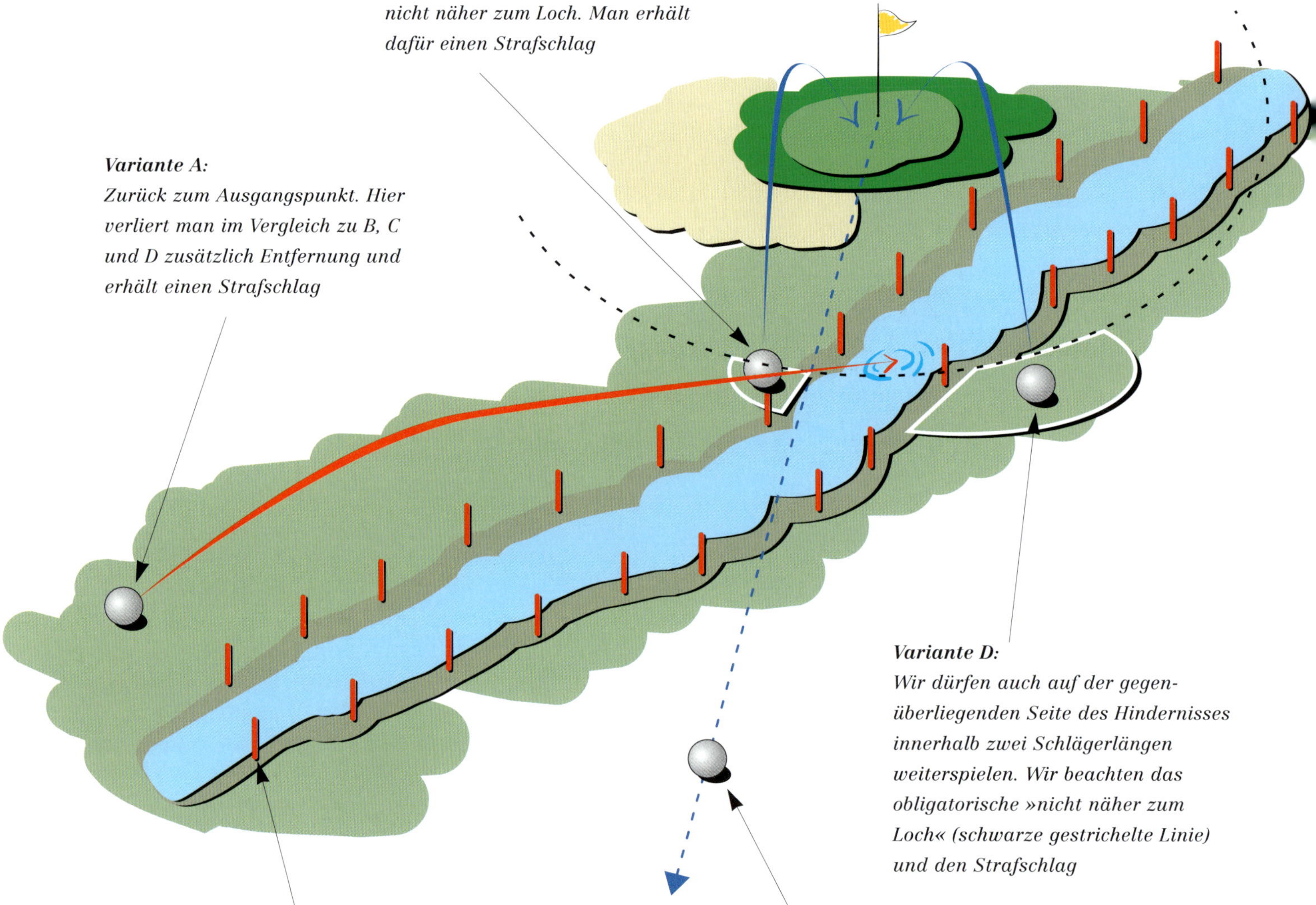

Variante D:
Wir dürfen auch auf der gegenüberliegenden Seite des Hindernisses innerhalb zwei Schlägerlängen weiterspielen. Wir beachten das obligatorische »nicht näher zum Loch« (schwarze gestrichelte Linie) und den Strafschlag

Rote Markierung
Seitlich vom Loch liegende Wasserhindernisse sind mit roten Pfählen markiert. Der Ball kann direkt, ohne vorher den Schläger auf den Boden aufzusetzen oder das Wasser zu berühren, gespielt werden. Oder wir können, mit einem Strafschlag regelgerecht gedroppt, weiterspielen

Variante B:
Wie weit man auf der gedachten verlängerten Linie vom Loch zu der Stelle, wo der Ball zuletzt das Wasserhindernis überquerte, zurück geht, spielt keine Rolle. Droppen, spielen und Strafschlag auf Score rechnen

Spielerleichterungen ohne Strafschläge

Mit dem Boden fest verbundene Bretter und Holzschwellen gelten im Regeldeutsch als ***unbewegliche Hemmnisse*** und erlauben selbst im Sandhindernis einen ***Freedrop***. Bei Wasserhindernissen entfällt diese Regel der Erleichterung. Weitere unbewegliche (nur fest verankerte) Hemmnisse sind: Sprinklerplatten, Papierkörbe, Hinweisschilder, künstlich angelegte Fahrwege und ähnliches. Hier dürfen wir jeweils Erleichterung in Anspruch nehmen – vorausgesetzt, wir sind im Schwung oder im Stand behindert.

Wir suchen den nächsten Punkt ohne Behinderung und können dort den Ball innerhalb einer Schlägerlänge nach den Regeln straflos fallen lassen. Die Schlägerlänge kann nach Belieben mit jedem Schläger aus dem Bag, also auch mit einem Besenstiel-Putter, abgemessen werden. Profis haben ein Gentlemen's Agreement getroffen, daß Besenstiel-Putter als Maß ausschließt. Trifft der Ball den vorher definierten Punkt nicht und rollt näher zum Loch, sind wir gezwungen, den Vorgang zu wiederholen. Fällt der Ball auf unsere Fußspitze oder auf den Schläger am Boden, dürfen wir ohne Strafschlag erneut droppen. Sind nach dem zweiten Fallen-Lassen Stand sowie Schwung behindert oder wurde das unbewegliche Hemmnis getroffen, legen wir den Ball auf den Aufprallpunkt des letzten Versuchs und spielen weiter.

Die Profis auf der Tour pflegen einen nützlichen Brauch: Sie kennzeichnen die Zone (mit Schlägerlänge gemessen), in die ihr Ball fallen muß mit Tees. So vermeiden sie schon im Vorfeld Mißverständnisse.

Nach starken Regengüssen bilden sich erfahrungsgemäß Pfützen auf dem Platz. Landet unser Ball im zeitweiligen Wasser, dürfen wir uns straflos in nächstgelegenes trockeneres Gebiet bewegen – und dort eine Schlägerlänge, nicht näher zum Loch, versteht sich, den Ball droppen.

Erleichterung darf auch auf dem Grün gesucht werden. Liegt zeitweiliges Wasser in der Putt-Linie, können wir das Procedere von ***Boden in Ausbesserung*** anwenden. Besonders rasch sammelt sich Wasser nach starken Regenfällen in Bunkermulden. Bei zeitweiligem Wasser im Bunker darf man den Ball ohne Strafschlag in den Sand fallen lassen, nur nicht näher zum Loch. Mit einem Strafschlag können wir auch an den Platz zurück, von dem wir zuletzt spielten. Um Entfernung einzusparen, erlauben uns die Regeln, auch direkt hinter dem Hindernis in guter Bodenlage zu droppen – auf einer gedachten geraden Linie zwischen der Ballposition in der Bunkerpfütze, dem Loch und dem Punkt, von dem wir den Ball spielen wollen – aber leider nicht ohne Strafschlag!

Boden in Ausbesserung

Landet der Ball an einer mit blauen Pfosten oder markierter Bodenbegrenzung gekennzeichneten Stelle darf er von der nächstgelegenen Stelle ohne Behinderung, nicht näher zum Loch, innerhalb einer Schlägerlänge straffrei – nach den Regeln – fallen gelassen werden.

Wasserhindernisse sind die Opferstöcke, in die man regelmäßig seinen Stolz und seine teuren Bälle versenkt

Tommy Bolt, Golf-Pro

Freedrop
Straffreies Fallenlassen eines Balls innerhalb einer Schlägerlänge, zum Beispiel bei Boden in Ausbesserung oder zeitweiligem Wasser

Boden in Ausbesserung
(englisch: Ground under repair) Meist eine mit blauen Markierungen gekennzeichnete Fläche, auf der gerade Platzarbeiten stattfinden. Ein Ball, der sich darauf befindet, darf straflos außerhalb der Zone nach Regel fallen gelassen werden

Unbewegliches Hemmnis
Alles von Menschenhand Geschaffene auf dem Platz – wie künstliche Oberflächen, Begrenzungen von Wegen und Straßen sowie Sprinklerdeckel. Es darf unter Regelbeachtung straflos gedroppt und weitergespielt werden. Markierungen, die das Aus anzeigen (weiße Pfosten, Mauern, Zäune etc.), gelten nicht als Hemmnis

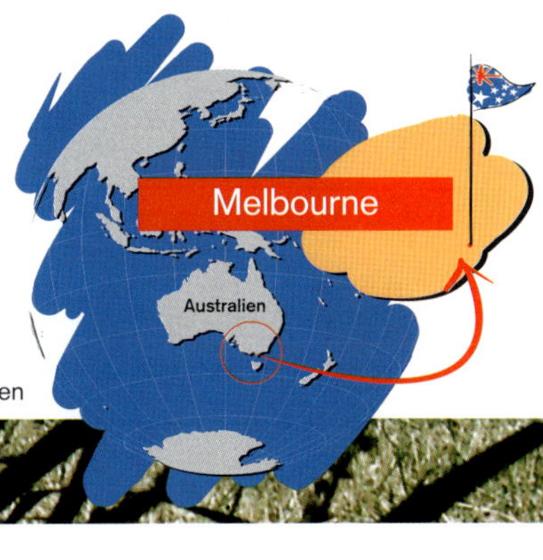

The Royal Melbourne Golf Club, Victoria 3193, Australien

16. Loch –
Geistige Fitness

Mental gut drauf

Stimmt die Einstellung im Kopf, fühlt man sich wohl in seiner Haut, und es läuft wie geschmiert. Mentale Stärke bei entscheidenden Schlägen trennt Sieger von Verlierern. Positiver geistiger Einfluß hilft, dem Druck standzuhalten

◄ ***Zhongshan, China.*** *Lotosblumen auf den Teichen vor dem Grün. Im Hintergrund Baustelle für neue Fairways*

▲ *Komfortables Clubhaus: Sauna, Massagen, Schuhputzservice etc.*

▲ *Prachtvolles Club-Logo vor dem bewachten Portal*

Mental gut drauf

Wir können mental noch so gut drauf sein, es nützt uns nichts, wenn wir mit Händen und Füßen technische Fehler machen. Andererseits ist auch die richtige Technik, den Schläger zu greifen, den Ball anzusprechen und sanft zu schwingen, noch lange kein Freibrief, um Streßsituationen wie einen Schlag übers Wasser auf Anhieb zu meistern. Das Gehirn ist entscheidend verantwortlich für Ausschläge in Gipfelhöhe oder in Abgrundtiefe. Keiner ist ganz immun gegen plötzliche beklemmende Verkrampfungen im Schwung. Selbst den Stars des Schlagsports unterlaufen Anfängerfehler wie den ***Rabbits:*** ein überhasteter, verzogener Abschlag, ein Hacker vor dem Grün – oder den Spieler überfällt urplötzlich Yips. Die nervliche Hochspannung schlägt in jeder Klasse zu und treibt die Schlagzahl gnadenlos hoch.

Rabbit
In der Umgangssprache der Golfer Bezeichnung für Anfänger

Spielen wir einmal drei Birdies und einen Eagle hintereinander, so kriegen wir nicht gleich Nervenflattern, sondern sagen uns lieber: Genieße diese Augenblicke! Und nach einem Double- oder Triple-Bogey machen wir um Gottes willen nicht gleich Platz für Frust und Selbstmitleid.

Befreiender Schwunggedanke – kein hemmender

Junge Spieler haben die natürliche Fähigkeit, unbekümmert den Ball zu schlagen. Sie wissen, sie können nur gewinnen. Sitzen die technischen Grundlagen bei ihnen, machen sie raschere Fortschritte beim Handicap als Erwachsene. »What you see is what you get«, sagen amerikanische Psychologen zu dem Phänomen.

Freedrop bei Ming-Grabplatten ▼

*Caddie-Girls sind Pflicht ▶ im **Chung Shan Hot Spring Golf Club.** Schnellen Schritts weisen sie Gastspielern den Weg*

Selbsteinschätzung

Welchen Typ verkörpern wir eigentlich? Verlieren wir schnell die Fassung, sind wir leicht erregbar oder eher bedächtig, unnachgiebig oder abenteuerlustig, lieben wir das Geordnete oder eher das Chaos?

Sind wir einmal mit uns im reinen, können wir besser mit unseren Gefühlen umgehen. Der Perfektionist nörgelt und flucht ständig und spielt meist im Schneckentempo. Der Reizbare verträgt keine Kritik und schreit jähzornig herum. Der Pflichtbewußte ist immer unter Zeitdruck. Der Geltungssüchtige wütet und verhaut permanent die Drives. Der Empfindliche leidet unter der Angst, ein Mitspieler könnte murren und mit ihm hadern. Dem Gehemmten fehlt die Geradlinigkeit, er traut sich nicht, voll durchzuschwingen, und geht in gebeugter Haltung über den Platz. Jeder Charaktertyp hat es schwer, auf der Runde seine Streßanfälligkeit zu unterdrücken. Nur Siegertypen, die ein dickes Fell haben, kennen kaum psychische Anspannungen. Ihr Vertrauen in die eigenen Fähigkeiten beim Schwung und in die Kursstrategie verschlägt ihnen nie den Atem. Sie denken keineswegs ans Vermeiden von Fehlern, sie spielen ausschließlich in der Gegenwart, ohne Angst und Hemmungen, und treffen vorzüglich.

Die ideale Befindlichkeit für einen Supergolfer ist ein ausgeglichenes Gemüt. Er ist taktisch stark, mit steinernem Selbstvertrauen und wiederholbarem Schwung. Er läßt sich nie zu unüberlegten Drives hinreißen. Seine Annäherungen sind überlegt, den entscheidenden Putt zum Sieg locht er ohne jegliche Anspannungen ein. Das Geheimnis unseres Supergolfers: Er spielt einen Schlag nach dem anderen und konzentriert sich auf jeden Schlag neu. Fazit: Ohne Zufriedenheit und Optimismus gelingt keine gute Runde. Nur durch gründliches Trainieren erreichen wir mentale Stärke und positives Denken. Zudem bevorzugen wir Golfpartien mit Menschen, die vorwiegend positiv sind und vor Spielfreude sprühen. Im Gegensatz zu denen, die laufend nur über sich mekkern und an anderen rummäkeln. Merke: Ausschlaggebend für eine Siegerstruktur ist, sich vor jedem Schlag ausschließlich aufs Ziel zu konzentrieren und keineswegs negative Gedanken ans Verhindern zu verschwenden.

Freizeitstreß Golf

Golfstreß ist weitgehend selbstgemacht. Als erstes streichen wir die wenig erholsamen Worte auf dem Golfplatz: »Eigentlich müßte ich ...« Wer sich die Zeit zum Golfen gestohlen hat, sich innerlich gehetzt fühlt, wird nie entspannt über die Runde kommen und gemütlich ins 19. Loch einkehren. Wer seiner Tee-Time als Verpflichtung nachkommt, hat mit Sicherheit keinen Spaß. Besser, wir entziehen uns von Anfang an solchem Druck und planen die Freizeit auf dem Golfplatz nach dem Motto ein: schonen statt schinden. Schlagen in Ruhe Bälle, üben kurzes Spiel und lassen uns überraschen, ob wir am 1. Abschlag noch in einen Flight reinrutschen oder einfach eine Tasse Kaffee auf der Terrasse trinken. Wer starre Startzeiten als Druck empfindet, sich genötigt sieht, sich nicht wohl fühlt, sollte künftig flexibler mit seiner Freizeit umgehen: keine Termine mehr nach Feierabend festlegen und sich bei der Zeiteinteilung einen größeren Spielraum gewähren. Für Leute, die die ganze Woche auf Trab sind, ist es wichtig, sich am Wochenende gehenzulassen. Diese Art Faulenzen auf der Anlage hat nichts mit Zeit totschlagen zu tun. Im Gegenteil, es geschieht was, und sei es nur, gleichgesinnten Menschen ein Ohr zu schenken. Ein Übel unserer schnellebigen Zeit ist Hektik. Alle wollen mitreden, aber nur wenige sind bereit, den Gesprächspartner aussprechen zu lassen.

Innere Ruhe und gleichzeitig neue Golffreunde finden wir, wenn wir uns Zeit zum Zuhören gönnen. Beim Nichtstun passiert bekanntlich nichts. Doch auch eine solche Ruhigstellung bewährt sich. Erst wenn der Streßgeplagte sich wieder entspannt hat, Lust auf eine Golfpartie verspürt, kann er gelassen abschlagen.

Aggressionen auf der Runde

Wer eimerweise gute Bälle auf der Übungswiese geschlagen hat, erwartet, daß dann am Abschlag alles klappt. Gelingt der Schwung nicht, sind Aggressionen die Folge, ausgelöst durch die Angst, im Kampf um den Erfolg zu versagen. Schlagfehler, die auf der Runde passieren, haben ihre Ursache im Druck, der auf dem Golfer lastet. »Don't kill your ball«, sagen amerikanische Pros, wenn sie merken, daß der Schüler mit glasigen Augen und viel zu breitbeinig auf den Ball einprügelt. Versuche, den Ball auf der Runde durch einen übertrieben kraftvollen Schwung zu töten, sind leicht zu beheben. Einfach eine Schlägerlänge mehr nehmen. Beispielsweise zum Eisen 4 greifen, anstatt verkrampft ein Eisen 5 zu schlagen. Drängelt jemand, suchen wir eine Erklärung für seine Ungeduld zu finden. Wir bewahren auf jeden Fall die Ruhe, und wir kommen nicht in Versuchung, ebenfalls aggressiv zu reagieren.

Ratschläge für den Seelenputz

Purzelt unser Spiel aus sonnigen Höhen unaufhaltsam in die dunkelsten Niederungen, ist Seelenputz erforderlich. Lamentieren, resignieren oder explodieren wir? Nein! Als erstes kriegen wir unsere Wut unter Kontrolle und prüfen Griff, Stand und Schwung. Gute Golfer spielen nach einem mißglückten Schlag gleich einen Probeschlag, um das Gefühl für den optimalen Bewegungsablauf im Schwung sofort wieder zu aktivieren. Zuviel Leistungsdruck zwischen Tees und Grüns kann allerdings schnell überfordern: Kopf und Körper erschöpfen zusehends.

Wenn Ärger im Geschäft, im Straßenverkehr oder auch in der Familie die Spannung und Belastung der Seele in den

Vordergrund drängt, dann müssen wir eine Mauer gegen diesen schädlichen Streß errichten. Eine normale Dosis kann jedoch durchaus positiv sein: Haben wir vor dem Schwung ein mulmiges Gefühl in der Magengegend, ist das ein gutes Zeichen. Der Adrenalinschub sorgt für höchste Aufmerksamkeit und hilft zudem, schwierige Lagen mit Erfindergeist zu meistern. Glücklich atmen wir nach gelungenem Superschlag durch.

Tabletten oder Säfte helfen gegen intensive und anhaltende Streßsymptome nur vorübergehend. Viel wichtiger ist es für uns, den Streßauslöser zu erkennen und ein persönliches Anti-Streß-Programm unter Umständen mit Experten auf die Beine zu stellen.

Gestreßten Golfern helfen Entspannungsübungen. Dazu gehören andere sportliche Betätigungen wie Schwimmen, Radfahren, Tennisspielen oder Gymnastik. Auch Sauna, Massage und Wassertreten nach Kneipp wirken heilsam und beugen Streß vor. Autogenes Training kann enorm hilfreich sein. Optimale äußere Voraussetzungen dürfen wir keinesfalls unterschätzen: Greifen wir gern nach unseren Sportgeräten? Fühlen wir uns in unserer Kleidung wohl? Geben wir uns vor einer Runde genügend Zeit zum Kräftesammeln und zur Muße? Läuft unsere Lieblingsmusik auf der Fahrt zur Tee-Time? Einfach alles, was der Seele, dem Kopf und dem Körper gut tut, wappnet uns gegen Streß auf der Spielbahn und ums Grün. Auf dem Platz meiden wir unrealistische Schlagentfernungen und wählen keine komplizierten Schläge aus. Geben uns genug Zeit fürs Ausrichten und Schwingen. Falscher Stolz hat auf dem Platz nichts zu suchen. Wir spielen immer so, wie wir es vom Bauch her für richtig halten. Ertragen es, wenn wir defensiv und unsere Mitspieler riskanter schlagen. Superspieler kümmert es nicht, wenn sie laufend ausgedrivt werden. Sie bleiben ihrem Spielplan treu, verstehen es, den Ball so abzulegen, daß der nächste Schlag ein von ihnen bestens beherrschter ist. Sie wissen um ihre Stärken und Schwächen. Übertriebener Ehrgeiz gehört nicht in ihr Repertoire.

Wir spielen immer so, daß genügend Spielraum für Notfälle bleibt. Schläge mit geringer Aussicht auf Erfolg sind unklug und streßfördernd. Sie bringen uns ohne Not in schwierige Lagen. Verachtende Blicke unserer Mitspieler in Hackerphasen ignorieren wir. Auf Belehrungen oder bohrende Fragen, welche Schlägerwahl wir gerade getroffen haben, gehen wir nicht ein. Übrigens: Passiert das im Turnier, zieht eine Auskunft Strafschläge nach sich.

Belohnungssystem für gute Schläge

Gute Golfer tragen ihre Contenance weit über den Golfplatz hinaus. Geben sich ruhig und entspannt im Kreis der Familie und bleiben im Umgang mit Geschäftspartnern gelassen. Golf, sagen die Gurus, gibt unbestechlich die Gefühle zurück, die wir ihm entgegenbringen. Erfahrene Golfer glauben an dieses Belohnungssystem. Es ist ein Schlüssel zum Erlangen mentaler Stärke.

Wir verbannen negative Gedanken aus dem Kopf und ersetzen sie durch Wohlgefühl, wenn wir uns nach Erreichen von Zielen etwas gönnen. Denn wer etwas ungeheuer Schönes im Kopf gespeichert hat, ist positiver und begierig, die Belohnung erneut zu kassieren, z. B. den vorzüglichen Eintopf und das frisch gezapfte Pils im Clubhaus. Wir haben es in der Hand, unser Wohlbefinden zu festigen. Deshalb verankern wir Glücksmomente fest in unserem

Gedächtnis und können so leichter mit schlechten Schlägen umgehen. Schließlich ist der Spielraum für Fehler in dieser Sportart unendlich. Wir steigern unseren Pegel an Zufriedenheit ständig. Sind uns bewußt, daß Höhen und Tiefen zum Leben gehören. Deshalb: Wollen wir Freude am Spiel haben, müssen wir auch gelegentlich Schmach ertragen. Unser Wille ist entscheidend, daß der Glückspegel auf lange Sicht ein höheres Niveau erreicht. Kleiner Nebeneffekt: Unsere mitreißende Fröhlichkeit macht uns auf jeden Fall beliebter als die ewigen Miesepeter. Wir denken im Spielrausch nicht an den Absturz, kosten den emotionalen Höhenflug aus und genießen es, auf dem Gipfel zu stehen. Danach setzen wir uns neue Ziele, um den nächsten Gipfel zu stürmen. Wir streben jenen Spielern nach, die auf der Runde rasch den Zustand tiefer Entspannung erreichen, ja wir gehen vielleicht sogar noch einen Schritt weiter und erklären das Golfspiel zu unserer Meditation – nach dem Motto: »Send all your energy to the ball.«

Glücksgefühle im Spiel

Natürlich ist Glück unterschiedlich – je nach Mensch und nach Situation. Es ist subjektiv, variantenreich, unabhängig von Spiel- und Lebenserfahrungen – und es ist voller Facetten. Der Bogen spannt sich von stiller Zufriedenheit bis zu entrückter Ekstase. Daß das Hochgefühl meist nur von kurzer Dauer ist, macht es so wertvoll und wichtig. An schlechten Tagen, wenn der Ball nicht so fliegt und die Putts nicht so fallen, wie man es sich gern wünscht, ist es essentiell, die zwei oder drei perfekten Schläge, die auf der miserablen Runde gelingen, zu speichern. So bleibt die Motivation für das Spiel und für den nächsten Golftag erhalten.

Um überwiegend gut zu spielen, ist Wohlbefinden unerläßlich – ebenso wie Klarheit über Stärken und Schwächen. Also: Gesunde Selbsteinschätzung als Quelle des Wohlbefindens ist die Voraussetzung für gute Resultate. Erwischen wir einen guten Tag, genießen wir ihn und ignorieren Sigmund Freud, der da gar nüchtern meinte, »daß Glück im Plan der Schöpfung nicht enthalten ist«.

»Je mehr ich trainiere, desto mehr Glück habe ich!« lautet das Credo der Cracks. Wahrlich keine bahnbrechende Erkenntnis, und dennoch mit einem Körnchen Wahrheit behaftet wie die klassische antike Weisheit, die uns durch die Schulzeit begleitete: Mens sana in corpore sano – in einem gesunden Körper wohnt ein gesunder Geist. Obwohl ein echter Golfer nie ganz frei davon wird: Unser Selbstwertgefühl ist nicht vom Schwung abhängig. Mann und Frau sind als Mensch nie so gut oder schlecht, wie sie gerade Golf spielen!

Ernährungstips für Streßgeplagte

Läßt die Kraft auf der Runde nach, plagen Hunger oder Durst, gerät der Körperhaushalt ins Schwanken. Disharmonie in der Schwungbewegung tritt auf. Physio-

logische Gründe, wie Flüssigkeitsmangel oder Blutzuckerabfall, stören die mentale Hochform. Richtige, ausgewogene Ernährung – das beweisen Hochleistungsgolfer – spielt eine wichtige Rolle, um mentale Kraft zu speichern. Fett- und kohlehydratarmes Essen ist nichts für die Runde. Gemüse, Obst und eiweißreiche Kost bestimmen die Speisekarte. Einige Spitzenspieler schwören auf Trennkost. Nicht vergessen: Wir nehmen uns zum Essen Zeit. Und verzichten auf sehr kalte oder sehr heiße Speisen – sie können die Magenschleimhäute reizen.

Von eisgekühlten Getränken auf der Runde nehmen wir ganz Abstand. Sie fördern Schweißausbrüche und führen dadurch zum ärgerlichen Griffverrutschen während des Schwungablaufs. Besser ist warmer Tee, der vom Körper ohne Anstrengung aufgenommen wird. Alkohol puscht vielleicht im Moment, taugt aber als Streßbekämpfer ebensowenig wie Nikotin.

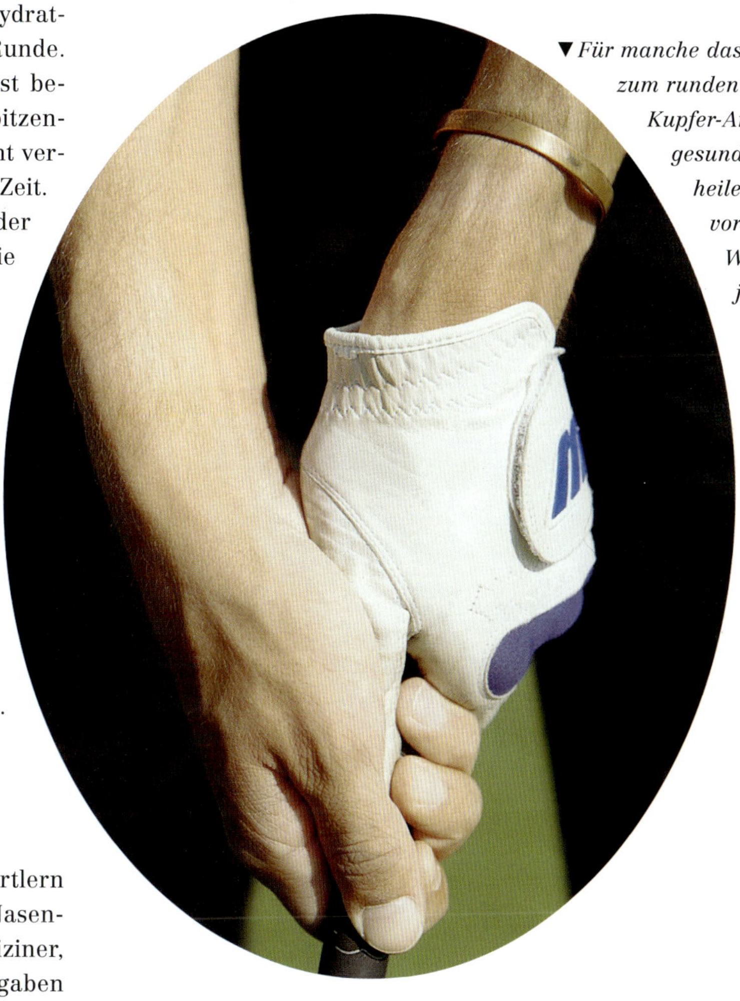

▼ *Für manche das Wundermittel zum runden Schwung: Kupfer-Armreifen, der gesundheitliche Schäden heilen oder ihnen vorbeugen soll. Die Wirkung ist jedoch umstritten*

Versetzt Glaube Berge?

Kleben liegt bei einigen Rasensportlern im Trend. Sie schmücken sich mit Nasenpflastern. Den Streifen, sagen Mediziner, können wir uns sparen. Tests ergaben keine signifikanten Unterschiede: Weder erhöhte sich bei den Testpersonen die Ausdauer, noch reduzierte sich der Atemwiderstand der Nase. Immer mehr prominente Spitzenspieler schwören auf Kupfer-Armreifen als Heilmittel gegen Kreuz- und Gelenkschmerzen. Wissenschaftlich gibt es auch dafür keinerlei Beweise. Die psychologische Wirkung dieser »Heilmittel« jedoch ist keinesfalls zu unterschätzen: Glaube an etwas, dann hilft es auch, sagt der Medizinmann und läßt grüßen!

Auf einmal gehen dir alle möglichen Gedanken durch den Kopf. Und dann wird Golf sehr kompliziert ...

Greg Norman, Golf-Pro

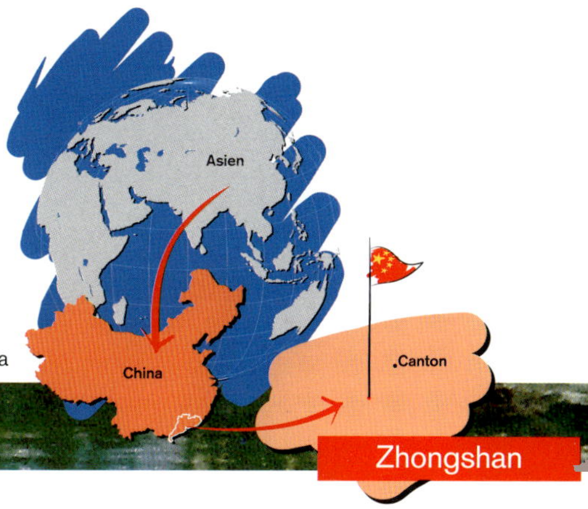

Chung Shan Hot Spring Golf Club, Zhongshan, China

17. Loch – Zocken

Ihr Einsatz, bitte

Positiv gesehen, steigert es die mentale Belastbarkeit erheblich und treibt das Spielniveau hoch. Doch wem das Blut zu schnell in Wallung gerät, der hütet sich besser vor abgebrühten Zockern

◄ ***Beuerberg bei München.*** *Golf mit Blick auf die Alpen: Für viele zählt die bayerische Anlage zu den schönsten Europas*

▲ *Schweizer Flagge am 1. Tee verrät Herkunft des Platzbetreibers*

▲ *Urgemütliches Clubhaus, vom bayerischen Star-Architekten Tom Ferster entworfen*

Ihr Einsatz, bitte

Zocken
Umgangssprachlich für das Wetten um Geld oder andere Einsätze – auch beim Golfspielen

Grundsätzlich gilt ein Golfer nicht als Spielverderber, der auch die harmloseste Wette ausschlägt, der nur Ruhe und Natur genießt und über den Platz geht und Golf ausschließlich um seiner selbst willen spielt. Andere bestehen auf dem Standpunkt, grundsätzlich nicht um Geld zu spielen, lehnen es aber nicht ab, um etwas Symbolisches zu zocken: z. B. einen Ball, einen Handschuh oder die Drinks nach der Runde. Manchmal wird eine Wette erst auf dem 18. Grün abgeschlossen. Wer als letzter puttet, seinen Ball last in versenkt, hat verloren und darf die Erfrischungsrunde zahlen. Während der Verlierer die Welt nicht mehr versteht und sich über seinen dilettantischen letzten Schlag grämt, genießen die Sieger ihr erstes Bier.

In Beuerberg am Fuß der Alpen liegen die Fairways wie Teppiche ►

Spiel mit Weitsicht vom 2. Abschlag.
Golf Club Beuerberg ▼

Für einige Golfer ist Golf ohne ***Zocken*** gar kein Golf. Gewonnenes Geld vom Gegner zu kassieren ist für sie der Kick, zählt für sie zum größten Glück auf Erden und macht sie auch süchtig. Ehemalige Einsteiger führen ihre raschen Fortschritte im Golf eindeutig aufs Zocken zurück. Manche behaupten sogar, daß sich das Zahlen der Spielschulden bei Anfängern bald mehr verzinste als langweilige Trainerstunden. Nun wollen wir nicht übertreiben: Ohne Basistechnik und fleißiges Üben kommt Zocken russischem Roulette gleich.

Außenstehenden wird bei den Geldsummen, um die manche zocken, schwindlig. Dabei bescheinigen langjährige zockfreudige Spieler, daß sich die Wett-Einsätze übers Jahr gesehen ausgleichen. Spielen die Teams häufig zusammen, bleiben Verluste auf lange Sicht gering. In ausgefuchsten Zocker-Formationen werden sogar eigene Handicap-Listen geführt, so daß jede Unter- und Überspielung bereits bei der nächsten Tee-Time berücksichtigt wird. Oder die Verlierer erhalten automatisch bei der nächsten Partie einen Schlag zusätzlich zum Handicap.

Verluste überschaubar halten

Vor jeder Zocker-Runde fragen wir uns: Wieviel Geld kann ich im schlimmsten Fall verlieren? Es darf einem unter keinen Umständen weh tun. Sonst geht der Spaß auf dem grünen Spielplatz für Erwachsene schnell verloren. Übrigens: Zwischen seriösen Zockern besteht ein Gentlemen's Agreement, und es gehört zum guten Ton, keinesfalls die Höhe der Gewinne weiterzuerzählen. Diskretion ist Ehrensache. Bei Verlusten, die wir uns durch blödsinnige Schläge eingehandelt haben, ist nichts dagegen einzuwenden, wenn wir unseren Mitspielern unser persönliches Engagement mit Wutausbrüchen beweisen. Solange wir keinen anpöbeln und nur uns selbst, nicht der Golfanlage oder anderen Dingen die Schuld geben. Generell zahlen wir nach dem letzten Putt. Geschieht das bei unserem Gegenspieler nicht, zockt er selten oder falsch – jede Wette ...

Warnung vor Abzockern

Vor braungebrannten Burschen die ein Eisen 1 im Bag haben, ist Vorsicht geboten. Sie ködern gern mit auffällig hohen Quoten, undurchsichtigen Zusatzwetten und treten mit ***geschontem Handicap*** auf. Auf den ersten Löchern halten sie ihre Spielkunst bewußt zurück und verleiten den Gegner zum Erhöhen beziehungsweise Verdoppeln der Einsätze für den Rest der Runde. Fällt man solchen abgebrühten Zockern in die Hände, füttern sie uns erst an, wie es im Fachjargon heißt. So werden unbedachte Mitbewerber nach überraschenden Gewinnen gierig auf weiteres schnelles Geld und kriegen Appetit, um größere Beträge zu wetten. Jetzt zeigen die sympathisch auftretenden Spitzbuben ihr wahres Golfkönnen, ziehen das schwer zu schwingende Eisen 1, spielen uns schlagkräftig und taktisch clever in Grund und Boden.

Diese Art von Sportwetten – vielleicht noch mit unbegrenztem Einsatz –, bei denen ein Ausgang des Wettbewerbs bereits im Vorfeld feststeht, ist nicht astrein. Auf der Reise begegneten wir einigen schrägen Typen, die übertriebenes Interesse an unserem anscheinend schönen Schwung an den Tag legten. Katzenfreundlich wuselten sie ständig – rein zufällig – von der Driving Range bis zum Starterhäuschen um uns herum.

Zocken unter Gleichgesinnten

Weltweit sind vorwiegend männliche Wesen der Sucht des Zockens beim Sport verfallen. Golf bildet da keine Ausnahme. Im Gegenteil. Wir trafen bisher auf der Reise über alle Kontinente keinen Golfplatz ohne Sünde. Als äußerst erfinderisch für herrlich verrückte Golfzockarten entpuppten sich Länder, die lange unter Herrschaft der englischen Krone standen. Im Golf-Country Nummer eins, den USA, ist die Wettleidenschaft kaum zu überbieten. Viele Wettspielarten wurden dort erfunden. Wir haben deshalb die amerikanischen Bezeichnungen beibehalten.

Lautstark hallen Einsatzverdoppelungen in Form eines Contra über die Fairways, stillschweigend gehen Erlöse oder Einsätze in harter Währung diskret über den Tisch der Clubbar. Die Mimik – zerknirschte oder grinsende Gesichter – gibt sofort Aufschluß, wer heute in den sauren Apfel gebissen hat. Doch im Laufe des Abends vereinen freundschaftliche Gesten und Gelächter Sieger und Verlierer. Die verschworenen Kumpels – in Amerika heißen sie Buddies – sind leicht in jedem Clubhaus auszumachen. An ihrer lautstarken Fröhlichkeit und ihren Diskussionen. Spätestens nächste Woche trifft sich die dem Golf und Zocken ergebene Männergruppe wieder. Bei den zockenden Damen läuft es nicht viel anders. Sie treffen sich traditionell zum Ladies Day, oft ist dies der Dienstag. Zwar hinken sie, was die Reisefreudigkeit anbelangt, der Männerschar noch hinterher, doch der Abstand verringert sich für manche Machos beängstigend. Nur

Geschontes Handicap
Handicap-Schoner sind Scharlatane, die um jeden Preis einen Wettkampf gewinnen wollen und eine höhere (geschonte) Vorgabe angeben als das Maß ihrer wahren Spielstärke

schwer verkraften und akzeptieren sie es, wenn die eigene Frau auch auf Golftour geht. Gezockt wird da zwar weniger, dafür sind Einkaufsbummel und Besichtigungsfahrten obligatorisch. Golf ist für die Damen eben nicht alles.

Zurück zu den Golf-Cliquen. Sie bestehen oft aus völlig unterschiedlichen Charakteren, die aus verschiedensten Berufen kommen. Und nichts auf der Welt, betonen sie einstimmig, wird sie daran hindern können, der nächsten fröhlichen Partie zu frönen. Auf vielen Flughäfen begegnen wir solchen verschworenen Golfgemeinschaften. Meist läßt sich die Männerschar durch vier teilen, Frauen sind fast nie dabei. Buddy-Group-Mitgliedern geht es ausschließlich um das dringende Bedürfnis, auf dem Platz ihren Mann zu stehen und selbstherrlich in Schwung zu bleiben. Machomäßig fallen die Begründungen dafür aus. »Frauen sind nicht so belastbar. Sie stören die Harmonie, bringen Unzufriedenheit, und überhaupt komplizieren sie gern alles.« Golf allein ist schon kompliziert genug, meinen die Paschas, die ausnahmslos mehrmals im Jahr verreisen: natürlich ohne weiblichen Partner. Die Gruppen, mal einheitlich in feinem Cashmere, mal unabhängig mit strapazierfähiger Jeans, sind so verbreitet wie Stechmücken um Wasserhindernisse. Ihr Drang, täglich mindestens zwei bis drei Plätze zu schaffen, läßt sie ständig unter Zeitdruck stehen. Kultur, Land und Leute kennenlernen bleibt auf der Strecke – genau wie andere Sportarten oder Shopping. In die jahrelang bewährten Gemeinschaften einzubrechen ist fast aussichtslos. Finden wir Spaß an so einer Golfgruppe, gründen wir selbst eine mit Leuten, die wir mögen und von denen wir wissen, daß sie gern golfen, zocken und vor allem nicht mogeln. An Regelstreitigkeiten auf einer Runde sind schon jahrelange Freundschaften zerbrochen.

Ehrlich währt am längsten

Golf zählt sicher zu den Sportarten, bei denen zum Teil aus Unwissenheit oder in voller Absicht Regeln verletzt werden. Geschieht das in einer sich regelmäßig treffenden Zocker-Gruppe, sprengt es oft unwiderruflich die Gemeinschaft. Wer schon Unbehagen in der Magengegend spürt, daß der Gegner betrügen könnte, weil er stets ohne Vorankündigung seinen Ball aufhebt und sich einen Freedrop genehmigt, ohne Ansage einen provisorischen Ball spielt oder laufend weit vorauseilt, um eventuell den Ball in eine günstigere Lage zu bringen, sollte Tee-Times mit solchen Spielern ausschlagen. Golfveteranen bescheinigen es jedem Neuling: Golf verrät auf Dauer die Persönlichkeit. Wer im Alltag mit vielen Ausreden und kleinen Mogeleien schnell bei der Hand ist oder als Unternehmer gelegentlich krumme Wege einschlägt, agiert und reagiert beim Golf nicht anders. Das oft als fair und ehrlich gelobte Spiel, bei dem die Fighter um Sieg oder Einsatz ohne Schiedsrichter über den Platz gehen, bietet Betrügern ein gewaltiges Betätigungsfeld. Eine traurige Tatsache, die Golfexperten Einsteigern gern unterschlagen. Wir bevorzugen den geraden Weg. Und wenn der Gegner einmal einen tollen Lauf hat und sein Handicap weit unterspielt, bewahren wir Contenance und verlieren mit Anstand. Rache ist süß, und im Golf wechselt die Form bekanntlich wie das Wetter in Deutschland. Schläger durch die Gegend schleudern oder fluchen wie ein Bierkutscher ist keine Rache und bringt nach einer verlorenen Schlacht nichts. Nur weil wir eine lausige Runde spielten, haben wir noch lange kein Recht, den anderen den Tag zu verderben. Also nicht unflätig werden. Mit erhobenem Kopf und Blick, der auch den Geist erheben soll, gehen wir vom Feld. Direkt auf die Driving Range und das Putting-Green.

Handicap-Schoner

Ein Wettkampf soll sportlich fair ausgetragen werden. In diesem Sinne entstand ein gewaltiges Regelwerk. Golf gehört zu den wenigen Sportarten, die es erlauben, in unterschiedlichen Spielstärken gegeneinander wird das geniale ***Handicap-System*** von einigen Spielern zu ihren Gunsten mißbraucht. Sie spielen mit einem sogenannten geschonten Handicap, das für sie viel Luft nach unten hat. Jeder, der mit einem ehrlichen Handicap gegen sie antritt, befindet sich im Nachteil und ist beim Zocken der Dumme. Das offizielle Handicap dient daher nur als Anhaltspunkt für die Schläge, die einer vor kriegt (siehe Randspalte, Handicap-System), um die Chancengleichheit zu wahren. Kennen sich die Spieler untereinander, wird manchmal wie bei Waschweibern gepetzt und die tolle Runde von gestern mit den unterspielten Schlägen heute in der Vorgabe angerechnet. Über die gerade aufblühende Duckhook- oder Socket-Phase eines Wettbewerbers herrscht dagegen Stillschweigen. Nicht aus Taktgefühl, sondern um nicht einen Schlag Vorgabe freiwillig abzugeben. Heiße Handicap-Diskussionen gehören in bewährten Zocker-Gruppen zum langatmigen Auftakt. Laut den Regeln erhält jeder Spieler die Vorgabeschläge, wie sie nach der Handicap-Verteilung auf der Score-Karte stehen. Manche spielen mit Dreiviertel-Vorgabe. Andere setzen den Golfer mit dem niedrigsten Handicap auf null und die Differenz der anderen Golfer im Flight auf die einzelnen Löcher entsprechend der Handicap-Verteilung des Platzes. Zwar beruht die Vorgabe-Verteilung der Löcher auf statistischer Grundlage, doch es ist eigentlich gleichgültig, an welchem Loch wir unsere Bonusschläge nehmen. Profizocker legen damit gern Unerfahrene aufs Kreuz. Stehen dem Gegner zehn Vorgabeschläge zu, bieten sie ihm sieben Löcher an, die er selbst aussuchen kann. Erstaunlich, wie oft Einsteiger auf die linke Nummer reinfallen. Nichts spricht dagegen, wenn alle den abwechslungsreichen Vorschlag annehmen, die Vorgabe nicht auf den üblichen schwersten, sondern auf den leichtesten Löchern des Platzes zu nehmen. Sehr schnell werden wir feststellen, daß Vorgabeveränderungen auf den Ausgang der Runde nur ganz geringen Einfluß haben.

Wettspielarten

Es gibt auf der Welt die abenteuerlichsten, auf den ersten Blick faszinierenden Zocker-Wetten. Eisernes Gesetz für alle Teilnehmer: nie betrügen, stets kühlen Kopf bewahren und möglichst im Handicap-Bereich bleiben, dann halten sich erfahrungsgemäß Verluste in vertretbaren Grenzen. Prinzipiell legt man vor dem 1. Abschlag die Vorgaben und die Wettspielformen fest. Am einfachsten läuft es nach ***Zählwettspiel*** oder Stableford. In Flights mit größeren Handicap-Unterschieden bietet sich Stableford als ideale Spielform für High-Handicapper an, während Low-Handicapper immer das Zählwettspiel vorziehen. Jeder spielt nicht direkt gegen einen Gegner, sondern gegen sein persönliches Par pro Loch. Es werden Punkte pro Loch vergeben. Je besser einer spielt, um so mehr Punkte erzielt er. Nach 18 Löchern werden alle Punkte addiert. Die Differenz, also Anzahl der Punkte, wird dann ausbezahlt oder einkassiert. Selbstverständlich sind die Beträge für Grundeinsatz, Punkt, Schlag oder Gesamtsieg vor der Runde ausgemacht worden. Häufig laufen parallel noch individuelle Wetten. Die handeln wir auch vorher genau aus. Ist das nicht klar zu bestimmen, limitieren wir die Grenzen nach oben. Am besten notieren wir Spielvariante und Betrag der Einheit, um den gezockt wird, auf der Score-Karte.

Handicap-System
Um die Spielstärke der Spieler im Wettkampf untereinander fair zu gestalten, erhält der höhere Handicapper Schläge vor, um gleiche Voraussetzungen zum niedrigeren Handicapper zu haben. Beispiel: Ein Spieler mit Vorgabe 28 spielt gegen einen mit 8. Der High-Handicapper hat bei voller Vorgabe zum Single-Handicapper 20 Schläge vor. Somit an jedem Loch einen Schlag und an den beiden schwersten zwei. Bei Dreiviertel-Vorgabe gibt es in diesem Fall 15 Schläge vor

Zählwettspiel
(englisch: Strokeplay) Bei dieser Wettspielart wird an jedem Loch die Schlagzahl in die Score-Karte eingetragen. Die Summe aller gespielten Löcher ergibt das Bruttoergebnis im Zählspiel. Das Nettoergebnis errechnet sich durch Abzug des Handicaps vom Bruttoergebnis

Sandie
Wettspielform. Einen Bonus erhält, wer aus dem Sandhindernis am Grün das Par rettet. Gelingt das Par aus dem Fairway-Bunker, gibt es ebenfalls Extrapunkte

Greenie
Wettspielform. Wer beim Par 3 mit einem Schlag, beim Par 4 mit zwei Schlägen, beim Par 5 mit drei Schlägen das Grün trifft, bekommt einen Bonus. Braucht er allerdings drei Putts, wird ein Straf-Greenie fällig

Buckel- und terrassenförmiges 9. und 18. Doppelgrün, bewacht von einem weitläufigen Bunker, in dem manche gute Hin- oder Rückrunde noch in den Sand gesetzt wurde ▼

Sicher gehen dabei die Erträge bei einigen Wetten weit über die vom Verband für Amateure festgelegte Siegprämie von nicht mehr als 750 Mark hinaus. Doch Siegprämie und Wetteinsatz haben nichts miteinander zu tun. Dennoch sollten Zockereinsätze innerhalb des persönlichen Budgets bleiben. Über Verluste schweigen sich Profis aus, die das Zocken im Gegensatz zu den Amateuren wohl nie lassen können. Manche spielen um jeden Preis – nicht aus Passion, sondern professionell gegen Geld. In jedem Club, jedem Land gelten andere Zocker-Gesetze. Wir schauen uns die wesentlichen Spielvarianten und gebräuchlichsten Grundmuster genauer an.

Dreier-Wertung

Zählspiel, ab zwei Spielern möglich, in drei Wertungen. Es wird um den niedrigsten (Netto-)Score auf den ersten 9, den zweiten 9 und den insgesamt 18 Löchern gespielt. Das geht auch mit Stableford-Punkten. Eine sinnvolle Version für Einsteiger, die Spaß macht, weil Einbrüche nicht gleich zur Zählorgie werden.

Gern wird dieses Spiel mit Extrapunkten pro Loch kombiniert. Nearest to the pin, Longest Drive, Bestball, Schlechtestball, Birdie, ***Sandie, Greenie,*** Straf-Greenie. Erfindergeist und Variantenreichtum sind keine Grenzen gesetzt.

Skin-Games

Vorgabe und Einsätze pro Loch liegen im Vorfeld fest. Die Profis spielen dieses Spiel gern für einen guten Zweck oder zur Erhöhung des Kontostands. Eine beliebte kurzweilige Spielform für Veranstalter, die nur Startgeld für einen Tag und für einen hochkarätigen Flight statt für ein weites Teilnehmerfeld und vier Turniertage zahlen wollen. Amateure aller Handicap-Klassen spielen um das beste Brutto- oder Nettoergebnis pro Locheinsatz. Spielen zwei oder mehrere Teilnehmer gleich gute Scores, wird der Einsatz zum nächsten Loch mitgenommen und dort mit ausgespielt. Wird auch hier wieder geteilt, liegen demzufolge am dritten Loch drei Einsätze im sogenannten Pott. Schlechtere Spieler lieben diese Form des Carry-over, da sie ab und zu mit einem Glücksschlag den Topf gewinnen. Danach geht es wieder mit einer Einheit von vorn los. Lustiges Gesellschaftsspiel, ab zwei Personen möglich. Je mehr mitspielen, um so geringer werden die Gewinnchancen, weil die Wahrscheinlichkeit hoch ist, daß zwei die gleiche Schlagzahl schaffen. Andererseits ist der Topf nach einem tollen Schlag zum Sieg prall gefüllt.

Einige spielen nur zusätzlich am vereinbarten 9. oder 10. Loch eine Skin-Wertung. Alle anderen Löcher zählen nicht. Eine andere interessante Spielvariante: Ein Außenstehender bestimmt die Löcher für den unter Zockern sehr beliebten Blind-Skin. Die unbeteiligte Person nennt nach der Runde eine oder mehrere Zahlen von 1 bis 18, die als Skin-Löcher auf der Score-Karte gewertet werden.

Sechs-Punkte-Verteilung

Nach der Handicap-Festlegung spielen drei Golfer an jedem Loch um sechs Punkte nach folgender Verteilung: vier Punkte für das beste Ergebnis, zwei Punkte für das zweitbeste Ergebnis. Der schlechteste Ball erhält logischerweise keinen Punkt. Spielen zwei Spieler Bestball, teilen sie sich die sechs Punkte. Teilen sich zwei Spieler das schlechte Resultat, erhält der Spieler mit dem besten Ergebnis vier Punkte, die anderen beiden je einen Punkt. Die Sechs-Punkte-Verteilung pro Loch wird folgendermaßen vorgenommen: 4-1-1, 3-3-0 oder 4-2-0.

Contra und Re

Das Spiel wird auch Cube (Würfel) nach dem Verdoppelungsprinzip mit dem Würfel beim Backgammon genannt. Nachdem die Vorgaben untereinander feststehen, wird der Grundeinsatz pro Loch festgelegt. Wer meint, nach einem Schlag auf der Siegerseite zu liegen, gibt Contra, das heißt, er verdoppelt den Einsatz. Wie es im Golf so laufen kann, liegt der Gegner mit dem nächsten Schlag besser und kontert mit Re, was eine Vervierfachung bedeutet.Gelegentlich wird der Einsatz bei Par-5-Löchern um das Acht-, Sechzehn- und Zweiunddreißigfache hochgereizt. Nimmt der Gegner jeweils an, geht das Spiel weiter bis zum Teilen (nichts passierte, weil gleiches Resultat), Loch-Gewinn oder -Verlust. Wer bei Contra Re ablehnt, verliert den bis dahin aufgelaufenen Einsatz. Das Spiel für starke Nerven eignet sich für zwei bis vier gleich starke Golfer.

Chicago

Es werden zwei Teams gebildet (gleiche Spielstärke) oder ausgelost. Profizocker wechseln alle sechs Spielbahnen den Partner. So wird gewährleistet, daß jeder mal mit jedem spielt. Die Schlagzahl beider Team-Golfer pro Loch stellt zusammengesetzt eine zweistellige Zahl. Es passiert nichts Dramatisches, solange einer von beiden ein (Netto-)Par schafft. Dann steht dieses als Zehnerzahl vorn und das schlechtere Ergebnis des Mitspielers als Einerzahl hinten. Wehe, beide im Team verhacken ein Loch, und keiner schafft das Par. Dann wird es teuer, weil das schlechtere Ergebnis nach vorn rutscht und das Team mit dem niedrigeren Ergebnis die Differenz mal Einsatzeinheit gewinnt. Beispiel: Team 1 spielt an einem Par-3-Loch, Spieler A hat keinen Schlag vor und schafft nur eine 4. Spieler B, völlig von der Rolle, eine 8. Bs Schlagzahl steht vorn als Zehnerstelle, und das Ergebnis von A ist an zweiter Stelle, gewertet wird eine 84. Team 2, Spieler C und D, spielen beide Par, schreiben 33. Sie gewinnen die Differenz von 84 zu 33, die 51 Einheiten beträgt. Bei einem Wettspieleinsatz von 5 Mark pro Einheit sind das schnelle 255 steuerfreie Mark pro Mann. Im ersten Moment klingt das alles kompliziert, ist es aber nicht, nur teuer, wenn ein Team ein Loch entsetzlich verhackt.

▲ *Als Deutschlands »grüne Spielhölle« gilt in wettfreudigen Golferkreisen der* ***Golf Club Beuerberg*** *nahe der Metropole München*

Für Einsteiger bringt diese Spielform mehr Fluch als Segen. Wie unser Demonstrationsbeispiel zeigt, klettern die Verluste extrem schnell nach oben. Ferner empfiehlt es sich, dieses Spiel vorwiegend mit Freunden zu spielen, damit der Geldkreislauf innerhalb der Gruppe bleibt. Um denkbare dreistellige Zahlen zu vermeiden, legen wir nahe, die Schlagzahl auf maximal vier über Par zu begrenzen. Schließlich will niemand seine Freunde ganz in den Abgrund stürzen. Ein aufregendes Spiel mit dem Feuer, gut geeignet für Golfer, die sich auf gleichem Niveau schlagen. Nichts für sensible Naturen. Auf keinen Fall in der Fremde mit Leuten spielen, die man nicht kennt.

Chicago mit Hugo

Diese Spielform erlaubt Chicago mit drei Golfern im Flight. Der notwendige vierte Mitspieler wird erfunden. Wir nennen ihn Hugo, er spielt fiktiv Handicap 0, und jeder spielt mit ihm sechs Löcher lang im Team. Der Spieler, der mit Hugo zockt, darf sich auf den beiden leichtesten Löchern über Hugos Birdies freuen, auf den zwei mittelschweren über dessen Pars, und auf den schwersten Löchern des Platzes muß er höllisch aufpassen, die verpatzte Hugo mit Bogeys. Alles andere wird deckungsgleich wie beim Vierer-Chicago errechnet. Ideal für Chicago-Freaks, wenn einer im Flight unverhofft ausfällt.

◄ *Bayerischer Maibaum hinter dem Putting-Green: ein Geschenk der Geschäftsführerin Isolde an den Platzherrn und Ehemann Urs Zondler.* ***Golf Club Beuerberg auf Gut Sterz***

Pressen

Befindet sich ein Spieler oder ein Team auf der Verliererstraße, wollen sie manchmal mit Gewalt das Ruder noch herumreißen und ***pressen.*** Das bedeutet in der Regel, der Einsatz wird verdoppelt. Es muß allerdings vor Spielbeginn festgelegt sein, ab wieviel down, also Schläge oder Einheiten Rückstand, gepreßt werden darf. Man kann auch einen automatischen Press vereinbaren. Der läuft parallel als ein neues Spiel zu gleichen Einsätzen oder als Verdoppelung. Eine weitere Press-Variante ist der automatische Press mit Option. Der zurückliegende Spieler oder das zurückliegende Team kann den Press ausschlagen. Der brutalste Press, bei dem jedem Spieler sofort der Schweiß auf die Stirn schießt, ist wohl Double or nothing. Er wird meist am letzten Loch ausgespielt. Gewinnt der Gepreßte, verdoppelt sich der bis dahin aufgelaufene Betrag. Verliert er dagegen, geht er leer aus.

Meist wird ein Press vorgeschlagen, sobald Golfer oder Team beispielsweise zwei Schläge zurückliegen. Clevere, coole Zocker überlegen sehr genau, ob sie sich zum Verdoppeln oder Pressen hinreißen lassen. Spielt der Gegner an diesem Tag über seine Verhältnisse gut, denken sie an Schadensbegrenzung. Greenhorns pressen gern blind und treiben die Verluste hemmungslos hoch.

Mulligan für Ausreißer

Viele Zocker stürzen gleich aus dem Auto zum 1. Abschlag. Die Driving Range meiden sie seit Jahren. Nicht böswillig, versteht sich. Sie haben nur begrenzt Zeit, und diese wollen die von Geld und Geschäft Getriebenen überwiegend mit Spaß, Freude und natürlich beim Zocken verbringen. Ob diese Motive den irischen Zocker Fergus O'Shaugnessy Mulligan anregten, dem ersten mißglückten Abschlag straflos einen zweiten folgen zu lassen, ist nicht bekannt. Nur eines ist sicher: Mulligan landete einen Volltreffer, als er gegen die Regel eine Art zweiten Aufschlag, wie beim Tennis, für das Heer von Millionen Freizeitgolfern am 1. Tee einführte.

Mittlerweile erfreut sich auch in einschlägigen Kreisen der Mulligan over, der jeden auf der Runde nach mißglücktem Tee-Shot rausreißt, großer Beliebtheit. Manche Zocker vereinbaren sogar vor dem Spiel einen Floating Mulligan, der seinem Namen als Schwimmer gerecht wird. Der Spieler darf beliebig einen verzogenen Drive, Hacker, Pitch, Chip, Sandschlag oder einen vorbeigeschobenen Putt straflos wiederholen. Die straflose Streichung sollte stets solange wie möglich während der Runde hinausgezögert werden.

Für Einsteiger und Wochenendgolfer, die das Spiel nicht so ernst sehen, sind Freischläge in Form eines ***Mulligan*** eine willkommene Erleichterung. An Tagen mit viel Spielbetrieb auf der Golfanlage nehmen wir selbstverständlich strikt Abstand davon. Mulligans führen zu erheblichen Spielverzögerungen – und nicht zuletzt verzerren sie die Rundenergebnisse. Ein Grund, warum viele gute Golfer Mulligans strikt ablehnen.

Zocken macht nur Spaß, wenn's um Summen geht, die man sich eigentlich nicht leisten kann

Paul Zondler,
Industrieller und Pokerspieler

Pressen
Begriff aus der Zocker-Sprache. Ein Spieler oder ein Team, das im Rückstand ist (meist 2 Punkte oder Einheiten), kann pressen. Von diesem Moment an wird mit verdoppeltem Einsatz gespielt. Bereits verdoppelte Einsätze können beliebig oft erneut gepreßt werden

Mulligan
Inoffizielle Praxis in Privatrunden, am ersten Abschlag oder einem anderen Tee einen zweiten Ball straflos zu spielen. Die Idee hatte der Ire Fergus O'Shaugnessy Mulligan. Beim Floating Mulligan kann der Spieler entscheiden, an welcher Stelle auf der Runde er ihn einsetzt

Golf Club Beuerberg, Gut Sterz, Beuerberg bei München, Deutschland

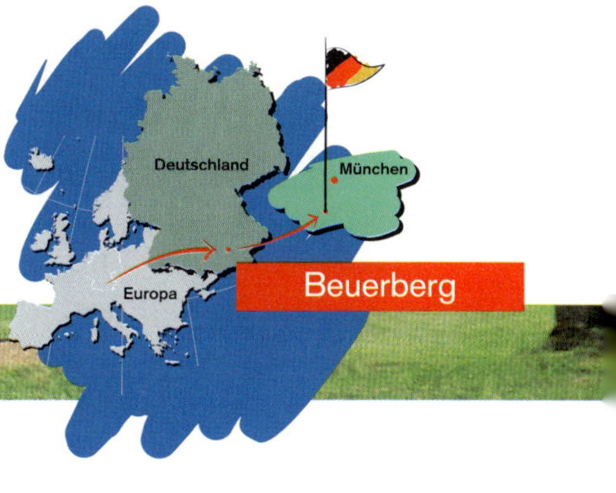

18. Loch – Turniere

Wenn es ernst wird

Sogar langjährige Golfer kriegen noch ein Kribbeln im Bauch, wenn sie zum Turnierspiel antreten. Bringen wir Erwartungen und Fähigkeiten in Einklang, geht nichts mehr schief auf dem Weg ins »Silber«

◄ ***Vale do Lobo, Algarve, Portugal.*** *Das wohl am meisten fotografierte Golfloch Europas auf dem neu konzipierten Royal Golf Course*

▲ *Nase voll vom Regenwetter? An der Algarve scheint die Sonne an über 300 Tagen*

▲ *Eines von 540 Grüns um die Provinz-Hauptstadt Faro*

Wenn es ernst wird

Die Nacht vor dem Turnier

Vor gut zweitausend Jahren sagte der griechische Philosoph Plutarch: »Schlaf ist die einzige unentgeltliche Gabe der Götter.« Schlummerte Einstein im Durchschnitt zwölf Stunden (nach eigener Aussage), so genügten Napoleon weniger als fünf Stunden. Tatsache ist, daß jeder seinen eigenen Schlafbedarf unbedingt vor einem Turniertag einhalten sollte. Passiert das nicht, ist eines sicher: Zu knappe Ruhezeiten schwächen auf Dauer das Golfspiel. Bei nur kurzen Ruhepausen ist im Kopf zuwenig Zeit, den Alltagsmüll zu entsorgen. Wir aktivieren mentale Stärke, wenn wir viel schlafen vor dem großen Wettkampftag.

Unbestritten ist, daß der moderne Mensch weniger schläft, als noch zur Jahrhundertwende üblich. Früher schliefen die Menschen neun Stunden, heute reichen uns im Durchschnitt siebeneinhalb Stunden Schlaf.

Kleine Kirche auf der Iberischen Halbinsel – fernab des Touristenstroms ▼

Algarve: weiße Sandstrände, türkisfarbenes Wasser und romantische Buchten ▼

Schlafmittel sind keine Lösung

Achtung, Golffreunde, wer meint, die Augen mit Gewalt schließen zu müssen, gefährdet sich auf längere Sicht mit den helfenden Schlafpillen mehr als durch zuwenig Schlaf. Es ist bekannt, daß die Dosis gesteigert werden muß. Wer Hämmer von Schlafmitteln vor dem Turnier einnimmt, hängt am Morgen schlapp auf dem Golfplatz herum. Manche meinen, ohne Schlafmittel nicht auskommen zu können. Sie bedienen sich der Little Helpers unter ärztlicher Aufsicht. Doch gilt hier: Schlafmittel nur einige Wochen lang einnehmen.

Wer nervös ins Bett geht, wird bereits in der zweiten Nachthälfte munter. Zuviel Alkohol eignet sich vor dem Einschlafen genausowenig wie Cola oder Limonade. Der Werbeslogan „Milch macht müde Männer munter“ stimmt übrigens nicht. Milch ist vor dem Schlafengehen ein gutes Rezept. Am besten, wir entwickeln für uns ein Zubettgeh-Ritual, das wir nicht nur vor Golfturnieren einhalten. Wir achten darauf: immer zur selben Zeit Zähne putzen, Toilette aufsuchen, waschen usw. Wollen wir uns etwas Besonderes zum Einschlafen gönnen, nehmen wir ein heißes Bad. Unser Schlafzimmer sollte gut gekühlt und durchlüftet sein. Lesen und Fernsehen im Bett können aufwühlen – außer einer Gute-Nacht-Golfgeschichte mit vielen Birdies. Wachen wir dennoch mitten in der Nacht auf, schalten wir kein grelles Licht an und ignorieren einfach die Uhrzeit, genauso die Angst zu verschlafen. Unser Wecker alarmiert uns schon rechtzeitig zur Turnier-Tee-Time.

Absturz durch Alkohol

Vor Turnieren schaden sich etliche Golfer selbst, gehen am Abend vorher auf die Piste und schauen tief ins Glas. Mit einer kleinen Mütze Schlaf kommen sie auf den letzten Drücker zum 1. Tee. Na dann, viel Spaß beim ersten Abschlag. Das Ball- und Bewegungsgefühl gerät bereits beim ersten Aufschwung aus dem Gleichgewicht. Hacker sind vorprogrammiert. Mit der Anzahl der schlechten Schläge wächst die Wut im Bauch. Auch auf dem Grün kein Gefühl: Mal sind die Bälle zu lang, mal bleiben sie vor dem Loch liegen. Und auch Yips, dieses unkontrollierte Muskelzucken, wird durch reichlichen Alkoholgenuß am Vorabend des Turniers begünstigt.

Caddies – Maßarbeiter bei Turnieren

Die Taschenträger der schlagkräftigen Tour-Profis sind zwei, drei Tage vor dem Turnier auf dem Golfplatz. Zwischen zahllosen Mähmaschinen und Walzen, die dem Kurs den letzten Anstrich vor den großen Wettkampftagen geben, erspähen wir sie mit einem Meßrad. Fleißig notieren sie pingelig, auf den halben Meter genau, jeden markanten Baum und Bunker, jede Bodenwelle auf dem Grün. Kein wichtiger Anhaltspunkt fürs spätere Spiel an der Seite ihrer Arbeitgeber wird ausgelassen. Spielbahn für Spielbahn bringen sie aufs Papier in Hosentaschenformat. Sie vergessen kein Detail, es könnte, wenn sie ihre Schulaufgaben schlecht machen, den Sieg kosten. Gute Caddies tragen dank ihrer Leistung mehr als nur das Bag ihres Bosses. Sie informieren ihn Schlag für Schlag über anstehende Entfernungen, Wind- und Bodenverhältnisse. Aufgrund der Ball-Lage beraten sie bei der Schlägerwahl und wohin der Ball fliegen muß, um wieder in eine optimale Ausgangsposition zu gelangen. Nach Absprache drücken ***Caddies*** schon mal ihren Chefs im Wettkampf ein kürzeres Eisen in die Hand, weil der von ihm vorgesehene Schlag einen schwierigen Stand in Schräglage erzwingen würde, während das kürzere Eisen den Ball in einwandfreie, ebene Ball-Lage befördert. Verzieht der Spieler seinen Drive, zählt es zu den wichtigsten Aufgaben des Caddies, den Ball genau mit den Augen zu verfolgen. Nicht auszudenken, wenn er ihn nicht im Rough oder im Busch aufspüren kann. Macht er seine Sache gut, wird er reichlich entlohnt. Neben Grundgehalt und Reisespesen wandern zwischen fünf und fünfzehn Prozent der Siegprämien seines Pros in seine Taschen. Welcher Caddie als erster in seiner Hosentasche neben der Score-Karte auf detaillierte Aufzeichnungen zurückgreifen konnte, ist nie eindeutig geklärt worden. Nur soviel steht fest: Mit der Popularisierung des Sports Anfang der sechziger Jahre durch Fernsehübertragungen und mit den extrem steigenden Preisgeldern verlangten die weltbesten Spieler von ihren hauptamtlichen Taschenträgern immer mehr gründliche Maßarbeit im Vorfeld.

Caddie
Taschenträger, meist ständiger Begleiter der Tour-Professionals, die unter anderem den Golfplatz vermessen, bei der Schlägerwahl und bei der Putt-Linie beraten

Erleichterung dank Caddies

Auch für uns Amateure zahlt es sich aus, jemanden zu haben, der die Golftasche trägt oder den Golfwagen zieht. Natürlich sind unsere Caddies meist nicht so sachverständig und qualifiziert wie die von Spitzenspielern, die sich auf Vier-Tage-Turnieren um sechsstellige Dollar-Preisgelder schlagen. Aber sie entlasten uns körperlich beim Gang über die achtzehn Bahnen. Zudem stehen sie uns bei der Strategieplanung, vor allem auf fremden Plätzen, hilfreich zur Seite. Unterm Strich gesehen, sparen gute Caddies für uns

▲ *Caddies tragen nicht nur die Ausrüstung, sie weisen vor dem Tee-Shot auf versteckte Gefahren hin und verlieren fast nie den Ball aus den Augen, bedienen die Fahne und stehen auch beim Grün-Lesen zur Seite.*
Island Club, Singapur

PRO-AM
Ein PRO und bis zu drei AMateure spielen in einem Flight oft vor einem großen Turnier zusammen

Trollies
Golfwagen, auch Caddie-Wagen genannt, auf denen die Golftasche über den Platz gezogen wird

Cut
Der Ergebnis-Schnitt, den ein Spieler bei Turnieren in der Regel an den ersten zwei Tagen für den Einzug in die zwei Finalrunden schaffen muß

Schläge ein. Bedauerlicherweise bieten auf Golfreisen nur noch wenige Clubs diesen Service. Technik und Kommerzialisierung auf vielen Golfanlagen tragen Schuld am Abbau des traditionsreichen Caddie-Stands. Er wird zusehends von zweisitzigen, motorisierten Golfwagen verdrängt. Hinten werden die bis zu zwanzig Kilo schweren Taschen festgezurrt, und auf eigens betonierten oder asphaltierten Wegen fahren sie zügig über den Platz. Golfclubs ohne Benzin- oder Elektro-Carts vermieten zumindest ***Trollies*** zum Ziehen und manchmal batteriebetriebene, ferngesteuerte Karren, die auch bei Clubspielern immer häufiger im Kofferraum des Autos liegen.

Stroke-Saver für die Marschroute

Die Zeiten, in denen wir aufwendig jedes Loch vermaßten und zeichneten, sind endgültig vorbei. Durch den Druck der Profis auf ihre Caddies, Loch-Aufzeichnungen anzufertigen, entwickelte sich eine gewaltige Nachfrage aus dem Amateurlager. Stroke-Saver-Spezialisten produzieren wie am Fließband Leitfäden für viele Plätze bis in den letzten Winkel der Welt. Ihre Ausführungen sind präzise und detailliert. Hefte, oft mit Platzlayout, Clubhistorie und Reklame versehen, gibt es in handlicher Spiralblockform. Sie sind mit exakter Lasermessung, übersichtlichen Computergraphiken, brillanten Bildern versehen und zum Teil auf wasserfestem Hochglanzkarton gedruckt. Die großen Schauplätze der Welt des Golfs werden auf der Profi-Tour in der Regel im Auftrag des Verbands oder des Veranstalters am Montag vor dem Turnier von Platzvermessern präzise erfaßt. Im Vergleich zum Vorjahr könnten sich unbekannte Verschiebungen durch Natur und Menschenhand ergeben haben. Auch ein Grund für mißtrauische Spieler, am Mittwoch, dem ***PRO-AM***-Tag, nachzuprüfen, ob die Entfernungsangaben auf Sprinklern und Schildern auf dem Fairway stimmen. Je mehr Meter- oder Yard-Anhaltspunkte aufgeführt sind, desto nützlicher für den Spieler. Trotzdem vermessen Spieler oder Caddies noch im Turnierverlauf von Donnerstag bis Sonntag jedes Tee von der hintersten Stelle mit Schritten, um die Tag für Tag wechselnde Differenz zur offiziellen Tee-Markierung zu erfahren. Durch die Schritte-Messung – ein Meßrad ist nicht erlaubt – wissen sie nun, wie weit sie schlagen dürfen, um beispielsweise vor dem lauernden Fairway-Bunker zu bleiben.

Übrigens: Nach der Aufwärmrunde am Mittwoch legen Golfgroßmeister, manchmal nach Diskussion mit ihrem Caddie, die endgültige Marschroute für die kommenden zwei Tage bis zum ***Cut*** und die zwei Finaltage fest. Selten bestimmen sie in der Vorplanung den Schläger vom Tee oder zum Grün. Schlägerwahl im Kopf ist bei ihrem Vorbereitungsspiel pro Loch Nebensache. Zu viele Unwägbarkeiten stehen im Weg. Wie liegt der Ball? Woher kommt der Wind? Hält das Wetter? Steckt die Fahne für die noch zurückzulegende Entfernung hinten, in der Mitte oder vorn? Ihre Über-

legungen konzentrieren sich ausschließlich auf die Stellen, die sie mit einem bestimmten Schlag erreichen wollen, um eine optimale Ausgangsposition für den nächsten zu schaffen. Dabei passiert es, daß auch Superspieler bewußt einen Bogey in Kauf nehmen. Birgt die Spielbahn zu viele Risiken, treten sie kürzer, legen den Ball zwischendurch ab, um ihre gewählte Vorgabe sicher zu erreichen. Ist der Einsatzplan einmal festgelegt, halten sie sich strikt daran, auch wenn die Resultate nach unten oder oben abweichen. Finden auf einem Platz öfter Turniere statt, legen die Caddies Platzaufzeichnungen und Spielplan immer säuberlich in Ordnern ab. So mancher hat sich dadurch fürs Turnier im nächsten Jahr einen freien Tag verschafft.

Entfernungsangaben

Neben detaillierten Distanzhinweisen auf Stroke-Saver-Skizzen informieren uns viele Anlagen am Tee zusätzlich über Entfernungen vom Fairway zum Grünanfang. Im englischen Sprachraum meist in Yards, bei uns in Metern. Üblich sind Entfernungsmarkierungen in 100, 150 und manchmal 200 Meter/Yard zum Grün, gewöhnlich gut zu sehen als farbige Platte mitten auf der Spielbahn oder seitlich als auffallender Busch, Stein oder Pfosten.

Einteilen der Schlagweite

Was nützt uns die genaueste Entfernungsangabe, wenn wir nicht in der Lage sind, auf Anhieb den Schläger zu nehmen, der für die persönliche Distanz paßt. Das A und O einer erfolgreichen Spielplanung ist das genaue Kennen unserer Schlagweiten. Genau gemessen, beträgt die Differenz von Eisen zu Eisen zwischen sieben und zwölf Meter Schlagweite. Jeder, auch der High-

Beispiele für Entfernungsangaben am Fairway

◄ *Auf der geteerten Cart-Bahn weisen die Schirme darauf hin: 100 Yards zum Grünanfang.* ***Presidio, San Francisco***

◄ *Baum und Pfosten verraten die Entfernung zum Grünanfang.* ***Chung Shan Hot Spring Golf Club, Zhongshan***

◄ *Distanz-Hinweis am Fairway-Rand zum Grünanfang.* ***Lucaya, Freeport, Grand Bahama***

◄ *Entfernungstafel: 150 Meter zum Grünanfang.* ***Kogarah Club, Sidney***

Handicapper, sollte von allen Schlägern die durchschnittliche Weite im Kopf haben, um sich den Platz bis zur Fahnenposition einteilen zu können. Die genaue Kenntnis, ob die Fahne vorn, in der Mitte oder hinten steckt, trägt wesentlich zur Wahl des passenden Schlägers bei. Im Schnitt liegt der Durchmesser auf den Grüns bei fünfundzwanzig Metern. Übrigens: Alle Schläger, die in der Tasche stecken, benutzen wir gern. Wer Angst vor einer Situation hat, in der er einen Schläger greift, den er eigentlich ablehnt, sollte diesen Schläger fürs Turnier aus dem Bag verbannen, später viel mit ihm trainieren und schnell die ablehnende Haltung verlieren. Nur wenn uns alle vierzehn Schläger in der Tasche ein gleich gutes Gefühl im Umgang geben, sind wir in der Lage, gute Partien zu spielen.

Proberunde vor dem Turnier

Gute Amateurgolfer fühlen sich vor einem Turnier wohler, wenn sie den Platz vorher schon einmal gespielt haben. Wenn sie eventuell lauernde Gefahren bereits persönlich kennen und sich ein Bild von Aus-Grenzen, Bäumen, Roughs, Wasser und Bunkern verschafft haben, in die sie im Turnier unter keinen Umständen geraten wollen. Sie teilen sich den Platz und seine Bahnen vor Ort nach ihren Spielanlagen auf. Schlagen Testbälle, um im Ernstfall genau zu wissen, welchen Schläger sie verwenden werden. In ihrem Spielplan geht gelegentlich auch Länge verloren. Entscheidend ist bei ihren Überlegungen, den Ball im Spiel, am besten auf dem Fairway zu halten. Blind draufzuhauen, wissen die meisten aus bitteren Erfahrungen, leitet fast immer einen Triple-Bogey ein. Sie kennen genau ihre Stärken, setzen zum Beispiel den Driver nur ein, wenn sie genügend Freiraum für Abweichungen sehen. Sie vermeiden Schläge wie den aus dem Sand, der sie vielleicht in ernsthafte Schwierigkeiten bringt, indem sie den Ball sicher vor dem Grün ablegen. Auf einer Score-Karte notieren sie unter Berücksichtigung des Handicaps die gewünschte Schlagfolge fürs Wunschergebnis. Ehrlich berücksichtigen sie bei der Spielplanung auch ihre Fähigkeiten auf dem Grün. Hat es ungewöhnliche Breaks, hängt es extrem zu einer Seite, welche Stelle ist ideal für den nächsten Schlag?

Etikette und Regeln

Der gute Ton macht die Musik. Golfen im Einklang mit ***Etikette*** und ***Regeln*** gehört zum fairen Wettstreit. Während Regelverstöße mit Strafschlägen geahndet werden, bleiben Fehltritte bei der Etikette straffrei. Lautes Gelächter, schrille Zurufe und Probeschwünge, während der Mitspieler sich auf den Schlag vorbereitet, zeugen von schlechtem Benehmen. Grundkenntnisse der Etikette im Umgang miteinander gehören für alle zum Pflichtprogramm auf dem Platz. Die wichtigsten: Setzt ein Mitspieler zum Schlag an, verhalten wir uns absolut ruhig und bleiben stehen. Handy-Rufsignale sind leider kein Regelvergehen, sondern nur ein flagranter Etiketteverstoß, erst unangemessene Spielverzögerung durch Telefonieren wird geahndet.

Ob beim Freundschaftsspiel oder beim Turnier, wer zum Schlag an der Reihe ist, sollte ihn ohne große Verzögerung durchführen. Am 1. Tee schlägt der Spieler ab, der auf der Startliste des Flights an erster Stelle steht. Meist sind es die Spieler mit dem besseren Handicap. Es kann aber auch um diese ***Ehre*** gelost werden. Ungeachtet der Startliste schlagen Herren immer zuerst, da ihre Abschläge weiter hinten sind. Nur beim Lochspiel kann aus

Etikette
Die Verhaltensregeln der Golfspieler untereinander definiert die Etikette in drei Abschnitten: Sicherheit und Rücksichtnahme, Vorrecht auf dem Golfplatz und Schonung der Anlage

Regeln
Das komplexe und zum Teil komplizierte Regelwerk wird alle vier Jahre von der Regelkommission im Royal & Ancient Golf Club of St. Andrews und der United States Golf Association überarbeitet und festgelegt

Ehre
Die Ehre zu haben bedeutet, an einem Loch als erster abzuschlagen. Am 1. Tee schlägt in der Regel der Spieler mit dem niedrigsten Handicap ab. Danach hat der die Ehre, der am letzten Loch den niedrigsten Score spielte. Bei gleichem Ergebnis darf der Spieler mit Restehre erneut als erster abschlagen

◄ *Wo keine Caddies für die Einhaltung der Etikette (Beseitigung der Divot-Spur) sorgen, erinnern Schilder die Spieler daran*

taktischen Gründen die Dame ihre Ehre zuerst wahrnehmen. Danach hat die Ehre, wie die Golfer sagen, der Spieler, der auf dem letzten Loch davor die wenigsten Schläge benötigte. Spielen zwei Spieler die gleiche Schlagzahl, hat jener, der am Loch zuvor als erster abschlug, die Restehre. Die meisten Golfanlagen haben für jedes Loch mehrere Abschlagmarkierungen, um den verschiedenen Handicap-Klassen der Golfer gerecht zu werden. Diese Abschlagplätze sind mit ihren Entfernungen pro Loch in der Zählkarte erfaßt. Von den vorderen Tees spielen im allgemeinen außer den Damen auch Kinder und Senioren. Die sogenannten normalen Abschläge benutzen hauptsächlich Herren und einige wenige Damen mit gutem Handicap. Von den Championship-Tees, von denen die Bahnen am längsten sind, schlagen Herren mit niedrigen Handicaps und die Profis ab. Um den Platz zu schonen, fahren wir niemals mit der Karre über den Abschlag und zwischen Grün und Bunker.

Auf dem Fairway spielt immer der zuerst seinen Ball, der noch am weitesten vom Loch entfernt liegt. Selbstverständlich schlagen wir nur, wenn wir sicher sind, daß die Gruppe von Spielern, die sich vor uns befindet, außer Reichweite unseres Schlags ist. Falls wir einen Ball verschlagen und fünf Minuten in Ruhe nach ihm suchen wollen, bitten wir die dicht hinter uns Spielenden, durchzuspielen. Eine Flight-Überholung soll den Spielfluß auf der Anlage aufrechterhalten. Doch Vorsicht, wir lassen uns deshalb nicht zu ungewöhnlichen Aktionen verleiten, die aus der Durchspielhektik entstehen und uns einen oder mehrere Schläge kosten. Ferner gehört selbstverständlich zur Etikette, Fußspuren im Sandhindernis glatt zu harken. Danach legen wir den Rechen außerhalb des Bunkers in Spielrichtung ab. Auf dem Fairway sammeln wir Divots wieder ein, legen sie zurück und treten sie fest. Am Abschlag legen wir jedoch kein Divot zurück, der nächste Spieler könnte im Schwung den Stand verlieren und mit dem Fuß auf dem lockeren Divot ausrutschen. Finden wir allerdings einen kleinen Behälter mit Grassamen und Erde am Abschlag oder Golfwagen, schütten wir eine Schaufel auf die Platzwunde. Selbstverständlich reparieren wir Pitch-Marken, die nach dem Aufprall des Balls auf dem Grün Beschädigungen verursachten. Auf dem Grün bewegen wir uns so, daß wir nie auf die Putt-Linie eines Mitspielers treten. Wir stehen auf dem Grün immer außerhalb des Blickwinkels eines Mitspielers, der gerade putten will. Golfwagen oder Taschen stellen wir stets in Richtung zum nächsten Abschlag.

Bedienen wir den Fahnenstock, achten wir darauf, daß unser Schatten nicht auf Loch oder Putt-Linie fällt. Kommt der Ball direkt aufs Loch zu, ziehen wir die Stange rechtzeitig heraus. Bei Wind halten wir die Fahne fest. Unseren Ball auf dem Grün markieren wir unmittelbar hinter ihm mit einem weit sichtbaren Marker. Haben wir den letzten Putt versenkt, nehmen wir ohne Verzögerung unseren Ball aus dem Loch – nicht mit dem Putter-Kopf, der beschädigt leicht den Lochrand. Zum guten Stil gehört es, dabei laut die Schlagzahl zu sagen, bevor es vom Grün geht. Ferner ist es fair, nach dem Putten auffällige Spikes-Marken zu beseitigen.

Etikette dient der Sicherheit

Stockt der Spielverlauf ständig, ist das kein Grund durchzudrehen und dem im Schneckentempo vor uns spielenden Flight den Ball in die Hacken zu schlagen. Dieses flegelhafte Verhalten kann ins Auge gehen und böse Verletzungen nach sich ziehen. Auf Anhieb traut dem 45,93 Gramm leichten kleinen Ball mit den vielen sanften Dellen keiner schwere Verletzungen zu. Irrtum! Ein Spitzenspieler schafft es, den circa 200 Gramm schweren Schlägerkopf mit einem rund 60 Gramm leichten Schaft in einer fünftel Sekunde auf über 150 Stundenkilometer zu powern und den ruhenden Ball mit etwa 190 Stundenkilometer Geschwindigkeit davonzuschießen. Genügend freiwerdende Kräfte für ernsthafte Verletzungen bei Menschen. Und wie schnell ein Schlag mißglückt, weiß jeder, der schon mal einen Schläger geschwungen hat. Deshalb gilt vor jedem Schlag strikt: Überzeuge dich, daß niemand in der Nähe steht und keiner auf der Bahn vom Ball getroffen werden kann.

Auf Ballhöhe bleiben

Erfahrene Golfer fürchten ihn wie Blitz und Donner: den Socket (siehe Seite 75), der jedem von uns zwischen Tee und Grün begegnen kann. Der Horrorschlag, bei dem statt des Schlägerblatts der Schaft den Ball trifft und dieser fast rechtwinkelig davonknallt. Drängler, die zügigen Spielverlauf demonstrieren und stets über die Ballhöhe des Mitspielers hinausschreiten, sind leicht Opfer und Zielscheibe eines solchen tückischen Fehlschlags.

Bummler und Schleicher

Nervtötendes Warten vor jedem Schlag, weil der Flight vor uns extrem langsam ist, verdirbt vielen den Tag. Manche verlieren dadurch beim Turnier Rhythmus, Konzentration und den sichergeglaubten Sieg. Für unangemessene Verzögerungen gibt es

Strafen: zwei Strafschläge im Zählspiel; bei Lochspiel Lochverlust; im Wiederholungsfall Disqualifikation. Doch sie werden kaum verhängt. Im Gegenteil, die Strafe für Bummler wurde 1996 entschärft. Die Spielleitungen haben seither die Möglichkeit, Golfer im Schneckentempo mit einem Strafschlag zu ahnden. Langsames Spiel nachzuweisen ist aufwendig, die Spieler müssen vorher ermahnt werden, daß sie ihren Abstand verloren haben. Die Zeit eines jeden Spielers, der jetzt zu schlagen hat, muß gemessen werden usw. usw. Bei clubinternen Turnieren wegen fehlender Platzrichter ein hoffnungsloses Unterfangen. Übrigens: Flights, bei denen die Spieler ihre Taschen tragen, spielen die Runde in der Regel um zwanzig Minuten schneller als Partien, die mit dem Golfkarren unterwegs sind.

◀ *Das Schild fordert zum zügigen Spielen auf. Lange Par-3-Löcher, bei denen oft Flights auflaufen, werden auf manchen Plätzen als Call Hole entschärft. Der vorher spielende Flight geht oder puttet erst auf dem Grün, nachdem der nachfolgende abgeschlagen hat. Der Sand unter dem Schild dient der Ausbesserung von Divot-Mulden nach dem Abschlag* ***Rose Garden, Bangkok***

Zur Beschleunigung des Spiels trägt wesentlich bei, daß wir uns bereits auf dem Weg zum Ball Gedanken über den nächsten Schlag machen. Manche Flights gehen nach dem letzten Putt auf dem Grün noch einmal die Schlagzahlen durch und halten den nachfolgenden Verkehr auf. Wir vergleichen die Resultate und schreiben erst weit weg vom Grün oder am nächsten Abschlag die Ergebnisse auf die Zählkarte. Eine erstaunliche Tatsache am Rande: Slow-Play führt keineswegs zu besseren Resultaten. Messungen in einzelnen Spielabschnitten auf der Runde bestätigten, daß immer dann der Ball schlecht getroffen wurde, wenn mehr als fünfzehn Sekunden für die Vorbereitung benötigt wurden. Also, Schneckenspieler, sputet euch – auf Zeit zu setzen bringt im Golfsport nichts.

Fore!

Fore! Ein Warnruf, der signalisiert, daß der Ball eines Spielers vom rechten Weg abgekommen ist und gefährlich über den Platz schießt. Da heißt es, schnell Deckung suchen und den Kopf mit den Armen schützen. Auch wenn nichts passiert ist, zeugt es von gutem Stil, sich von weitem mit einem Handzeichen zu entschuldigen oder bei nächster Gelegenheit persönlich. Im Falle eines Körpertreffers ist der Schütze nicht frei von Schuld, Schadenersatz und Schmerzensgeld. Jeder Spieler ist für seinen Schlag und dessen Folgen verantwortlich, lautet der Tenor der deutschen Gerichtsurteile. Einwände wurden nicht akzeptiert, nur über Mitschuld ließen die Richter bisher mit sich reden. Allerdings nicht im folgenden Fall: Ein Golfanfänger drehte sich beim Fore-Schrei um und wurde zwischen den Augen getroffen. Den

Fore!
Lauter Warnruf nach verschlagenem Ball für Golfer in der Umgebung. Es ist die Abkürzung für englisch: look out before!

▲ *Großzügiger Umgang mit privaten Sonderregeln, die zu mehr Schlägen pro Loch als üblich führen, verzögert das Spiel erheblich.* ***Wack Wack, Manila, Philippinen***

Vorwurf der Verteidigung, der Getroffene habe falsch reagiert, weil er nach dem Fore! nicht sofort das Gesicht mit den Händen schützte und Deckung suchte, wies das Gericht ab. In der Regel haben Golfclubs eine Haftpflichtversicherung. Doch die schließt Ansprüche von Clubmitgliedern untereinander aus. Die Gefahr, auf dem Golfplatz von einem Ball getroffen zu werden oder jemanden zu verletzen, ist relativ gering. Dennoch empfiehlt es sich, vor einer Golfreise eine private Haftpflicht mit weltweiter Geltung abzuschließen.

Grundsätzliches zum Turnier

Die Macht der Gewohnheit spielt eine entscheidende Rolle. Bei vielen sinkt das Spielvermögen auf der privaten Runde gegenüber dem Golfturnier beängstigend tief. Geschenkte Putts und Mulligans entfallen, zudem wird im Zählwettspiel jeder Schlag erfaßt. Ein Loch streichen geht bekanntlich im Turnier bloß bei Stableford und im Spiel gegen Par. Zudem wird bei vorgabewirksamen Turnieren von ganz hinten gespielt, und die Fahnen sind auf den Grüns gemeiner als sonst plaziert. Genug Gründe für manche, ihre gesamte Spielweise auf den Kopf zu stellen. Statt sich auf ihre bewährten Fähigkeiten zu besinnen, manövrieren sie sich mit ungewohnt aggressiven Kunstschüssen oder verhaltenem Schwingen schnell in eine Sackgasse. Gegen Wettkampfstreß hilft ein solider 18-Loch-Spielplan, aus durchschnittlichen Schlägen zusammengestellt, der im Lochwettspiel den Gegner zermürbt und im Turnier zuverlässig hält. Wunschdenken ist es, ein paar spektakuläre Hits würden mehrere Aussetzer aufheben. Schließlich bestimmt die Summe der Patzer, die auf der Runde passieren, den Handicap-Standard eines Spielers. Deshalb wägen wir vor jeder Schlagausführung die Erfolgs- und Mißerfolgsaussichten gleichermaßen ab! Stimmen Griff, Schwung und Stand, halten wir uns auch psychologisch im Gleichgewicht. Im Rahmen unserer Spielmöglichkeiten befinden wir uns dann schneller, als wir denken, auf der Siegerstraße.

Planen mit Köpfchen

Löcher, die in letzter Zeit an unserem Nervenkostüm zerrten, gehen wir in unserer Vorbereitung strategisch an, indem wir uns einen Bonusschlag gewähren. Zum Beispiel nehmen wir so dem heimtückischen langen und engen Par-3-Loch – vor dem Grün lauern mannstiefe ***Pot-Bunker*** – seinen Schrecken. Ein vor dem Wettkampf erstellter Spielplan soll beruhigen und an-

Pot-Bunker
Kleines, tiefes, rundes Sandhindernis, aus dem schwer zu spielen ist. Kommt meist auf Dünenplätzen vor

stehende Spielsituationen entschärfen. Den Blick fürs Wesentliche freimachen. Einfach draufloshauen nach dem Hit-and-hope-Prinzip gehört mit Sicherheit nicht dazu. Zuerst analysieren wir in Gedanken die Gestaltung unseres persönlichen Fahr- bzw. Spielplans nach momentaner Gefühlslage und Schlagstärke. Sicher fällt nicht jeder Schlag als Hit aus. Doch je öfter es gelingt, Bälle an einer vorher bestimmten Sicherheitszone zuverlässig abzulegen, um so eher reduzieren sich die Schlagzahlen pro Spielbahn. Beim Formen unseres Fahrplans helfen uns auch Kenntnisse um und auf dem Grün. Dort bevorzugte ebene Lagen zum einfacheren Pitchen, Chippen und Putten helfen uns, Schläge einzusparen. Deshalb vergessen wir schnell den gewagten Drive auf einem langen Par-5-Loch, bei dem der Ball mit hoher Wahrscheinlichkeit im Wald oder Wasser verschwindet. Auch wenn das riskante Manöver letzte Woche mit unseren Freunden gelang.

Der psychologische Druck ist groß, und Mulligans gibt es bekanntlich nicht im Turnier. Risiko vermeiden, heißt es auch bei der persönlichen Platzeinteilung. Auf dem Abschlag Weite ignorieren und nur Schläge auf dem Fairway ausführen, die erneut dort landen oder von dort aufs Grün treffen, ist unser Hauptziel. Lange Hölzer und Eisen verhindern das meist. Kürzere Schläger dagegen steigern die Garantie, den Ball im Spiel zu halten.

Keine Experimente am 1. Tee

Profis begrüßen sich kurz zur Tee-Time. Tauschen ohne Umschweife die Score-Karte und sagen immer laut, welchen Ball und welche Nummer sie gerade spielen. Eine Vorgehensweise, die viele Amateure übernommen haben. Mit der Vielfalt der Plätze und dem Erfahrungsschatz unzähliger Turniere im Kreuz ändert sich zwar das Spiel des Golfers, dennoch bleibt keiner in seiner Konzentrationsfähigkeit vom Kurs, Wetter und seinen Mitspielern unabhängig. Gründliche Wettkampfvorbereitung und intensives Einschlagen nehmen bereits Last vor dem Moment der Wahrheit, dem ersten Tee-Shot im Turnier.

Ohne übertriebene Hast gehen auch wir ans Werk. Halten uns fest an die gewohnte Routine. Schlägerauswahl ist längst getroffen, Zielgebiet festgelegt und wohin wir auf keinen Fall schlagen wollen. Sobald wir am Ball stehen, lassen wir uns von nichts mehr ablenken. Konzentrieren uns ausschließlich auf den bevorstehenden Schlag. Verlieren keineswegs Gedanken ans Fehler-Vermeiden, und – ganz wichtig: nichts neu überdenken im Schwungverlauf! Schweifen die Gedanken ab, verlieren wir Entschlossenheit, Schlagkontrolle und schlimmstenfalls den Ball.

Auch denken wir nicht an den seltsamen Begrüßungsspruch eines Spielers, der eigentlich nichts dafür kann, uns aber auf Anhieb unsympathisch erschien. Manchmal lenkt ein Mitspieler schon durch sein Erscheinungsbild unbewußt ab. Sein schnurgerader Drive bis zum Horizont kann uns verleiten, ihn in Ballansprache, Schwung oder Haltung nachzuahmen. Alles keine guten Gründe, plötzlich seiner eigenen Spielweise untreu zu werden!

Verhauener Beginn

Leider gibt es gegen schlechte Schläge kein Allheilmittel. Sie sind Teil des Spiels. Passieren sie guten Golfern, bleiben diese in der brenzligen Situation gelassen und denken ruhig über den nächsten Schlag nach. Das ist das Geheimnis der Golfgroßmeister, die nicht leicht aus der Fassung

Swing-Key
Eine nützliche Eselsbrücke, um beim Schwingen nichts zu vergessen. Maximal drei Schwunggedanken sollten es sein. Man notiert sie beispielsweise auf der Rückseite einer Visitenkarte. Im Laufe eines Golferlebens verändern sich die Schlüsselgedanken

Timing
Ganz harmonische Schwungbewegung durch die einzelnen Körperteile, bei der Tempo und Rhythmus mit optimaler Geschwindigkeit des Schlägerkopfs den Ball gut treffen

kommen und es verstehen, sich sofort wieder aufzurappeln. Manche ziehen kurz ihren ***Swing-Key*** zu Rate. Konzentriert spielen sie dann meist einen besseren Schlag nach.

Amateuren wachsen die Probleme schnell über den Kopf. Sie kriegen feuchte Hände und verhauen eine Reihe von Schlägen, bevor sie sich wieder fangen. Oft wird versucht, den mißglückten Schlag ins Rough durch einen Sonntagsschuß wettzumachen. Der Recovery-Versuch endet dann im Desaster. Wodurch wurde der harte Schicksalsschlag ausgelöst? Abgehetzt angekommen, keine Bälle geschlagen, gleich zum Abschlag gerannt. Leider bei vielen Golfern üblich. Logisch, daß Sicherheit in ***Timing*** und Technik auf der Strecke bleiben. Manchmal sorgt auch ein Platzwechsel oder die Gegenwart unbekannter Golfer für Nervenbelastungen. Dann atmen wir tief durch und gehen nichts überstürzt an. Bestimmt läßt die Wende zum Guten nicht lange auf sich warten. Doch wir versuchen keineswegs, einen Fehler – oder nennen wir's besser Pech – sofort mit dem nächsten Schlag auszubügeln. Glauben vielmehr an die Wahrscheinlichkeit, daß gute Schläge und Pech sich auf 18 Löchern ausgleichen.

Dank des banalen Gedankenmusters finden wir uns viel leichter mit dem persönlichen Mißgeschick ab und spielen ruhiger und gelassener weiter. Danach überrascht uns Golf oft noch mit angenehm vielen glücklichen Schlägen.

Vom Superstart zur Katastrophe

Die Erwartungen sind bei weitem übertroffen. Wir liegen super im Score. Wie aus heiterem Himmel bricht der Schwung zusammen, und wir spielen eine Serie von Doppel-Bogeys. Dabei begann die Runde so sensationell gut. Wo liegen die Gründe für den Einbruch? Ermüdungserscheinungen treten auf. Mangelnde Kondition und fehlende Konzentration, wenig Schlaf, zuviel Alkohol die Nacht davor können ins Verderben führen. Auch übermäßige Hitze, Kälte, Regen und Wind schlagen aufs Gemüt und kosten Nerven, ebenso wie das langsame Spiel des Flight vor einem.

Manche werden plötzlich gierig. Versuchen, weiter zu schlagen, als es ihnen technisch überhaupt möglich ist, und verkrampfen unwillkürlich. Besser wäre, sie zögen in so einer Phase nur noch bequeme Schläger aus dem Bag, entscheiden sich beispielsweise gegen ein kraftvoll zu schwingendes Eisen 6 und wählen dafür ein lockeres Eisen 5.

Übertriebene Rivalität mit dem Flight-Partner führt auch zu Rhythmus-Aussetzern im Schwung. Oft verleitet ein Longhitter in der Gruppe dazu. Länge und Resultatsdenken gehören sicher zu den Hauptauslösern, plötzlich Schwungveränderungen vorzunehmen, an denen das Spiel zerbricht.

Wohlgefühle verbessern schnell den Schwung. Geraten wir jedoch unter Druck, wird unsere Atmung flacher. Unser Körper erhält zuwenig Sauerstoff. Das kann unter Umständen die klaren Gedanken beeinträchtigen. Also atmen wir vor jedem schwierigen Schlag besonders tief durch. Dadurch verlaufen unsere Aktionen wieder ruhiger und entspannter.

Unsicherheit auf der Runde

Banale Dinge rauben Spielern gern die Turnier-Konzentration. Kurvenschlag, Ball am Baum oder im Divot, wechselnde Wetterlage, Spuren im Sand, holprige Grüns.

An manchen Tagen zieht sie sogar die Aus-Grenze magisch an. Ein Ball nach dem anderen verschwindet dort. Gründe dafür sind überwiegend in unserer Verhaltensweise auszumachen.

Halbherzig geschwungen, nicht durch den Ball gegangen und den Schlag nicht zu Ende geführt, verlieren wir gleich zu Beginn das Selbstvertrauen und bleiben unausgeglichen. Steigern die negative Erwartungshaltung im Unterbewußtsein für den nächsten Schlag. Die wachsende Unsicherheit drückt sich dadurch aus, daß wir keine Entscheidung darüber fällen können, welchen Schläger wir nun aus dem Bag ziehen. Es gelingt uns nicht, die inneren Ablenkungen zu ignorieren. Einige Spieler, die im Turnier hoffnungslos zurückgefallen sind, fangen an, mit dem Schwung zu experimentieren. Versuchen mit Gewalt auf den letzten Löchern, den verloren geglaubten Schwung wiederzufinden.

Von einem Schlag zum anderen werfen sie ihre antrainierte Routine und ihr gesamtes Schwungverhalten über Bord, statt sich ans bewährte Schwungmuster zu halten. Sich treu bleiben, auch in schwierigen Phasen, wenn es einmal nicht so läuft wie gewohnt, ist sicher auch eines der vielen Geheimnisse von großem Golf. Wer sich bemitleidet und enttäuscht ist, weil er viel trainierte und deswegen heute bessere Schläge verdient hätte, kapiert das Spiel nie. Gutes Golf läßt sich nun mal nicht auf die schnelle lernen. Geduld und Ausdauer zahlen sich immer aus, intensives Üben leider meist viele Wochen später!

Nervenflattern gegen Ende einer Superrunde

Heute läuft es. Doch plötzlich: Das Glück, das wir bisher hatten – getoppte Bälle lagen am Stock, ein Slice stoppte einen Meter vor dem Wasser –, verläßt uns. Nur Nerven bewahren, daß jetzt nichts Verheerendes mehr passiert. Profis auf der Tour und Wochenendgolfer bei Clubwettspielen kennen das Gefühl, wenn es ums Ganze geht. Noch dieser kurze Meter-Putt, und der Sieg ist sicher. Jeder Zentimeter auf der Putt-Linie wird fixiert. Warum die Angst? Heute sind doch schon ganz andere Putts aus fünf, sieben und zehn Metern ins Loch gefallen. Spielen die Nerven mit? Set-up, Probeschwung, dann Putt. Der Ball läuft aufs Loch zu, schaut hinein und springt am Lochrand heraus. Müdigkeit in Muskeln oder Kopf sind die Ursache.

Bleiben wir um jeden Preis in der Gegenwart und vor dem unmittelbar bevorstehenden Schlag. Auf keinen Fall dürfen sich unsere Gedanken mit dem letzten Loch oder der Siegesansprache befassen. Dazu haben wir nach dem letzten Putt noch genügend Zeit. Bei zuviel Gedankenfrequenz entscheiden wir uns für weniger Risikoschläge, so nehmen wir für die Annäherung in hohem Bogen statt des Sandeisens besser das sichere 9er-Eisen für einen flachen Pitch mit mehr Ausrollen.

Gönnen können

Egal was der Kerl macht, der Ball fällt ins Loch. Unser Mitspieler liegt auf der letzten Bahn phantastisch. Zu seinen guten Schlägen liegt dem Menschen auch noch das Glück zu Füßen. Bälle, die im Aus waren, springen vom Felsen aufs Spielfeld zurück. Oder er trifft einen Baum, und der Ball landet nah an der Fahne. Wir sind neidisch. Wie stellen wir das ungünstige Gefühl ab, mit dem wir uns schnell körperlich und seelisch vergiften können? Die Kölner pflegen in ihrem Dialekt zu sagen: »Man muß auch jönne könne.« Das hilft als So-

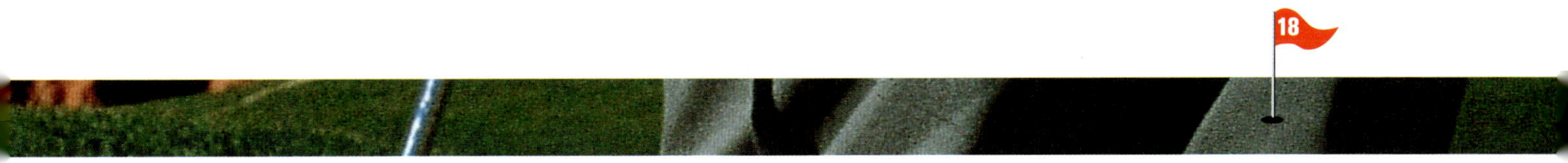

fortmaßnahme vielleicht. Doch langfristig sollten wir uns grundsätzlich mit dem Problem Mißgunst beschäftigen und fragen: Woher nehmen wir das Recht, jemandem etwas zu mißgönnen? Haben uns die vielen Werbebotschaften geprägt, die einem einreden: Wir müssen und können alles haben? Gehen wir nach der Runde zu dem vermeintlichen Glückspilz und fragen ihn nach seinem Erfolgsgeheimnis. Vielleicht erfahren wir, daß er in dieser Saison einen guten Trainer fand, viele Stunden auf der Übungswiese verbrachte und seine Einstellung zum Spiel änderte. Früher ließ er sich schnell ablenken.

Besserlegen
Wird wegen Wetter und Jahreszeit auf manchen Plätzen gespielt: Die vorübergehende Ausnahmeregelung erlaubt, den Ball auf dem Fairway zu markieren, sauber zu machen und innerhalb einer Score-Karte in eine bessere Lage bringen

Score
Als Score wird das Schlagergebnis an einem Loch und die Summe aller Schläge auf allen 18 Löchern bezeichnet

Ruhig Blut im Regelstreit

Viele Golfer mogeln sich ihr Leben lang lieber auf dem Platz durch, als einmal ein Regelbuch, das sich wahrlich nicht wie ein spannender Krimi liest, aufzuschlagen. Doch Unwissenheit schützt auch hier nicht vor Strafen. Gerade bei Turnieren kann es entscheidend sein, die mitunter komplizierten Regeln des Sports zu beherrschen. Ein Grund für erfahrene Golfer, stets eine Taschenausgabe in der Golftasche zu haben. Zudem gibt es Bücher, die anhand von Beispielen aus dem Alltagsgolf knifflige Regelfragen hervorragend erklären. Im Idealfall können Schwierigkeiten auf der Runde damit einfach gelöst werden.

Doch nicht immer wird man sich mit dem Zähler, der gleichzeitig auch Schiedsrichter seines Gegners ist, einigen. Profis haben es einfach. Sie rufen im Wettstreit schnell einen Platzrichter herbei. Clubgolfer spielen bei Regelunstimmigkeiten am besten an dem Loch einen zweiten Ball. Die Spielleitung entscheidet dann nach der Runde, ob ein Regelverstoß vorliegt. Anfänger neigen dazu, sich eher nicht mit dem Gegner anzulegen. Zum Teil um des lieben Friedens willen, andererseits aus Berechnung, die Regeln auch in schlechter Lage großzügig auslegen zu dürfen. Auch wenn Regeldiskussionen einen unerfreulichen Nebeneffekt haben, wir sollten ihnen nicht aus Bequemlichkeit oder Feigheit aus dem Wege gehen. Einsteiger sind gut beraten, die Regel-Abende in den Clubs zu besuchen. Solides Regelwissen bewahrt nicht nur vor vermeidbaren Strafschlägen, es kann auch Schläge einsparen helfen. Alle vier Jahre werden die Regeln, die sich aus der Praxis ergeben, aktualisiert. Weltweit zuständig für Änderungen sind der Royal & Ancient Golf Club of St. Andrews (R & A) und die US Golf Association (USGA).

Reglement und Score-Karte

Viele Spieler stellen nach dem ersten Loch die Frage: Was spielen wir denn heute eigentlich? Sie wissen über die Wettkampfform genausowenig Bescheid wie über Besonderheiten der Turnier-Ausschreibung. Oft ergeben sich dadurch Nachteile, weil sie die besonderen oder zeitweiligen Platzregeln, wie ***Besserlegen*** auf dem Fairway, gar nicht kennen.

Ständige Platzregeln finden wir auf der Rückseite der Zählkarte. Sie ist das Dokument, auf dem der ***Score*** pro Loch festgehalten wird. Werden Eintragungen falsch geführt, auch unwissentlich, oder die Unterschriften des Zählers oder Spielers vergessen, führt das zur Disqualifikation vom Wettspiel. Manchmal kommt man bei falscher Buchführung mit einem blauen Auge davon, wenn nicht gemachte Schläge erfaßt wurden. Bei der Aushändigung der Score-Karte prüfen wir deshalb automatisch, um welche Art Wettspiel es geht. Stimmen Name, Datum und das eingetragene Handicap? Ist die Vorgabe falsch? Dann muß beim Lochspiel sofort und beim

Zählspiel spätestens vor Unterschrift und Abgabe eine Korrektur erfolgen. Wer mit zu hoher Vorgabe betrügt, wird disqualifiziert. Eine zu niedrige Vorgabe gewertet, wie geschrieben. Je nach Wettspielform achten wir darauf, ob die entsprechende Anzahl der Vorgabe-Löcher und Schläge nach der Handicap-Verteilung auf den richtigen Löchern angekreuzt wurde. Noch am 1. Tee tauschen wir unsere Score-Karte mit einem Mitbewerber. Auf manchen Karten ist der Name des Zählers vermerkt. Jeder Mitspieler im Flight ist auch gleichzeitig Zähler. Auf der vorgesehenen Seite tragen wir an jedem der 18 Löcher die Bruttoschlagzahl, also die Zahl der tatsächlich erreichten Schläge, ein. Nach jedem Loch fragt der Zähler den Mitspieler, den er schreibt, nach der Schlagzahl. Stimmt sie mit seiner überein, notiert er die Zahl. Spieler und Zähler prüfen nach Beendigung der Runde alle Zahlen genau. Danach unterschreiben sie die Zählkarte.

Bei Regelunklarheiten gehen die Spieler zur Spielleitung oder Regelkommission, bevor sie die Zählkarte unterschreiben und abgeben. Danach darf nichts mehr auf der Karte verändert werden. Die Zählkarten müssen sofort – vor dem Duschen oder dem Drink – im Sekretariat zur Auswertung abgegeben werden.

Score-Karte

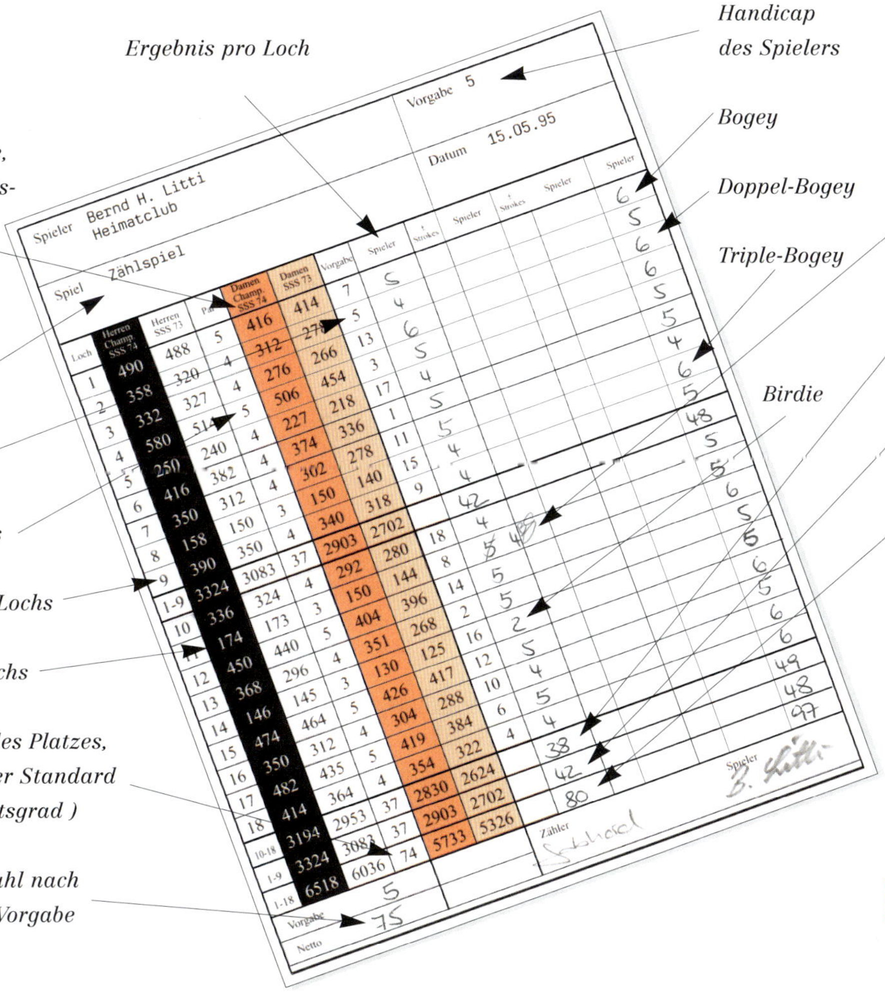

Spieler Bernd H. Litti Heimatclub
Vorgabe 5
Datum 15.05.95
Spiel Zählspiel

Loch	Herren Champ. SSS 74	Herren SSS 73	Par	Damen Champ. SSS 74	Damen SSS 73	Vorgabe	Spieler	Spieler (rechts)
1	490	488	5	416	414	7	5	6
2	358	320	4	312	278	5	4	5
3	332	327	4	276	266	13	6	6
4	580	514	5	506	454	3	5	6
5	250	240	4	227	218	17	4	5
6	416	382	4	374	336	1	5	5
7	350	312	4	302	278	11	5	4
8	158	150	3	150	140	15	4	6
9	390	350	4	340	318	9	4	5
1-9	3324	3083	37	2903	2702		42	48
10	336	324	4	292	280	18	4	5
11	174	173	3	150	144	8	~~5~~ 4	5
12	450	440	5	404	396	14	5	6
13	368	296	4	351	268	2	5	5
14	146	145	3	130	125	16	2	5
15	474	464	5	426	417	12	5	6
16	350	312	4	304	288	10	4	5
17	482	435	5	419	384	6	5	6
18	414	364	4	354	322	4	4	6
10-18	3194	2953	37	2830	2624		38	49
1-9	3324	3083	37	2903	2702		42	48
1-18	6518	6036	74	5733	5326		80	97
Vorgabe							5	
Netto							75	

Spieler B. Litti
Zähler Schiel

Zweiter zu werden ist, als ob man seine Schwester küßt ...

Dan Forsman, Golf-Pro

Royal Golf Course, Vale do Lobo, Algarve, Portugal

Nützliches rund ums Clubhaus

Neben der Bewirtung im Clubhaus finden Golfer rundum Anlaufstellen für vieles: Driving Range, Golflehrer, Pro-Shop. Hier steht, wie wir davon profitieren

◄ ***Sporting Club Berlin, Bad Saarow.*** *Neben dem Arnold-Palmer-Platz leuchtet abends der Ball auf dem Clubhausdach*

▲ *Ballwechsel bei Berlin: vom Green aufs Tennisgrün*

▲ *Wie ein Links-Kurs: Nick-Faldo-Platz mit einem der 131 Bunker*

Nützliches rund ums Clubhaus

▲ *Golf ist im Resort längst nicht alles: Stallungen für 50 Pferde und weitläufige Reitwege gehören dazu*

Am Ende schlemmen oder schlagen?

Die nötige Stärkung nach abgemühten 18 Löchern finden Freizeitgolfer weltweit im 19. Loch, dem Clubhaus gleich hinter dem letzten Grün. Golfer sind Genießer, nach dem Erfrischungsdrink an der Bar stärken sie sich im Restaurant. Deftig: Sülze mit Bratkartoffeln. Oder leicht: Loup de Mer mit wildem Reis. Zum Dessert kreisen die Gespräche immer noch um verheerende Schicksalsschläge auf dem Fairway, verunglückte Sandspiele, kümmerlich vorbeigeschobene kurze Putts. Oft endet das feucht-fröhliche Lamentieren erst zu später Stunde.

Blick vom Yacht- und Segelclub aufs Hotel des ***Sporting Clubs, Berlin*** ▶

◀ *Idylle am 15 Kilometer langen* ***Scharmützelsee nahe Bad Saarow***

Pros beseitigen Fehler gleich

Profis verhalten sich nach dem Spiel in der Regel anders als Amateure. Sie umgehen das Clubhaus und stellen Schlagunsicherheiten gleich nach der abgelaufenen Partie ab. Denn jetzt sitzt ihnen das Gefühl vom gräßlichen Schlag noch im Nacken. Der Trainer ist meist mit auf der Driving Range oder dem Putting-Green. Mit verschränkten Armen, breitbeinig aufgebaut, gibt er kurze, knappe Anweisungen. Der Caddie umfaßt gelegentlich die Knie, die Hüften oder hält mal die Schultern fest. Im Stil von Feinmechanikern wird an der Perfektionierung des Schwungverlaufs gearbeitet. Gemeinsam bringen sie Schwung- und Spielweise kompromißlos wieder in Einklang und bereiten sich dabei schon auf den nächsten Turniertag vor. Dauert das Einschlagen vor der Runde eine halbe bis eine Stunde, kann es passieren, daß der Nachschlag doppelt soviel Zeit in Anspruch nimmt. Der runde Golfschwung verlangt es. Neben der Suche nach empfundenen Ecken und Kanten werten Pro und Trainer die Runden-Analyse gezielt aus. So kriegen sie verschlagene Distanzen und ungeliebte Schlägergrößen routiniert wieder in den Griff. Es wird sinnvoll geübt: Nach zehn geschlagenen Bällen folgt eine Verschnaufpause.

Machen Spieler sonst keine Probeschwünge, praktizieren sie das Verfahren auf der Übungswiese konsequent. Auch wenn das Wechselspiel zwischen Probeschwung und Schlag die Trainingszeit verlängert. Denn wettspielgetreues Trainieren mit schwungvollen Schlägen und einwandfreiem Kontakt zwischen Ball und Schlägerblatt stärkt das Selbstvertrauen fürs nächste Match.

Nachsitzen lohnt sich

Anfänger und Gelegenheitsgolfer kostet es Überwindung, nach gequälter Runde direkt den Weg zur Driving Range einzuschlagen. Doch mißratene Schläge haften noch gut im Gedächtnis. Gedanken vom Strafexerzieren auf dem Übungsplatz sollten wir sofort fallenlassen. Ernsthafte kurze und regelmäßige Übungseinheiten anstelle von lang angelegten, seltenen Trainingsperioden befreien effektiv von Schwung- und Spielfehlern. Dabei verrät uns der Flug des Balls viel über Griff, Stand und Schwungverhalten. Wir spielen Bälle aus gemeiner Lage nach, nicht nur die wie auf dem Tablett servierten. Es bringt Abwechslung, in Begleitung zu üben und ein im Wettstreit verpatztes Loch mit entsprechenden Schlägern zu simulieren. Zur Schwerstarbeit darf Golf auf der Driving Range jedoch keinesfalls ausarten. Stets muß Spaß am Spiel im Vordergrund stehen. Zuviel Übung ist der Tod eines natürlichen, zuverlässigen Golfschwungs. Bei Trainingsbesessenen drängt sich häufig der Eindruck auf, daß sie lediglich an der Schwungmechanik arbeiten, nie gefühlvoll am Spiel. Doch nirgends kommt ein gut aussehender Roboterschwung in die Wertung. Gute Spieler schlagen jeden Ball mit voller Konzentration und ganz bestimmter Absicht. Sie behandeln in jedem Übungsabschnitt immer nur ein Problem. Sobald sie das im Griff haben, sind sie in der Lage, es später auf dem Platz umzusetzen. Dort vertrauen sie stur ihrem Schwung, ohne über gutgemeinte Ratschläge von Freunden nachzudenken. Erfolgreiche Golfer interessiert es nicht, wie andere ihren Schwung bewerten oder gar über ihn herziehen. Ihre gleichförmige, wiederkehrende Schwungbewegung gibt ihnen Selbstvertrauen für einen harmonischen Schlagverlauf und hilft ihnen, den Ball ins vorgesehene Zielgebiet zu schießen.

Der Übungsplatz ist ausschlaggebend für alle Veränderungen. Während des Spiels

◄ *Nur auf der Driving Range trainiert man Schwunggrundlagen, niemals im Spiel. Gute Spieler schlagen jeden Ball mit voller Konzentration und ganz bestimmter Absicht. Eingeschlichene Fehler sind nach der Golfrunde noch frisch im Gedächtnis. Am besten gleich mit einem Pro beseitigen*

befassen wir uns nicht mit technischen Schwunggrundlagen, verschwenden keinen Gedanken daran, denn sie blockieren uns bereits im Unterbewußtsein. Selbstbewußt schwingen wir, schweifen nicht ab und denken vor allen Dingen nicht an die vielen Fehler, die wir machen könnten. Imagination heißt unsere Devise auf der Driving Range. Sie versetzt uns in die Lage, abwechslungsreiche Situationen durchzuspielen. Wie oft der Schwung uns beim Spiel im Stich läßt, die Kugel in den Bunker oder ins Rough rauscht, wissen wir vor dem nächsten Spieltag nicht. Mißglückte Schläge, wie sie auch ausfallen, nehmen gute Golfer gelassen hin und vergessen sie schnell. Positive Schläge dagegen behalten sie noch lange im Gedächtnis. Sie dienen ihnen oft als Stütze nach mißratenen Schlägen.

Fitness-Studio auch für Golfer?

Freizeitgolfer lassen sich erst zu Fitness-Übungen im High-Tech-Studio hinreißen, wenn es nach stundenlangem Spiel in frischer Luft im Rücken zieht und in der Schulter zwickt. Wer nichts dem Zufall überlassen will, hält sich fit. Für gutes Golf gehen immer mehr ehrgeizige Spieler in den Kraftraum, um die Muskeln zu stählen, den Kreislauf zu stärken und die Kondition zu verbessern. Früher glaubten die meisten Golfer, damit gehe der rhythmische und lockere Schwung verloren, weil die Koordination der großen Körpermuskeln nicht mehr stimme. Jetzt wissen es viele besser und arbeiten an Fitness-Geräten. Sie haben erkannt, daß Technik, Kraft und Ausdauer eine Schwungkombination fördern, die uns unter dem Druck höchster Anspannungen nicht so schnell im Stich läßt. Zudem vertreten einige Golf-Akademien die Auffassung, daß der Spielraum für Fehler entscheidend geringer ist, wenn der ganze Körper den Schlag wuchtiger bewältigt. Der weitgehend streßanfälligen und empfindlichen Handmuskulatur soll dadurch die Dominanz in der Rotation entzogen werden.

▲ *Fit für die Runde: Einfache gymnastische Übungen wirken Wunder. Sie lockern die Muskeln und räumen Blockaden im Schwungablauf aus dem Weg*

Golf-Gymnastik

Vergessen wir vor dem Spiel Gymnastik und Stretching, riskieren wir Zerrungen in der Schulter- und Rückenmuskulatur und bei übertriebenem Einsatz eine schmerzhafte Überbelastung des Ellbogengelenks, vergleichbar dem Tennisarm. Wir nehmen uns mindestens zehn Minuten Zeit für Gymnastik, denn sie dient nicht nur dem Schwungablauf, sondern auch der Erhaltung unserer Gesundheit.

Nichtgolfer glauben selten, daß es sich beim Kampf mit dem kleinen weißen Ball, angetrieben durch Eisen und Holz, tatsächlich um Sport handelt. Sie vermuten nur eine Form von Spazierengehen mit leichten isometrischen Übungen. Dabei sind die Anforderungen an den Bewegungsapparat erheblich. Die Umsetzung eines relativ hohen Kraftpotentials im Schwungmoment belastet Muskeln, Sehnen, Bänder und Gelenke. Regelmäßige Golf-Gymnastik für Bauch- und Rückenmuskulatur fördert Rhythmus- und Bewegungsgefühl. Seitbeugen verbessert die Rotationsbeweglichkeit. Arme hinter dem Rücken beugt falscher Ansprechhaltung vor. Knie zur Brust stabilisiert Hüften und Becken beim Schwingen. Hüftdrehen optimiert die Drehfähigkeit der Wirbelsäule für den Golfschwung. Wir wahren die

Balance, drehen uns nie zu schnell, um den harmonischen Bewegungsfluß zu erhalten. Auch ohne Geräte kann das Üben Spaß bereiten. Während der Dehn- und Lockerungsübungen bleiben die Schläger in der Tasche.

Überlegungen vor der ersten Golfstunde

Noch ein wichtiger Tip: Machen Sie keine halben Sachen. Fangen Sie den Sport »nur« mit Ihrem (Ehe-)Partner an. Eine 18-Loch-Runde dauert in der Regel vier bis fünf Stunden. Vom Small talk und einem Prost im »19. Loch« ganz zu schweigen.

Früher wählten Anfänger meist einen, der sich schon als Caddie zum Golflehrer berufen fühlte, aus, um sich in die Geheimnisse des Golfsports und des mysteriösen Schwungs einweisen zu lassen.

Schon aus gesundheitlichen Gründen – falsche Technik führt unweigerlich zu Verletzungen und Überlastungsschäden – kommt kein Golfeinsteiger an Stunden bei einem offiziell ausgebildeten Pro vorbei, der Fakten, keine Fiktionen lehrt. Klingen die Erklärungen logisch und verständlich? Geht der Lehrer in der Stunde systematisch vor und später den Ursachen auf den Grund? Oder behandelt er nur Symptome? Leider darf sich in vielen Ländern jeder Pro nennen, der den Ball einigermaßen spielen kann – ein Umstand, den gewisse Reiseveranstalter schamlos ausnutzen. Ahnungslosen Anfängern jubeln sie Hobbygolfer als sogenannte Golflehrer unter, die sich von der Leistungsklasse her im hohen Handicap-Niveau bewegen. Von den nicht vorhandenen pädagogischen Fähigkeiten ganz zu schweigen. Vorsicht, verlockende All-inclusive-Golfpackages, in denen Pitch und Putt in einem beliebten Ferienland preisgünstig garantiert werden, zahlen sich selten aus. Spätestens auf dem Platz kommt die wahre Spielstärke des sogenannten Pros zum Vorschein. »If you pay peanuts, you get monkeys«, kommentieren verärgerte Verbands-Professionals Unterricht in dubiosen Crash-Kursen, die nach acht Tagen einen Freifahrtschein in Form einer ***Platzerlaubnis*** garantieren. Selbst die Pseudo-Professionals wissen, daß dafür auch mit viel Talent Monate nötig sind.

Platzerlaubnis (PE)
Auch Platzreife genannt. Den sogenannten Ritterschlag im Golf erteilt der Pro, der die theoretischen und praktischen Grundkenntnisse prüft

Welcher Pro ist richtig gut?

Versucht uns der Pro bereits in der ersten Stunde – statt Hand anzulegen für den ersten Schwung – einen Schlägersatz anzudrehen, besteht berechtigte Skepsis, ob er nicht doch mehr am Geld als an unserer Golfentwicklung interessiert ist. In der Karriereplanung nimmt der Pro eine Schlüsselstellung ein. Im Idealfall konsultiert der Schüler ihn auch später, um sein Spiel zu stabilisieren. Jedes Frühjahr zum Saisonstart steht er ihm hilfreich zur Seite. Je nach Entwicklungsphase seines Golfs bringt er ihn schrittweise nach vorn. Prinzipiell bevorzugen wir einen Pro, dessen Methode für den richtigen Schlag, Umgangsform und Persönlichkeit uns zusagen. Entspricht er unseren Erwartungen, halten wir ihm die Treue! Kritisches Nachfragen im Vorfeld bei ehemaligen Schülern schützt vor primitiven Programmen, bei denen kübelweise Bälle über die Wiese geprügelt werden. Wir versuchen rauszukriegen, ob der Lehrer ohne Ende über den Bewegungsablauf des Schwungs referiert und ihn langweilig in tausend Einzelteile zerlegt. Scharlatane, die uns vorgaukeln: Golf geht ganz einfach, nur ein bißchen natürlich, instinktiv und intuitiv den Körper drehen, ignorieren wir ebenso wie Versprechungen, ohne Training schnell technische und mentale Stärke zu erlangen.

Doch nicht nur wir stellen Anforderungen, auch der Pro hat Rechte. Er kann erwarten, daß wir eingespielt und pünktlich auf der Trainingsmatte stehen. Respektvoller Umgang knüpft bekanntlich Bande für langfristige Partnerschaften. Das gilt auch für ein ausgeglichenes Verhältnis zwischen Meister und Schüler.

Paßt mein Club-Pro zu mir?

Einige Vereine schaffen es nicht, den Golflehrer langfristig zu binden. Manchmal erfüllen auch die Pros nicht die Erwartungen der Mitglieder. Drängen jedem penetrant Ladenhüter auf und sündhaft teure Reisen für die Nachsaison. Denn längst ist bei manchen Pros der Unterricht nicht mehr Hauptgeschäft, der Handel hat die Oberhand gewonnen. Doch bleiben wir fair: Nicht jeder Lehrer, der einen Verein verläßt, war gleichgültig oder hatte böse Absichten. Unterm Strich gesehen, schadet eine Trennung der Mehrheit der Mitglieder, und ihre Spiel- und Schwungverbesserung stagniert. Zudem: Nicht in allen Clubs betreibt der Golflehrer einen Pro-Shop.

Kleinere Clubs beschäftigen in der Regel nur einen Lehrer. Ein Manko, wie sich oft herausstellt, weil mangelnde Konkurrenz viele Golfpädagogen verleitet, den Unterricht oberflächlich zu gestalten. Es muß übrigens nicht immer ein Vorteil sein, wenn sich Lehrer und Schüler sympathisch finden. Gelegentlich kommt dann die nötige Konsequenz im Unterricht zu kurz.

Gute Pros erkennt man schon nach einer Probestunde: Fragt der Golflehrer nur nach Beruf, Kontostand und Automarke, werden wir mißtrauisch. Hat er sich dagegen intensiv bemüht herauszufinden, ob wir Links- oder Rechtshänder sind, in der Kommunikation ein Audio-Typ, ein Kinästhet oder ein Autodidakt, und welche Ziele wir im Handicap haben, dann können wir uns eine Zusammenarbeit mit dem Pro im Club vorstellen.

Fortschritte mit oder ohne Video?

Die begehrten Trainer der Profis arbeiten, analysieren, kontrollieren und argumentieren vor allem per Video. Sie zeichnen den Schwung von links, rechts, oben und von der Rückseite auf. Ihre Kameras arbeiten synchron, so daß der Schwung von verschiedenen Seiten gleichzeitig beurteilt und begutachtet werden kann. Anregungen und Korrekturen der Trainer werden auf dem laufenden Video festgehalten. Ein Videoprinter druckt wichtige Bilder aus. Golfer aller Spielstärken erkennen so schnell ihre Schwächen. Einige Trainerkollegen dagegen setzen ausschließlich aufs Vertrauen zum Gefühl, lehnen Schwunganalysen durchs unbestechliche Kamera-Auge ab. Sagen, der Unterricht wird dadurch zu sehr von der Technik beherrscht. Ansichtssache!

Training mit Video

Bedienungsfreundliche Camcorder verhindern ziemlich zuverlässig technische Aufnahmefehler. Die Geräte kümmern sich ohne Zutun um Weißabgleich, Belichtungsregelung und sogar ums Scharfstellen. Das allein garantiert noch kein gutes Video, mit dem wir den eigenen Schwung optimieren könnten. Ein gutes Bild besteht aus Vorder-, Mittel- und Hintergrund. Den Hintergrund halten wir frei von trainierenden Golfern oder einer belebten Clubhausterrasse. Das lenkt nur unnötig ab. Der Mittelgrund ist die wichtigste Ebene. Die Kamera sollte die Bewegung in Körpermitte

aufnehmen. Wir unterscheiden mindestens vier Kamera-Ausschnitte: 1. Totale – sie zeigt den Spieler und sein Umfeld. 2. Halbnah – die Kamera zeigt weniger den Spieler, schon eher ein wichtiges Detail, etwa die Griffhaltung, die aus der Totalen herausgelöst wird. 3. Nahaufnahme – vom Spieler sieht man nur das rechte Knie. 4. Großaufnahme – ein starker Ausschnitt wird herausgegriffen und zeigt groß, wie etwa der Zeigefinger den Griff umklammert.

Video mit Selbstauslöser

Einsteigern nützt es nichts, ohne Pro und ausreichende Grundkenntnisse im Golf mit Kamera und Selbstauslöser zu trainieren. Fortgeschrittene Golfer brauchen dagegen nicht auf die persönliche Schwunganalyse zu verzichten. Viele Geräte haben Fernbedienung und Selbstauslöser. Ideal für Autodidakten. In einem solchen Fall ist ein stabiles Dreibein-Stativ von großem Nutzen. Je schwerer, desto sicherer hält es den leichten Camcorder. Zur späteren Stand-, Schwung- und Richtungskontrolle legt man vor dem Aufnahmestart zwei Schläger ins Gras: einen in Richtung Ziel, den nächsten im rechten Winkel. Der Ball wird so plaziert, daß er genau in der Verlängerung des einen Schafts zum Einsatz kommt. Bevor man losschwingt, werden die Grundlagen geprüft: Stand, Griff, Ballposition. Den Schwung- und Bewegungsablauf detailliert erfassen durch High-Speed-Shutter.

Zoomen: eine sinnvolle Einrichtung mit Fernbedienung, wenn sie richtig benutzt wird. Das Zoom-Objektiv erlaubt, langsam auf den Spieler zu- oder von ihm wegzufahren, ohne die Kameraposition zu verändern. Wer allerdings unentwegt vom Weitwinkel zum Tele, also von der Totalen zur Großaufnahme, hin- und herfährt, verwirrt sich selbst und nimmt sich die Chance zur genauen Schwunganalyse. Außerdem bedeutet Zoomen erhöhten Stromverbrauch. Also Achtung: Der Zoom-Effekt sollte nur gezielt zum Einsatz kommen.

Gute Aufnahmen ergeben sich zum einen aus frontaler Sicht auf den Spieler und zum anderen aus seitlicher. Man wird erstaunt sein, die Unterschiede zwischen Gefühl und Wirklichkeit zu sehen, zwischen dem, was während des Schwungs empfunden wird, und dem, was wirklich passiert.

Video-Auswertung

Wir beachten folgende Punkte beim Auswerten der frontalen Kameraposition: Entspricht der Fußstand der Schulterbreite? Stimmen zu Beginn des Rückschwungs die Schulterdrehung und die Gewichtsverlagerung des Körpers? Geht das Gewicht im Rückschwung rechtzeitig vom linken aufs rechte Bein? Drehen sich die Hüften mit? Haben sich die Schultern um 90 Grad gedreht? War der Körper im Schwungablauf synchron? Haben wir den Ball im Sweetspot getroffen? Wechselten wir im Durchschwung rechtzeitig das Gewicht vom rechten auf den linken Fuß? Stimmen Körper- und Schlägerhaltung in der Schwungendposition? Stehen wir ausbalanciert da?

Wenn die Kamera seitlich von uns steht, beachten wir beim Analysieren folgende Punkte: Hängen die Arme bei der Ballansprache entspannt hinunter? Kopfhaltung, Wirbelsäulenneigung? Hüfte, Arme in Aktion? Ellbogenverlauf, Knie richtig gebeugt? Stimmt die Schwungebene? Verläuft die Hüft- und Schulterdrehung richtig? Zeigt das Schlägerblatt im Rückschwung zum Ziel? Leitet das linke Knie den Abschwung ein? Geht nach dem Ballkontakt der rechte Fuß mit, und zeigt er nach vorn? Wie weit ist der Absatz ange-

Alles fürs Golfbag

Besonnen stellen wir unsere Golfausrüstung zusammen. Hölzer und Eisen entsprechen Alter, Körperbau, Kraft, Häufigkeit und Fähigkeit des Spiels. Maximal 14 Schläger kommen in die Golftasche. Für Plätze mit viel Wasser ist eine ausziehbare Golfangel hilfreich

Weitere nützliche und persönliche Utensilien
Schlägerhaube, Golftaschenfolie, Regenanzug, Handtuch und Ersatzhandschuhe im Plastikbeutel, Windjacke, beidseitige Allwetterhandschuhe, Regelbuch, Rillenbürste, Stift für wasserfeste Ballkennzeichnung, Kosmetiktäschchen mit Gel gegen Mückenstiche, Medizin, Pflaster, Schere, Papiertaschentücher, Sonnencreme, Sonnenbrille, Sicherheitsnadeln, Schnürsenkel, Spikes und Spikes-Schlüssel – genügend Getränke und Proviant nicht zu vergessen

hoben? Stimmt die Schlußposition, ist der Stand ausbalanciert, und zeigen die Hüften im 90-Grad-Winkel oder darüber zur Ziellinie?

Streifzug durch den Pro-Shop

Golfgroßmeister gehen pingelig mit dem gesamten Inhalt ihrer Tasche um. Sie wissen aus Erfahrung, wie wichtig gepflegte und präzise Waffen sich auf perfekte Schüsse auswirken. Doch neben 14 handverlesenen Schlägern, mit denen sie gern unterwegs sind, packen sie sorgfältig weitere nützliche Sachen in die Golftasche (siehe Seite 214), so daß Platz und Klima keine große Rolle spielen.

Welcher Ball fliegt noch weiter?

Auch im Pro-Shop können viele Einsteiger ihre unersättliche Gier nach Weite nicht unterdrücken. Sicher gehört die Frage nach dem längsten Ball zu den am häufigsten gestellten. Innerhalb einer Machart gibt es unter den rund 750 Sorten auf der Welt kaum gravierende Längenunterschiede. Zwar protzen manche Hersteller in der Werbung, den wahren längsten Ball zu haben. Doch bei kritischer Betrachtung kommen die Testmethoden ins Wanken. Mit verschiedenen Drivern, zum Teil mit Eisen 5, und unterschiedlichen Schlägerkopfgeschwindigkeiten werden intern oft geschönte Mischergebnisse erstellt.

Ein unabhängiges, einheitliches Testverfahren für Ballproduzenten gibt es bisher nicht. Nur die obersten Regelwächter der technischen Abteilungen der USGA benutzen für ihre Testuntersuchungen eine neutrale Schlagmaschine. Ohne kostenpflichtigen Test erhält übrigens kein Ball Turnierfreigabe. Das offizielle Gerät für objektive Weitenmessung verrät unbestechlich die Flugbahn – bekanntlich abhängig von den Grübchen auf der Balloberfläche, dem Auftreffwinkel der Schlagfläche und weiteren Details wie Flug- und Ausrollänge. Eigentlich überflüssig zu erwähnen, daß kein Mensch dem Schwungverhalten des Roboters entsprechen kann und den Ball regelmäßig gleich weit schlägt. Wegen der Vielzahl der Schläger-, Schwung- und Spielertypen bleibt der geradlinige Schlag bis zum Horizont durch einen idealen Ball weiterhin ein Traum.

Kurzum: Gute Golfer bevorzugen gewickelte Bälle mit einer Balata-Schale. Keine andere Ballart hat so viel Backspin, stoppt so schnell und hat eine besser berechenbare, flache Flugbahn. Wochenendgolfer bevorzugen Two-Piece-Bälle mit Surlyn-Schale, die geringeren Side- und Backspin bieten, dafür höher fliegen. Bloß auf besonders weichen Grüns stoppen diese Bälle verhältnismäßig schnell. Meist ist der Sprung nach der Landung wesentlich höher, vielleicht zwei Meter im Vergleich zu einem Meter beim Balata-Ball. Die Kombination gewickelter Ball mit Surlyn-Schale liegt irgendwo dazwischen. Genauso wie der neu entwickelte Ball nach dem Multi-Layer-Prinzip oder die Four-Piece-Konstruktion mit Double-Cover.

Schläger von der Stange oder nach Maß?

Das Nachäffen von Star-Eigenheiten geht bei Einsteigern und Clubgolfern gelegentlich so weit, daß alles, was die Cracks bewerben, auf dem Kopf und sonstwo getragen bzw. geschwungen wird. Doch gerade Schläger, die Tour-Profis mit ihren Namen propagieren, sind nicht vergleichbar mit dem Modell im Pro-Shop. Ihre Schlaginstrumente stimmen Stars individuell auf

Timing und Technik ab, passen Griffstärke, Schaftflex, Loft, Lie und Sohle ihren Bedürfnissen an. Persönliche Korrekturen an unseren Waffen können auch wir nach stabilisiertem Schwungverhalten von ***Club-Makern*** durchführen lassen.

Club-Maker
Englische Bezeichnung für Schlägerbauer

Newcomer spielen am sinnvollsten mit zurückversetzten (offset) großen (oversize) Schlagflächen. Warum? Die Hände bleiben im Schwung länger am Ball. Das Treffgefühl bei den vorwiegend aus Stahl geschmiedeten Schlägerköpfen ist weicher. Anfängern genügen für die ersten Schwünge gegossene Eisen mit Gewichtskonzentration in der Randzone des Schlägerkopfs (Perimeter Weighting) und Hohlrücken (Cavity back). Sie sind gut beraten, eine runde Schlägersohlenform zu nehmen. Sie bleiben dadurch weniger im Boden hängen, und die Gefahr des Toppens ist geringer. Weiterer Vorteil: kleinere Divots.

Übrigens: Es bestehen bei einigen Schlägerfirmen keine Preisunterschiede zwischen Schlägern von der Stange und maßgeschneiderten Geräten, die sich schwungbegünstigend auswirken. Viele Pro-Shops und Hersteller bieten ***Custom-Fitting-Service,*** bei dem Schläger individuell angepaßt werden, ohne Zusatzkosten an. Bloß Finger weg von Billigangeboten der Hobbybastler! Versierte Profis stellen uns mit Sicherheit einen vernünftigeren Schlägersatz, der auf Schwung und Körper abgestimmt ist, zusammen.

Custom-Fitting-Service
Shops, die Schläger professionell – zum Teil mit Computeranlagen (Messung der Schlägerkopfgeschwindigkeit) – genau dem Spieler anpassen. Dynamisches Fitting ist Schlägeranpassung nach Beobachtungen auf der Driving Range (Treffpunkt des Balls im Schwung und seine Flugbahn)

Schlägertest: Ein Muß vor dem Kauf

Ideal ist ein Test bei verschiedenen Wetterbedingungen. Wir schlagen mindestens zehn Bälle mit dem Wind, gegen den Wind und mit Seitenwind. Erst dann wissen wir, wie weit unser Ball fliegt und ausrollt, und können eine optimale Auswahl treffen. Neben den Kriterien maximale Flugweite und maximales Ausrollen ist noch eine Tatsache von großer Bedeutung: Oversize-Driver lassen den Ball höher fliegen als die herkömmlichen Köpfe. Denn der große Schlägerkopf hat im Ballkontakt ein anderes Schwerkraftzentrum. Das heißt, die Schlagflächenneigung des Drivers ist im Treffmoment, im Vergleich zur Ansprechstellung, eine andere. Der Ball startet in einem höheren Winkel und erhält mehr Vorwärtsdrall.

Darum sollten wir beim Kauf eines Oversize-Drivers weniger Loft als bisher nehmen. Statt 10,5 Grad Schlagflächenneigung würden zum Beispiel 9,5 Grad dieselbe Flugbahn haben. Hinzu kommt das psychologische Moment, daß man bei einem größeren Schlägerkopf den Ball automatisch höher aufteet. Zudem sind diese Schläger im Schaft immer ein bis zwei Inch länger, wir stehen also weiter weg vom Ball und schwingen dadurch natürlich etwas flacher. Dies wiederum führt zu einem höheren Ballflug. Man sieht: Die Gründe für die hohe Flugbahn sind vielfältig. Also generell: erst testen, dann kaufen.

Nicht zu vergessen: In den letzten Jahren veränderten die Eisenhersteller stillschweigend die Lofts. So nahmen sie einen 5er-Eisen-Neigungswinkel für ein Eisen 6. Dieser verkaufsfördernden Maßnahme gingen beim Testen viele auf den Leim, weil sie dachten, durch die neuen Schläger mehr an Boden zu gewinnen.

Der Marketingtrick mit der Loft-Verschiebung innerhalb der Eisennummern funktioniert bis zum Pitching-Wedge. Nur das Sand-Wedge behielt seinen Loft, weil der Ball einfach am besten mit einer Schlagflächenneigung um 56 Grad aus dem Bunker fliegt.

Schlägergriffe

Die Faustregel für die passende Griffstärke der linken Hand lautet: Die Finger berühren die Handfläche ganz zart. Graben sie sich stark in die Handfläche ein, besteht Gefahr zu hooken. Sind die Griffe zu dick und die Lücke zwischen Fingern und Handfläche zu groß, laufen wir Gefahr zu slicen.

Jeder hat sein eigenes Feeling beim Anfassen. Einige bevorzugen Griffe, die wegen eines speziellen Kunststoffs wenig Wasser aufnehmen. Viele greifen gern zu Halfcord, der Griff ist zur Hälfte mit Cord beschichtet. Andere schwören auf Fullcord, den Griff, der ganz mit Cord umwebt ist. Cordgriffe mit eingearbeiteten Leinenfäden geben bei Nässe und Schweiß besseren Halt. Ledergriffe findet man nur noch ganz selten im Angebot der Golf-Shops, weil sie in kurzer Zeit rutschen und abgegriffen sind.

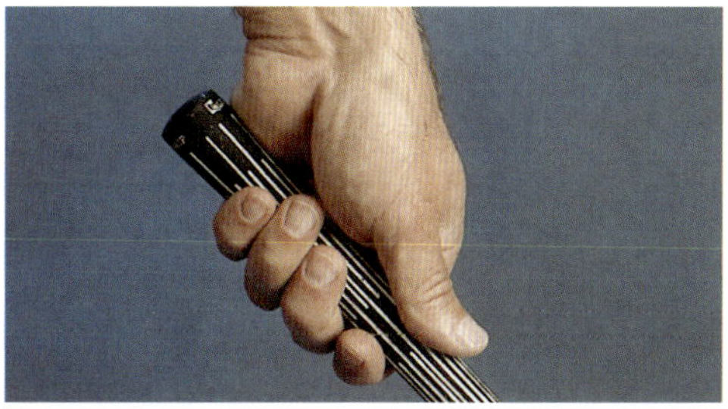

◄ ***Korrekte Griffgröße:*** *Berühren Mittel- und Ringfinger der linken Hand gerade noch die Handfläche, paßt der Griff*

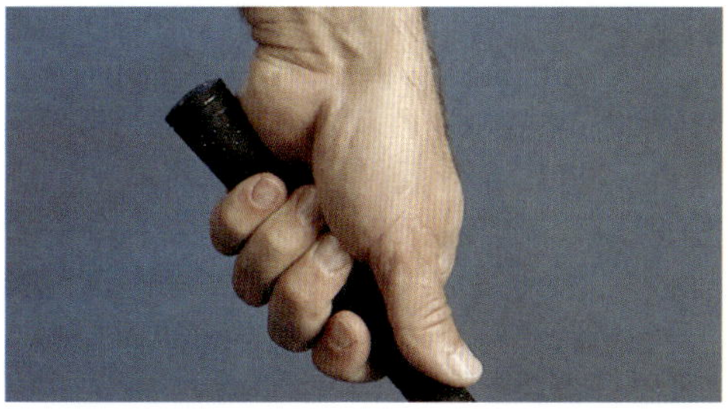

◄ ***Zu dünner Griff:*** *Forciert viel Handgelenkbewegung und tendiert zu Hook-Flugbahnen*

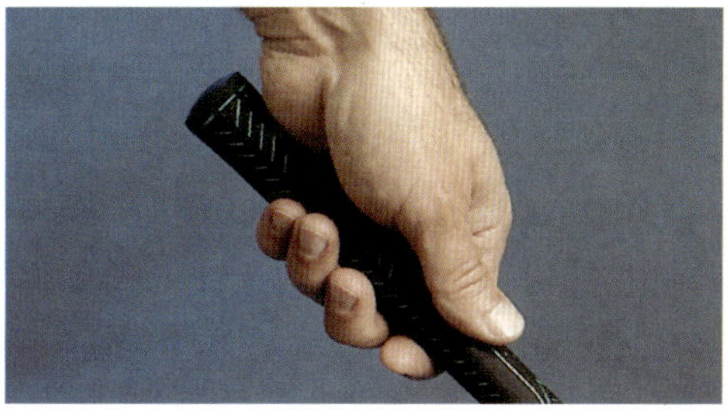

◄ ***Zu dicker Griff:*** *Reduziert Handgelenkeinsatz im Schwungverlauf und fördert Slice-Flugbahnen*

Schaftflexibilität

Pauschal sind Frauen und Senioren gut beraten, leichte und armschonende Graphitschäfte zu kaufen. Wer genügend Kraft hat, spielt Stahlschäfte, die etwas vibrationsstärker und schwerer sind. Stahl steht nach wie vor bei guten Spielern hoch im Kurs. Sie spüren stärkeren Ballkontakt, schlagen gerader und haben weniger Torque, das ist die Verwindung des Schafts während des Schwungs.

Wenn der Schaft zu weich ist, läßt sich schwer zielgenau spielen. Grund: zuviel Rückfederung im Treffmoment. Ist der Schaft zu hart, fliegen die Bälle kürzer und slicen (starker Rechtsdrall). Grund: zuwenig Peitscheffekt. Testen zahlt sich auch hier aus!

Lie-Winkel

Der Auflage-Winkel des Schlägerkopfs soll dem persönlichen Schwung entsprechen. Der Winkel zwischen Schlägersohle und Schaft hängt von der Oberkörperbeugung in Stand und Schwung ab. Fliegen die Bälle zu oft nach rechts, ist der Lie-Winkel zu steil und das Schlägerblatt steht bereits bei der Ballansprache auf der Spitze (Toe). Ist der Winkel zu flach und das Schlägerblatt steht bei der Ballansprache auf der Ferse (Heel), fliegen die Bälle nach links.

Eine abgerundete Schlägerblattsohle setzt in der Mitte auf, und eine gerade Schlägerblattsohle liegt ganz auf dem Boden, um optimale Voraussetzungen zu schaffen, den Ball gerade zu spielen.

Lie-Winkel

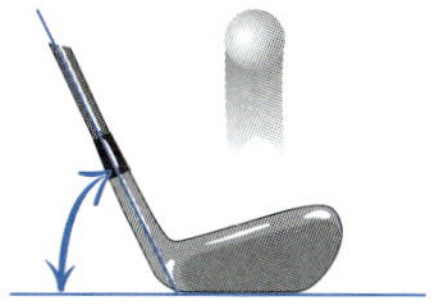

Korrekt, Ball fliegt geradeaus

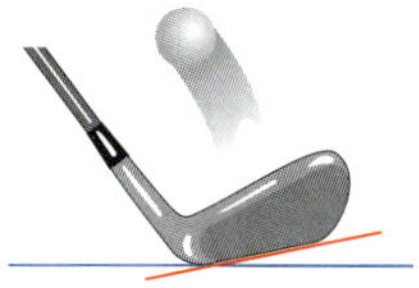

Ball fliegt nach links

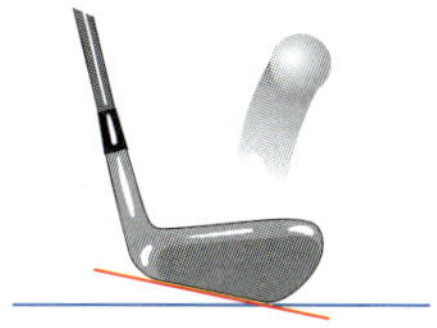

Ball fliegt nach rechts

Flexpoint
Das Maß für die Federung des Schafts. Ein weicher Schaft gibt mehr nach, dadurch erhält der Schlägerkopf eine höhere Geschwindigkeit, aber auch weniger Kontrolle. Als Flexpoint wird der Punkt des Schafts, der sich am meisten biegt, bezeichnet

▲ *Schlägerhauben schützen Einlagen auf der Schlagfläche des Schlägerkopfs und teilweise die Schäfte*

Länge des Schlägers

Sie ist abhängig von der Körpergröße, der Armlänge und dem Neigungswinkel im Schwung. Wir testen verschiedene Schläger. Eine Fehlentscheidung kann in Form von Schaftaustausch innerhalb einiger Tage korrigiert werden. Schäfte durch Anstückeln verlängern ist unprofessionell. Der ***Flexpoint*** verschiebt sich, und nichts stimmt mehr im Schwungverhalten. Übrigens brauchen große Menschen, die lange Arme haben, oft keine Überlänge, für sie reicht die Standardgröße aus.

Holz-Schlägerköpfe

Metall und Graphitköpfe sind nicht nur pflegeleicht, sondern auch länger. Der hohle und große Schlägerkopf hat einen breiteren Sweetspot und verzeiht deswegen schlecht getroffene Bälle leichter. Echte Hölzer wie Laminated Woods, die aus mehreren Holzschichten, vorwiegend Ahorn, zusammengefügt werden, haben einen kleineren Schlägerkopf und Sweetspot und sind daher schwerer zu spielen. Für den Anfang tut's auch ein halber Schlägersatz mit zwei Hölzern, Eisen 5, 7, 9, Pitching-Wedge und Putter. Leider gibt es häufig Probleme beim Nachkauf. Die Pro-Shops der Golfclubs bieten in der Regel gute Beratung, sind aber oft teurer als Versender und Kaufhäuser. Eine Fundgrube können die Anzeigenseiten der Fachzeitschriften und das schwarze Brett der Clubs sein. Dort liest man regelmäßig Angebote etwa dieser Art: »wenig gebrauchter Schlägersatz günstig zu verkaufen«.

Schlägerhauben

Schläger mit Köpfen aus laminiertem Ahornholz dehnen sich bei Hitze und schrumpfen bei Kälte. Um den Einfluß gering zu halten, wird nach jedem Schlag die Schlagfläche der Hölzer gesäubert und in die trockene Schlägerhaube gepackt. Bei Metall, Graphit oder Kunststoff sind Hauben für den Schlägerkopf eigentlich überflüssig, doch Hauben mit langem Strumpf schützen die empfindlichen Schäfte vor den scharfen Kanten kurzer Eisen und des Putters in der Golftasche.

Putter-Schutzhüllen

Putter fallen meist kleiner aus als die übrigen Schläger. Einige Putter-Köpfe sind scharfkantig und beschädigen leicht die anderen, längeren Schlägerschäfte. Die oft mitgelieferte Schutzhülle bei Insert-Puttern verhindert zudem Schäden an der Schlagfläche. Die weiche Einlage der sogenannten Softies ist sehr anfällig für Kratzer.

Schutzhüllen fürs Golfbag

Glücklich landen und dann am Fließband vergeblich nach dem Golfbag Ausschau halten – ein Alptraum. Doch wer wird gleich so schwarz sehen. Die Chance steht 1:1200, daß ein Gepäckstück verlorengeht.

Eine praktische Schutzhülle mit gepolsterten Enden für die schwere Golftasche. Sie erleichtert das Tragen auf Flugreisen ▼

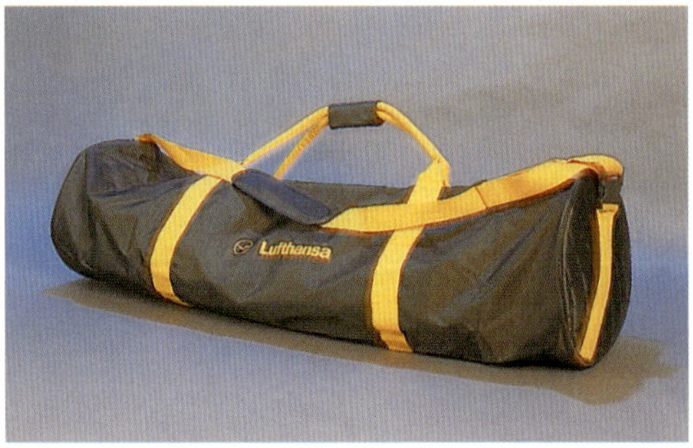

Viele der schweren Golftaschen – um die 20 Kilo bringen sie auf die Waage –, die übers Laufband rutschen, sind bunt und farbenfroh, um vom Besitzer schnell erkannt zu werden. Die internationalen Flughäfen, auf denen im Sekundentakt gelandet und gestartet wird, gehen nicht gerade zimperlich mit unserem Spiel-Equipment um. Das Be- und Entladen der Flugzeuge erfolgt im Akkord, der Transport der Gepäckstücke zum Flugzeug oft unter freiem Himmel.

An unseren Zielen sahen wir zwischen Holzkisten, Seesäcken und Koffern aller Kategorien verschiedenartige Golftaschen. Die einfachen dünnen Nylonüberzüge gewähren den Schlägerköpfen nur geringen Schutz. Sie bewahren lediglich vor Staub und Regen und sind praktisch nur zum Gebrauch für Reisen mit dem Auto geeignet. Besser sind da schon die wattierten, geräumigeren Travel-Cover mit Seitentaschen und Rollen. Diese speziellen Golf-Reisetaschen überstehen den oft nicht gerade zarten Umgang auf dem Flughafengelände meist unversehrt.

Golfer, die viel im Ausland abschlagen, bevorzugen immer häufiger etwas Abgewandeltes aus der Waffenkammer: Hartschalenkoffer, in denen Jäger ihre Waffen transportieren, gewinnen zusehends Anhänger unter den Golfern. Die sperrigen, schweren und kostspieligen Dinger transportieren neben Schlägern oft noch Souvenirs und Wäsche, die hilft, daß das Golfbesteck die Reise ohne Kratzer übersteht. Die Kleidung steckt statt Hauben zwischen Schäften und Köpfen.

Bei der Reiseplanung können wir schon im Vorfeld Geld sparen, da einige Airlines das Golfbag kostenlos transportieren. Es ist deshalb sinnvoll, wenn wir bereits bei der Buchung auf unser Bag hinweisen.

Gut zu Fuß

Für den sechs bis acht Kilometer langen Rundkurs auf circa 60 Hektar Grünfläche brauchen wir zum kraftvollen Abschlag am Tee wie zur Filigranarbeit auf dem Grün gutes Stehvermögen. Richtiges Schuhwerk zahlt sich aus. Spanner ebenfalls. Sie gehören nach dem Spiel sofort in die Schuhe, um die Paßform zu erhalten – auch wenn es nicht geregnet hat. Nicht zu vergessen: die regelmäßige Schuhpflege und das Reinigen der Spikes-Sohlen. Bleiben Gras und Blätter an der Sohle, haben wir beim nächsten Abschlag kein optimales Standgefühl. Bei der Auswahl der Schuhe stehen keine modischen Gesichtspunkte im Vordergrund, sondern Bequemlichkeit und Standfestigkeit.

Metallspikes-Sohlen hinterlassen auf dem Grün sichtlich Spuren. Auf einigen Anlagen sind sie verboten, weil sie den Rasen um das Loch herum auf lange Zeit zerstören. Zudem sind Spikes-Marken ein lästiges Übel auf jeder Putt-Linie. Ein Niederdrücken ist laut Regeln erst nach dem Einlochen möglich. Platzschonende Softspikes- und Noppen-Schuhe, die in einigen Golfclubs bereits ein Renner sind, vermitteln bei nassem Boden nicht soviel Standsicherheit.

Solange die Profis auf der Tour keine Softspikes aus Gummi oder grobe Noppen an den Sohlen tragen, sondern nach wie vor Stahlspikes den Vorzug auf den Tee-Flächen und den schnellen glatten Grüns geben, halten die meisten Clubs nichts von einer Schuhvorschrift.

Golfhandschuhe

Besonders für Damen mit empfindlichen Händen sind Golfhandschuhe unerläßlich. Sie verhelfen aber auch dem Mann zu

einem festen Griff, der Weite und Treffsicherheit bringt. Oberstes Gebot vor dem Kauf: Handschuhe anprobieren. Für Spieler mit kurzen Fingern gibt es die Cadet-Größe. Die Finger dieser Handschuhsorte sind etwa 5 Millimeter kürzer als die der Normalgröße. Synthetikmaterial gibt eventuell etwas weniger nach als Naturleder. Bei gestreckter Hand müssen die Fingerspitzen an die Handschuhspitzen stoßen. Im Bereich der Handfläche soll das Leder straff sitzen und sich nicht abheben, wenn sich die Finger strecken. Wenn wir den Verschluß anlegen, dürfen sich keine Beulen und Falten bilden.

Die Reibungsenergien, die während eines vollen Schwungs freigesetzt werden, sind nicht zu unterschätzen. Im Zweifelsfall wählen wir lieber den kleineren Handschuh, da er sich durchs Tragen von allein ein wenig weitet. Wer ihn zu groß kauft, verschleißt ihn schneller und hat auch nicht das Gefühl guter Paßform.

Bei den Damenhandschuhen gibt es extra verstärkte Fingerkuppeneinlagen, um ein Durchscheuern mit langen Nägeln zu verhindern. Um das ganz zu vermeiden, bietet die Industrie für Damen Modelle mit dreiviertellangen Fingern an.

Ball-Marker
Meist ein Münze, mit der nur auf dem Grün die Ball-Lage markiert wird, bis man den Ball vor dem Putt sauber macht und genau wieder an die gleiche Stelle zurück legt

Die beste Griffigkeit gibt bei trockenem Wetter der Lederhandschuh. Er ist aus einem empfindlichen, leicht verletzbaren Tierprodukt gefertigt. Um das gute Gefühl zu erhalten, müssen wir ihn pflegen und säubern. Wer zu grob mit seinem Handschuh umgeht, zerreißt das empfindliche Leder schnell am Saum. Profis benutzen während einer Golfrunde immer mehrere Handschuhe. So erhält der Handschuh Zeit, sich auszulüften und zu erholen.

Wenn das Leder naß geworden ist, streichen wir den Handschuh in seine ursprüngliche Form und bewahren ihn wieder in der Verkaufspackung auf, die mit Luftlöchern versehen ist. Keinesfalls zum Trocknen auf eine Heizung legen, dort wird er hart und unbrauchbar. Bei Zimmertemperatur trocknet er gut und bleibt geschmeidig. Verschmutzte Schlägergriffe verringern übrigens die Lebensdauer eines Handschuhs. Auch bei sorgsamer Behandlung hält ein Lederhandschuh nicht ewig. Experten haben errechnet, daß er im Durchschnitt zehn bis zwölf Runden gute Dienste leistet.

Langlebiger und problemloser ist in kühlen Breitengraden ein Allwetterhandschuh. Viele lassen sich sogar in der Waschmaschine bis zu 60 Grad reinigen. Eine Prozedur, die übliche Lederhandschuhe nie überstehen. Allwetterhandschuhe für beide Hände sind im Kommen. Die Winterhandschuhe – ihre Oberseite wird aus kälte- oder nässeabweisendem Kunststoffmaterial hergestellt – halten die Hände mollig warm. Der Innenteil aus Synthetik hält alles fest im Griff.

Der dicke und wärmende Schutz geht etwas zu Lasten des guten Gefühls beim Schlägergreifen. Die Kombination von Leder- und Allwetterhandschuh bietet den Vorteil, daß man an den Druckstellen ein besseres Gefühl für den Schläger hat und das Leder atmungsaktiver ist als der Rest aus Synthetik. Die Mischform-Handschuhe haben einen Ledereinsatz in der Handfläche und am Daumen.

Mehr Notbehelf als nützlicher ***Ball-Marker*** sind die abnehmbaren kleinen Druckknöpfe an vielen Handschuhmodellen. Das Gefummel des Ab- und Aufdrückens auf dem Grün ersparen wir uns, weil die winzigen Ball-Marker bei größeren Distanzen schwer wiederzufinden sind. Es geht nichts über ein glänzendes Markstück.

Passende Bekleidung

Kleider machen Leute. Karierte Hosen und Röcke sowie gestreifte grelle Hemden sind in stilvollen Clubs selten zu sehen. Auch Shorts oder Hotpants sind verpönt, ebenso wie Bluejeans und schulterfreie Trägerhemdchen. Wir zerbrechen uns nicht lange den Kopf darüber, tragen einfach bequeme Sportswear wie in der Freizeit. Für die wohl schwierigste Bewegung im Sport überhaupt ist es unbedingt notwendig, daß die Kleidung – egal bei welchem Wetter – bequem ist und den flüssigen Schwungverlauf nicht beeinträchtigt.

▲ *Karos, Streifen oder Knickerbocker sind aus dem typischen Golfer-Outfit verschwunden. Unifarbene Sportswear gehört für viele Spieler zum guten Ton auf dem Platz*

Spielzeug für Kinder

Viele Team-Sportarten haben für Kinder einen wesentlich höheren Erziehungswert als ein Egotrip über den Golfplatz. Landet dennoch ein 7- bis 14jähriger, animiert von Vater und Mutter, auf dem eigentlichen Platz der Erwachsenen, wählt er sein neues Spielzeug am besten selbst aus.

Vorbei sind die Zeiten, als der Pro für den Sprößling schnell mal ein paar alte Eisen und Hölzer zurechtschnitt. Der Nachwuchs tat sich dann mit den abgesägten, viel zu steifen Schlägern schwer. So manchem Kind wurde auf diese Weise der Spaß am Spiel schon bald vermiest.

▲ *Nur wenige Pro-Shops haben ein umfangreiches Golfsortiment für Kinder.* ***Hartl Golf Resort, Bad Griesbach***

Heutzutage verkaufen gut sortierte Golf-Shops und die Spezialabteilungen der Kaufhäuser nicht nur Bälle in genügend großer Farbauswahl. Sie bieten auch für Kinder reichlich Auswahl an Eisen, Hölzern, Golfbags, Schuhen und Bekleidung, die in Verarbeitung und Strapazierfähigkeit der der Erwachsenen in nichts nachstehen. Zudem fördern phantasievolle Farben den Besitzerstolz des Nachwuchses, so daß der sich auf einmal intensiver mit dem kleinen Ball beschäftigt, als es Eltern und Schule lieb ist.

Proviant fürs Bag

Unter Spielstreß kann der Blutzuckerspiegel so absinken, daß wir auf den letzten Bahnen den sichergeglaubten Sieg verlieren, weil uns das »Benzin ausgeht«. Deshalb tanken wir schon am Vorabend genügend Kohlehydrate. Wir essen Nudeln, Reis und Kartoffeln in Verbindung mit Salat, Obst und Gemüse. Auf allzu leckere, weil meist zu fettige Saucen verzichten wir, genauso wie auf übertriebenen Alkoholgenuß. Auch vor der Runde wählen wir sportspezifische Speisen, die unseren Blutzucker auf Leistungshöhe halten und uns genügend Kalorien für die gesamte Runde mitgeben. Nicht alle Menschen vertragen Kaffee gleich gut. Wer schon nervös ist, sollte vor dem Spiel darauf verzichten, denn Koffein verhindert den Abbau von Streßhormonen eher. Es ist klar, daß wir ausreichend Marschverpflegung in unserem Bag haben. Mediziner empfehlen Vollkorn- und Schrotbrotschnittchen mit leichtem Aufstrich. Tour-Pros bevorzugen als Energiespender Bananen, aber auch frisches Gemüse wie Radieschen oder Karotten, die ständig den Energiehaushalt auffüllen und verhindern, daß wir müde und schlapp werden und die Konzentration nachläßt. Ob Clubspieler oder Champion, niemals schlagen wir ohne Getränkevorrat ab. Mineralwasser, ungesüßter Tee, Fruchtsaftschorle und auch Elektrolytgetränke sind empfehlenswert – mit reduziertem Kaloriengehalt, versteht sich –, die dem Körper verlorene Flüssigkeit, Mineralstoffe und ebenso Kraft schnell zurückgeben, hoffentlich für die Siegesfeier!

Essen und trinken in fremden Ländern

Auf Entdeckungstouren durch alle Erdteile dieser Welt sind die Sinne vielen Reizen ausgesetzt. Dennoch: Um köstlich duftende Garküchen auf der Straße machen wir lieber einen Bogen, da der Magen rebellieren könnte. Genauso ziehen wir an romantisch gelegenen Fisch- und Fleischständen vorbei. Getränke mit Eiswürfeln, Obst ohne Schale, offene Salate und Meeresfrüchte haben wir in exotischen Ländern nie zu uns genommen. Vielleicht übertriebene Vorsicht. Tatsächlich blieben wir von unangenehmen Darm- und Infektionskrankheiten verschont.

Wann ist die beste Tageszeit für Tee-Times?

In der Regel sind in heißen Ländern um die Mittagszeit noch genügend Startzeiten frei, denn versierte Golfreisende und Einheimische schlagen bevorzugt gleich nach Sonnenaufgang ab oder beenden erst kurz vor der Abenddämmerung die Runde. Nicht nur, weil wegen der Gluthitze der Golfgenuß um die Mittagszeit am geringsten ist, sondern auch, um nicht den ganzen Tag zu blockieren. Wer morgens oder abends spielt, kann noch einen halben Tag zum Faulenzen am Pool oder für Besprechungen im Büro nützen.

Achtung, Langfinger!

Peinlich, peinlich: Selbst vor feinen Clubs machen Diebe nicht Halt und treiben dort ihr Unwesen. Eine Golftasche aus Leder, vollständig bestückt mit kostbaren Schlaginstrumenten, ist wie vom Erdboden verschluckt. Betretenes Schweigen im Büro des Managers, Aufregung unter Mitgliedern und Gästen.

Der Club ist in solchen Fällen selten regreßpflichtig. Versichert ist nur, was unter Verschluß war. Wir schützen uns vor dem Zugriff von Langfingern, indem wir unser Bag mit Argusaugen bewachen. Gehen wir duschen oder speisen, stellen wir die Tasche unter Aufsicht ab oder sperren das Bag nach dem Spiel gleich in die Caddie-Box des Clubhauses oder in den Kofferraum des Autos. Ansonsten bewahren wir im Auto oder in den Umkleideräumen nie Wertsachen und Papiere auf. Gelegentlich schlagen Diebe auch dort zu. Besser, wir tragen Geld, Kreditkarten und Ausweise ständig bei uns.

Golfeinstieg per Lehrkassette

So unterschiedlich sich die Schulvideos von Superspielern oder deren Gurus – das sind Meister, von denen Golfer ihre Erleuchtung erwarten – meist präsentieren, eines haben sie alle gemeinsam: Möchtegern-Golfer können damit ohne jegliche Trainerhilfe vor Ort kaum etwas anfangen.

Die wichtigen praktischen Belange auf dem Platz, um den Ball richtig zu treffen, bleiben in den Filmstreifen der Lehr- und Lernvideos unterbelichtet. Weder die notwendige Etikette noch wichtige Regelfragen werden behandelt. Auch mentale Probleme, Tips für Schlägerkauf und sinnvollen Inhalt des Bags oder funktionelle Bekleidung bleiben meist auf der Strecke. Dennoch lohnt sich die Betrachtung für Spieler ab Platzerlaubnis bis hin zu guten Handicappern. Wer über ausreichende Englischkenntnisse verfügt, erhält umsatzstarke Schulvideos in der Originalfassung mit erheblichen Preisnachlässen.

Erfolgreicher als »trockene« Schul- und Lehrvideos verkaufen sich Turnier-Videos. Fernsehgesellschaften in den USA schneiden jährlich die besten Szenen großer Turniere zu sogenannten Unterhaltungsfilmen zusammen.

Bücher zum Golf

Welch ein Wandel! Vor zehn Jahren lagen bei uns zwei, drei verstaubte Golfbücher in den hintersten Regalen großer Buchhandlungen. Heute finden Golfinteressierte und Ambitionierte Mengen von knalligen, bunten Hochglanzbüchern – die zahllosen englischen Ausgaben noch nicht mitgezählt. Verlage in Deutschland schenken dem Trendsport immer mehr Aufmerksamkeit.

Auf der Frankfurter Buchmesse stellt der aufmerksame Besucher fest, daß fast jeder größere Sachbuch-Verlag ein Golfbuch im Programm hat. Und so findet jeder Anhänger des Sports für seinen Geschmack das Richtige: Golfführer fürs In- und Ausland, auch auf Diskette; Golfplatz- und Resort-Beschreibungen; offizielle und inoffizielle Regelbücher; Lehrbücher von berühmten Pros oder deren Trainern; unzählige humorvolle und weniger humorvolle Werke. Vom dicken, teuren Historien-Schinken bis zu Büchlein über Champions und Rekorde – niemand sucht vergebens.

Abschied ohne Ende

Fasten seat belts. No smoking. So werden die Zeichen über den Köpfen der Passagiere auch bei unserem nächsten Start aufleuchten. Denn wer der Faszination des Golfspiels einmal verfallen ist, der wird immer wieder aufbrechen, um weltweit die unterschiedlichsten Plätze und Herausforderungen zu erkunden, deren Vielfalt so gut wie keine Grenzen kennt. Für unsere gemeinsame 18-Loch-Reise über fünf Kontinente allerdings heißt es nun: We have just landed!

Es gibt noch immer Golfplätze, die mich allein wegen meiner Hautfarbe nicht spielen lassen

Eldrick »Tiger« Woods

Sporting Club Berlin, Bad Saarow in Brandenburg, Deutschland

Glossar

Do you speak Golf? Kaum ein anderer Sport hat so viele Spezialausdrücke – vorwiegend aus dem englischen Sprachraum – und ungewöhnliche Bezeichnungen. Damit man Golfbegriffe und Golfumgangssprache auf Anhieb verstehen kann, sind die wichtigsten vor, nach und auf der Runde von A wie Abschlag bis Z wie Zocken erklärt

Abschlag
Oft erhöhte Rasenfläche, auf der der erste Schlag an jedem Loch erfolgt. Es gibt verschiedene Abschläge: für Damen, Senioren, Jugendliche, Herren und je nach Handicap. Die vom Loch am weitesten entfernten Abschläge sind meist für die Pros reserviert. In der gängigen Golfsprache steht auch das Wort Tee für Abschlag.

Albatros
Locht ein Golfer auf einem Par-5-Loch mit nur zwei Schlägen ein, hat er einen Albatros gespielt, auch Doppel-Eagle genannt.

Allsquare
Gleicher Spielstand im Lochwettspiel.

***Amateur-Linie** (S. 107)*
Siehe auch Break-Punkt

***Ansprechstellung** (S. 36)*
Die Aufstellung und Ausrichtung eines Spielers zum Ball, bevor er losschwingt. Auch Address genannt.

***Approach** (S. 115)*
Englischer Ausdruck für Annäherungsschlag aufs Grün.

***As** (S. 154)*
Auch Hole in one genannt. Es ist der größte Glücksfall, wenn auf einem Par 3 gleich der erste Schlag ins Loch trifft.

***Auftreffwinkel** (S. 16)*
Ist der Ball durch den Schlägerkopf voll getroffen, war der Winkel im Treffmoment perfekt. Bei Hölzern fällt er flacher aus als bei Eisen.

***Augenschutz** (S. 148)*
Brillen mit Panoramagläsern helfen gegen grelles Sonnenlicht und Bindehautentzündungen. Spezielle Golfbrillen haben splitterfreie Gläser, sitzen fest und stören kaum noch beim schwungvollen Drive oder gefühlsbetonten Putt.

***Aus-Ball** (S. 16)*
Schlägt ein Golfer seinen Ball ins Aus, im Golfchinesisch als »out of bounds« (auch OB) bezeichnet, muß er von derselben Stelle einen weiteren Ball nachspielen und erhält zusätzlich einen Strafschlag. Weiße Pfosten zeigen meist die Aus-Grenze an.

***Auslippen** (S. 103)*
(englisch: lip out)
Die obere Erdkante des Lochs über dem Rand der Kunststoffhülse wird als Lippe bezeichnet. Ein scheinbar schon im Loch befindlicher Ball lippt oft noch aus, wenn der Ball mit zuviel Power geputtet wird.

Ausloten
(englisch: plumb bobbing)
Entscheidungshilfe, um die Ziellinie für Putts auf dem Grün zu finden. Der Spieler stellt sich hinter den Ball und sucht mit dem vertikal herabhängenden Putter eine gerade Linie von Schläger und Ball zum Ziel. ▼

***Backspin** (S. 68)*
Rückwärtsdrall durch abwärtsgehenden Schlägerkopf zum Ball. Er verhindert unkontrolliertes Ausrollen auf dem Grün.

***Bag** (S. 22)*
Golftasche, in der alle Schläger und das Equipment für die Runde aufbewahrt werden.

***Balance** (S. 124)*
Wichtige Voraussetzung im gesamten Bewegungsablauf des Schwungs. Sie zu halten erfordert einwandfrei kontrolliertes und entspanntes Durchschwingen.

***Balata** (S. 69)*
Überwiegend Pros spielen diese Dreischalen-Golfbälle mit einer sehr weichen, empfindlichen Außenschale. Sie haben damit ums Grün mehr Gefühl und erreichen mehr Backspin. Der gewickelte Gummikern hat eine Lagerdauer von zwei bis drei Jahren (nach Angabe des größten Herstellers).

Ball
Bälle, die mit einem X gekennzeichnet sind, dürfen nicht im Turnier gespielt werden. Nur offiziell zugelassene Golfbälle sind erlaubt. Der regelkonforme Ball hat einen Durchmesser von nicht weniger als 42,67 Millimeter und wiegt nicht mehr als 45,93 Gramm. Weniger die Farbe und Kompression als Konstruktion, Cover und Dimples spielen entscheidende Rollen.

***Ball beißt** (S. 34)*
Ein Ball beißt auf dem Grün, wenn er nach dem Aufprall abrupt hält und sogar durch Rückwärtsdrall gegen die Flugrichtung zurückrollt.

Ball beschädigt
Nur in Abstimmung mit dem Zähler darf ein beschädigter Ball jederzeit ersetzt werden.

Ball eingedrungen
Auf Grüns und Fairways darf ein eingedrungener Ball aufgehoben, gereinigt und straflos gedroppt werden. Außer im Hindernis oder im Rough.

Ballangel
Teleskopstab, der vorn einen Greifer oder eine Rundung hat, um Bälle aus dem Wasser zu fischen. ▼

***Ballansprache** (S. 26)*
Wenn die Standposition eingenommen und der Schläger aufgesetzt ist, spricht der Golfer von »Ball ansprechen«.

***Ball fallen lassen** (S. 165)*
Nicht näher zum Loch, als die Lage des vormaligen Balls war, wird im aufrechten Stand mit gestrecktem Arm auf Schulterhöhe ein neuer Ball ins Spiel gebracht.

***Ball fett treffen** (S. 23)*
Der Schlägerkopf trifft erst den Boden, dann den Ball. Resultat: Der Schlag fällt erheblich kürzer aus.

Ball identifizieren
Nur der Zähler darf den Ball aufheben und identifizieren, außer im Hindernis. Wird dort ein falscher Ball gespielt, gibt es keine Strafe.

***Ball-Marker** (S. 220)*
Meist eine Münze, mit der nur auf dem Grün die Ball-Lage markiert wird, bis man den Ball vor dem Putt sauber macht und genau wieder an die gleiche Stelle zurück legt.

***Besserlegen** (S. 204)*
(englisch: prefered lie) Siehe auch Winterregeln.

***Big Stick** (S. 22)*
Der Driver, das Holz 1, ist in der Regel mit 43 bis 50 Inch (ein Inch = 2,54 Zentimeter) der längste Stock (Schlägerschaft) mit dem geringsten Neigungswinkel der Schlagfläche in der Golftasche.

***Birdie** (S. 164)*
Gelingt es, einen Schlag unter Par zu spielen, haben wir beim Par 3 mit dem zweiten Schlag, beim Par 4 mit dem dritten, beim Par 5 mit dem vierten zum Birdie eingelocht.

Blade
Geschmiedetes Eisen in klassischer Form, das sich für Top-Spieler eignet. Einsteiger spielen besser mit gegossenem Eisen. Gilt auch für Blade-Putter.

Blocken
Zuviel Kraftaufwand im Treffmoment blockiert einen technisch einwandfreien Schwungverlauf, der Ball fliegt weit rechts vom Ziel.

***Boden in Ausbesserung** (S. 171)*
Englisch Ground under repair genannt. Meist eine mit blauen Markierungen gekennzeichnete Fläche, auf der gerade Platzarbeiten stattfinden. Ein Ball, der sich darauf befindet, darf straflos außerhalb der Zone nach Regel fallen gelassen werden.

***Bogey** (S. 164)*
Wird das Loch einen Schlag über Par abgeschlossen, haben wir Bogey gespielt. Zwei Schläge über Par heißen Doppel-Bogey und drei Schläge über Par Triple-Bogey.

Bogey-Preis
Gelegentlicher Überraschungs- und Spottpreis bei der Siegerehrung für den schlechtesten Score.

Bounce
Neigungswinkel vom unteren Schlägerrand der Schlagfläche zur Sohle.

Break *(S. 106)*
Es »unterbricht« den eigentlich geraden Ballverlauf auf dem Grün. Der Punkt, an dem der Ball von der Putt-Linie abweicht, wird als Break bezeichnet.

Break-Punkt *(S. 129)*
Beginner und Wochenendgolfer neigen häufig dazu, dem Ball keine Chance zu geben, ins Loch zu fallen. Mut- und gedankenlos gehen sie an Schräglagen-Putts heran. Regelmäßig berücksichtigen sie zuwenig Break, und der Ball rollt auf einer Linie unterhalb des Lochs. Übung auf dem Putting-Green schärft den Blick für den Break-Punkt und vermittelt das Gefühl für die richtige Ballgeschwindigkeit.

Bunker
Mit Sand gefüllte Gruben auf der Spielbahn und besonders ums Grün, die das Spiel erschweren sollen. Es gibt auch Grün-Bunker, Gruben mit meist hohem, dichtem Gras statt Sand.

Caddie *(S. 193)*
Taschenträger, meist ständiger Begleiter der Tour-Professionals, der unter anderem den Platz vermißt, bei der Schlägerwahl und bei Putts berät.

Carry *(S. 31)*
Die Flugweite des Balls von seiner Ausgangslage bis zum Landepunkt.

Cavity back
Ausgehöhlte Rückseite des Schlägerblatts. So wird das Gewicht zu den Kanten hin verteilt, was eine verzeihende Wirkung auf Bälle hat, die nicht im Sweetspot getroffen werden.

Chippen *(S. 90)*
Annäherungsschlag zum Grün. Der Ball hat eine niedrige Flugbahn und einen beträchtlichen Auslauf auf dem Grün.

Chipper *(S. 92)*
Putterähnliches Sportgerät, das sich für Schläge nahe vom Grünrand eignet. Vorwiegend verwendbar, wenn kein Hindernis wie ein Bunker zwischen Ball und Loch liegt.

Chipping-Green *(S. 91)*
Übungsgrün, um Chip-Schläge in verschiedenen Lagen und Entfernungen zu trainieren oder um sich vor der Runde warm zu spielen. ▶

Club
Verein für Golfspieler oder englische Bezeichnung für Schläger.

Club-Maker *(S. 216)*
Ein Spezialist, der Schläger nach Maß herstellt und Reparaturarbeiten ausführt. ▼

CONGU
Standard- und Vorgabesystem des Deutschen Golf Verbands (DGV). Nach den Bestimmungen des Council of National Golf Unions (CONGU) errechnet sich für alle Clubspieler die Handicap-Wertung. Ab Vorgabe 28 kann der Golfer nur noch in vorgabewirksamen Wettspielen sein Handicap verändern.

Course-Marshal
Von der Clubleitung bestimmter Helfer, der den Spielverlauf auf dem Platz kontrolliert.

Course-Rating
Einheitliche Platzbewertung durch Richtlinien des Verbands, die den Schwierigkeitsgrad (Standard) des Platzes festlegt. Dabei muß keineswegs der Standard mit dem Platz-Par übereinstimmen.

Custom-Fitting-Service *(S. 216)*
Shops, die Schläger professionell – zum Teil mit Computeranlagen (Messung der Schlägerkopfgeschwindigkeit) – genau dem Spieler anpassen. Dynamisches Fitting ist Schlägeranpassung nach Beobachtungen auf der Driving Range (Treffpunkt des Balls im Schwung und seine Flugbahn).

Cut *(S. 57 und 194)*
Angeschnittener Schlag, der von außen nach innen geschlagen wird, damit der Ball hoch steigt und nach der Landung schnell ruht. Cut nennt man auch Beschädigungen am Ball oder den Schnitt, den ein Spieler bei großen Turnieren für den Einzug in die Finalrunde schaffen muß.

Cut-Lob *(S. 116)*
Kurzer, hoher Schlag. Der Ball stoppt sofort nach der Landung. Durch offenen Stand und Schlägerblatt im kurzen Spiel unterschneiden wir den Ball mit aggressivem Schwung.

Deutscher Golf Verband
Adresse: Postfach 21 06, 65011 Wiesbaden. Tel. 06 11/9 90 20-0.

Dimples *(S. 69)*
Die bis zu 500 kleinen Dellen in der Außenhaut des Golfballs dienen dem Auftrieb und dem genauen Flug. Je tiefer sie sind, um so flacher fällt die Flugkurve aus.

Diplomierte Golflehrer
Sie sind meist in der PGA of Germany, einer Pro-Vereinigung. Die sogenannten Teaching-Pros, die überwiegend Unterricht geben, haben eine dreijährige Lehrzeit absolviert. Neben dem sportlichen Können wird ausführlich Theorie (Pädagogik, Platzpflege, Schlägerbau, Regelkunde usw.) geprüft.

Divot *(S. 37)*
Ein vom Schlägerkopf herausgeschlagenes Rasenstück. Laut Golf-Etikette wird der Rasenfetzen wieder in die Spielbahnwunde, die auch als Divot-Mulde bezeichnet wird, zurückgelegt und festgetreten.

Dogleg *(S. 161)*
Spielbahn, die in Form eines Hundebeins angelegt ist. Macht meist auf Drive-Länge einen Knick nach links oder rechts und gibt dann den Blick aufs Grün frei. Gut angelegte Par-4- und Par-5-Fairways zwingen den Golfer, entweder die längere, meist weniger riskante Strecke entlang dem Schenkel des Hundebeins zu wählen oder die schlagsparende, oft gefährliche Abkürzung zu nehmen.

Double or nothing
Begriff aus der Zockersprache. Am letzten Loch bietet man seinem Mitspieler an, noch einmal alles auf eine Karte zu setzen. Der beim Zocken Zurückliegende muß dann das Doppelte des bis dahin schon verlorenen Einsatzes zahlen. Gewinnt er, zahlt er nichts.

Down
Anzahl der Löcher oder Einsätze, die ein Spieler beim Lochspiel oder beim Wetten hinten liegt.

Draw *(S. 43)*
Kontrollierter Schlag. Der Ball macht in der Flugbahn eine leichte Kurve von rechts nach links. Nach dem Aufprall hat er eine längere Ausrollphase.

Driver *(S. 10)*
Der längste Schläger in der Tasche. Er wird für weite Abschläge verwendet: Holz 1.

Driving Range
Übungsplatz für Anfänger und Profis zum Trainieren und Warmspielen.

Droppen
In unspielbarer Lage kann mit Strafschlag im Umkreis von zwei Schlägerlängen gedroppt werden. Dabei muß der Spieler aufrecht stehen und den Ball mit ausgestrecktem Arm in Schulterhöhe fallen lassen (siehe auch Freedrop).

Dropping-Zone *(S. 169)*
Um den Spielbetrieb fließend zu halten, wurden an extrem mühsamen Hindernissen auf manchen Plätzen markierte Zonen geschaffen. Dort wird der Ball innerhalb der Markierung gedroppt.

Dünn getroffen *(S. 62)*
Der Schlägerkopf hat den Ball mit seiner Unterkante zu hoch getroffen. Dadurch bleibt der Loft unwirksam, und der Ball flitzt im niedrigen Bogen ohne Entfernungskontrolle davon.

Durchschwung *(S. 18)*
Oft irrtümlich Abschwung genannt, ist er der Part beim Golfschwung, bei dem der Schläger sich zum Ball bewegt und nach dem Kontakt in die Endposition ausläuft.

Eagle
Zwei Schläge unter Par 4 und Par 5. Beim Par-3-Loch ist der Begriff As oder Hole in one geläufiger.

Ehre *(S. 196)*
(englisch: Honour)
Die Ehre entscheidet, wer als erster abschlägt. Am 1. Tee schlägt in der Regel der Spieler mit dem niedrigsten Handicap ab. Danach hat der die Ehre, der am letzten Loch den niedrigsten Score spielte. Bei gleichem Ergebnis darf der Spieler mit Restehre erneut als erster abschlagen.

Ein-, Zwei-, Dreischalenball *(S. 30)*
Der Einschalenball ist preislich günstig und vorwiegend auf der Driving Range im Einsatz. Der strapazierfähige Zweischalenball besteht meist aus Surlyn (siehe S. 69) und findet besonders bei Einsteigern und Gelegenheitsgolfern Anklang. Den teuren und empfindlichen Dreischalenball bevorzugen Spieler mit niedrigem Handicap wegen des guten Gefühls im kurzen Spiel und des besseren Rückwärtsdralls beim Anspiel aufs Grün.

Einstelliger Handicapper
(S. 154)
Ein Spieler, der höchstens Vorgabe 9 hat, gehört zur Elite der Einstelligen. Wer Handicap 0 hat, wird als Scratch-Spieler bezeichnet. Pros werden automatisch mit Handicap 0 geführt, obwohl nur wenige dies regelmäßig schaffen oder das Par des Platzes (meist 72) unterspielen.

Eisen *(S. 15)*
(englisch: Iron)
Eisen sind alle Schläger, die kantige Metallköpfe haben. Sie sind numeriert von 1 (weiteste, flachste Flugbahn) bis 9, Pitching-Wedge, Abkürzung PW, selten 10, und Sand-Wedge, Abkürzung SW, selten 11 (kürzeste und höchste Flugbahn), und gehören zum Set, mit Hölzern auch Besteck genannt.

Entfernungsangaben
Laut Verband immer zum Grünanfang, entweder durch Pfosten am Rand der Spielbahn (ein Ring am oberen Ende = 100 Meter, zwei Ringe = 150 Meter, drei Ringe = 200 Meter) oder durch Markierungen auf der Spielbahn (Weiß = 100 Meter, Rot = 150 Meter, Gelb = 200 Meter). Meist geht aus der Score-Karte hervor, welche Bedeutungen die einzelnen Markierungen haben.

Ersatzball wärmen
(S. 146)
Nicht zu unterschätzen ist die Temperatur des Balls. Sie hat große Wirkung auf Flugbahn und Weite. Optimal ist die Ball-Leistung bei Temperaturen von 25 Grad Celsius. Kalte Bälle um 10 Grad Celsius verlieren an Strecke – Balata-Bälle mehr als Zweischalen-Surlyn-Bälle, die fast gleich lang bleiben, sich nur im Schlag spürbar härter anfühlen.

Etikette *(S. 196)*
Die Verhaltensregeln der Golfspieler untereinander definiert die Etikette in drei Abschnitten: Sicherheit und Rücksichtnahme, Vorrecht auf dem Golfplatz und Schonung der Spielanlage.

Fade *(S. 43)*
Kontrollierter Schlag, bei dem der Golfball in der Flugbahn eine leichte Kurve von links nach rechts macht. Nach dem Aufprall rollt der Ball nur noch gering aus.

Fahne *(S. 90)*
Andere Ausdrücke: Pin, Flagge, Stock. Sie zeigt weit sichtbar die Lage des Lochs auf dem Grün an. In der Regel ist der Stock der Fahne 1,80 Meter lang, am oberen Ende weht ein bunter Wimpel.

Fahnenposition *(S. 152)*
Siehe Pin-Position.

Fairway *(S. 31)*
Kurz gemähte Spielbahn zwischen Abschlag und Grün.

Fairway-Bunker *(S. 35)*
Sandhindernis in der Mitte oder am Rand des Fairways, oft im Landebereich des Drivers.

Fett getroffen *(S. 62)*
Dabei trifft das Schlägerblatt erst den Boden (fett) und dann den Ball, was automatisch eine Distanzreduzierung zur Folge hat.

Flange *(S. 80)*
Auch Flansch genannt, bezeichnet üblicherweise den Teil an Rückseite und Sohle eines Sandeisens. So erzielt beispielsweise ein schwerer, breiter Flange auf weichem, lockerem Sand optimale Wirkung.

Flexpoint *(S. 218)*
Das Maß für die Federung des Schafts. Ein weicher Schaft gibt mehr nach, dadurch erhält der Schlägerkopf eine höhere Geschwindigkeit, aber auch weniger Kontrolle. Als Flexpoint wird der Punkt des Schafts, der sich am meisten biegt, bezeichnet. Es gibt drei Kategorien: high, mid, low.

Flight *(auch Group)*
Wettspieleinteilung für Spieler gleicher Spielstärke. Zwei, drei oder vier Spieler bilden einen Flight auf der Runde. ▼

Flyer *(S. 68)*
Der Ball fliegt weiter als ein normal getroffener und beißt auch nicht nach dem Aufprall. Grund: Zwischen Ball und Schlagfläche war langes Gras.

Fore! *(S. 199)*
Lauter Warnruf nach verschlagenem Ball für Golfer in der Umgebung. Es ist die Abkürzung für englisch: look out before!

Fore-Caddie
Ein Caddie, der vorausgeschickt wird, um zu prüfen, ob das Fairway frei ist, oder auch um den Flug und die Landung des Balls zu beobachten.

Forward-Press *(S. 103)*
Eine Waggle-Variante. Hände, Knie oder Hüften werden vor Schwung- oder Putt-Beginn leicht in entgegengesetzte Richtung gedrückt.

Freedrop *(S. 171)*
Straffreies Fallenlassen eines Balls innerhalb einer Schlägerlänge, z. B. neben Biotopen, Boden in Ausbesserung (Ground under repair) oder zeitweiligem Wasser.

Gelbe Markierung *(S. 169)*
Alle frontalen Wasserhindernisse (Wassergraben, Teich, Bach, Fluß, See, Meer) werden mit gelben Pfosten, Linien oder Marken gekennzeichnet.

Gesamtweite *(S. 160)*
Die reine Fluglänge (Carry) des Balls bis zum Aufprall auf dem Boden und die Distanz, die der Ball dann ausrollt, wird als Gesamtweite bezeichnet.

Geschontes Handicap *(S. 183)*
Handicap-Schoner sind Scharlatane, die um jeden Preis einen Wettkampf gewinnen wollen und eine höhere (geschonte) Vorgabe angeben als das Maß ihrer wahren Spielstärke.

Gimme
Geschenkter Putt: Wenn der Ball nahe am Loch liegt, kann man dem Gegner beim Lochwettspiel das Einlochen schenken. Man traut ihm zu, daß er sicher den Schlag kann. Bei vorgabewirksamen Wettspielen darf nie ein Putt geschenkt werden.

Ginty *(S. 31)*
Spezialholzschläger, der Bälle aus schwierigen Lagen wie knöchelhohem Gras befreit und für Weite sorgt.

Grain
Die Richtung, in der das Gras auf dem Grün wächst. Die Art des Graswuchses auf dem Grün wird auch Nap genannt.

Greenfee
Platzbenutzungsgebühr für clubfremde Golfer. Viele deutsche Clubs verlangen von ihren Gästen die Vorlage einer Clubkarte mit Handicap- oder Platzerlaubnisnachweis.

Greenie *(S. 186)*
Wettspielform. Wer mit regulären Schlägen das Grün trifft, bekommt einen Bonus. Braucht er allerdings drei Putts, wird ein Straf-Greenie fällig.

Greenkeeper *(S. 107)*
Platzarbeiter, der überwiegend für die Pflege der Grüns, Fairways und Tees auf der gesamten Anlage zuständig ist.

Grooves *(S. 147)*
Längliche Rillen auf der Schlagfläche des Schlägerblatts. Durch sie erhält der Ball mehr Backspin, deshalb immer darauf achten, daß sie sauber sind.

Ground under repair *(S. 171)*
Englisch für Boden in Ausbesserung

Grün
(englisch: Green)
Die extrem kurz geschnittene Rasenfläche mit dem Loch und der Fahne. Hier wird der Ball geputtet.

Grün lesen *(S. 107)*
Meist hinter, seitlich oder vor Ball und Loch legt man optisch fest, welchen Putt-Verlauf und welche Geschwindigkeit der Ball braucht, um ins Loch zu fallen.

Hacker
Ungeübter Spieler, der mit seinen Schlägen den Platz umpflügt.

Handicap *(S. 16)*
Auch Vorgabe genannt, errechnet sich aus allen Schlägen, die ein Spieler auf der Runde benötigte. Addieren wir alle Par-3-, Par-4- und Par-5-Löcher eines 18-Loch-Platzes, kommt Par 72 heraus. Ein sehr guter Golfer, der auf der Runde 72 Schläge spielte, hat Handicap 0. Ein Spieler, der 90 Schläge benötigte, spielte die Runde mit 90 minus 72, schaffte also Handicap 18. Wer im Schnitt jedes Loch zwei Schläge über Par spielt, hat Handicap 36. Das Handicap eines Clubspielers wird nach dem CONGU-System Monat für Monat seiner Spielstärke angepaßt.

Handicap-System *(S. 185)*
Um die Spielstärke der Spieler untereinander im Wettkampf fair zu gestalten, erhält der höhere Handicapper eine Differenz an Schlägen vor, um gleiche Voraussetzungen zum niedrigeren Handicapper zu schaffen. Beispiel: Ein Spieler mit Vorgabe 28 (deutsche Bezeichnung für Handicap) spielt gegen einen mit 8. Der High-Handicapper hat bei voller Vorgabe zum Single-Handicapper 20 Schläge vor. Somit an jedem Loch einen Schlag und an den beiden schwersten zwei. Bei einer Dreiviertel-Vorgabe gibt es in diesem Fall 15 Schläge vor.

Hazard
Bunker- oder Wasserhindernis. ▼

Heel
(deutsch: Ferse)
Teil des Schlägerkopfs unterhalb des Schaftendes.

Hole *(S. 164)*
Englischer Ausdruck für Golfloch. Gemeint ist auch die gesamte Spielbahn vom Abschlag bis zur Fahne auf dem Grün.

Hole in one *(S. 154)*
Auch As genannt. Es ist der Traum eines jeden Golfers, einmal den Ball mit dem ersten Schlag direkt vom Tee aus einzulochen. Nach alter Sitte gibt der Glückliche dann im Clubhaus eine Runde aus. In vielen Clubs werden die Schützen auf einer Tafel im Clubhaus verewigt.

Holz *(S. 15)*
(englisch: Wood)
Hölzer sind Schläger, die früher aus Holz gefertigt wurden – von 1 bis 5 für lange Distanzen. Hickory- und Persimmon-Holz sind inzwischen von Oversize-High-Tech-Köpfen aus Metall, Graphit, Karbon und Titanium verdrängt worden. Wer Hölzer den Eisen vorzieht, kann sie auch für kurze Reichweiten bis zu Holz 11 bekommen.

Hook *(S. 17)*
Meist ein ungewollter Fehlschlag. Der Ball fliegt angeschnitten zunächst etwas nach rechts, dreht dann jedoch scharf nach links ab. Schuld ist meist eine geschlossene Schlagfläche im Treffmoment.

Hosel
Verbindungsstück des Schlägers, an dem der Schaft in den Schlägerkopf montiert ist.

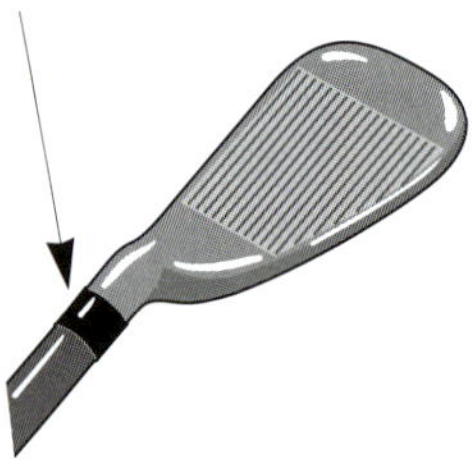

Impact
Zeitpunkt, zu dem das Schlägerblatt auf den Ball trifft.

Inch
Englisches Längenmaß. Ein Inch = 2,54 Zentimeter, 12 Inch = 1 Feet = 30,48 Zentimeter. 3 Feet = 1 Yard = 91,44 Zentimeter.

Indoor-Golf
Putten im Wohnzimmer ist die einfache Form. Abschlag von computergesteuerter Matte und Leinwand die kostspieligere Art von überdachtem Golf. Populär in Schneegebieten.

Inserts *(S. 101)*
Die weichen Einsätze, teils flächenfüllend, teils als kleine Einlage auf der Schlagfläche des Putter-Kopfs, vermitteln subjektiv mehr Gefühl für den Ball. Die Einsätze sind meist aus Balata oder aus weichem Kunststoff – Materialien, die einen längeren Kontakt zwischen Putter-Blatt und Ball gewähren sollen, was zu weniger Backspin führt und den Ball, gegenüber herkömmlichen Puttern, exakter auf der Linie hält. Es werden auch Einsätze aus Titanium in die Schlagfläche eines Eisen-Schlägerkopfs eingepaßt.

Kakao
Umgangssprachlich für verschlagenen Ball ins Rough oder in die Büsche.

Kompression *(S. 69)*
Härte eines Golfballs. Beim Auftreffen des Schlägerkopfs verändert sich die Ballform. Damen spielen weichere Bälle mit Kompression 80, Männer bevorzugen Kompression 90, und Profis setzen bei Sonne die härteren 100er-Bälle ein. Allgemein wird die Bedeutung der Kompression überschätzt, Tests beweisen kaum Abweichungen in Flugbahn, Weite und Backspin-Verhalten.

Lady *(S. 160)*
Gebräuchliches Wort für einen kümmerlichen Schlag vom Tee, der nicht über den Damenabschlag hinaus ging. Der Schütze gibt üblicherweise nach dem Golfen für die Mitspieler eine Getränkerunde aus.

Lay off *(S. 52)*
Das Ablegen der Hände. Während des zu flachen Rückschwungs kippt der Schläger zu sehr zur Seite. Hat oft fatale Folgen (Sockettieren).

Level Par
Ein Golfer liegt genauso, wie es der Platz auf der Score-Karte vorgibt.

Lie *(S. 46)*
Anstellwinkel zwischen Schaft und ganzer Sohle des Schlägerkopfs am Boden.

Lie-Winkel *(S. 217)*
Winkel zwischen Schaft und Schlägerblattsohle. Um das Risiko von Slice oder Hook auszuschließen, liegt bei einem korrekten Lie die Sohle parallel auf dem ebenen Boden.

Links-Kurs *(S. 132)*
Ursprüngliche Bezeichnung für naturbelassene Golfplätze entlang der Küste mit schnellem Seaside-Rasen auf den Grüns, stachligen Grasdünen, gewaltigen Graskratern und Sandschluchten sowie launenhaft wechselndem Wetter. ▼

***Lob-Wedge** (S. 58)*
Spezial-Wedge, auch Approach- und Trouble-, Wedge genannt. Der Loft reicht von 60 bis 62 Grad. Die hohe Flugkurve überwindet Hindernisse leicht und läßt den Ball schnell zur Ruhe kommen. Vorwiegend bei guter Ball-Lage einsetzen.

Loch
(englisch: Hole)
Das große Ziel aller Golfer hat einen Durchmesser von 10,8 Zentimeter. Der Einsatz für die Fahne muß mindestens 2,5 Zentimeter unter der Grünoberfläche sein. Auf vielen Plätzen wird das Loch auf dem Grün täglich verändert, weil das Gras drum herum schnell abgetreten ist. Auch die gesamte Spielbahn wird als Loch bezeichnet.

***Loft** (S. 24)*
Neigungswinkel der Schlagfläche in Grad. Er ist ausschlaggebend dafür, wie hoch und weit ein Ball fliegt und mit wieviel Rückwärtsdrall er aufkommt.

***Longest Drive Championships** (S. 22)*
Meisterschaften, bei denen alle Teilnehmer von einem Abschlag mit vorher festgelegter Anzahl von Versuchen den Ball soweit wie möglich in eine eingegrenzte Landefläche schlagen. Seit 1998 finden im Hartl Golf Resort von Bad Griesbach Finalkämpfe nach Handicap-Klassen statt. Wer sich im Heimatclub bei der Vorausscheidung durchsetzte, erhält die Berechtigung zur Teilnahme an der Deutschen Meisterschaft im Longest Drive.

***Longhitter** (S. 30)*
Golfer, die mit enormer Durchschlagkraft ihre Drives extrem weit spielen.

***Luftschlag** (S. 126)*
Ein beabsichtigter Schlag, bei dem versehentlich der Ball unberührt bleibt, dennoch zählt der Schlag.

Mayor Turnier
Wie beim Tennis gibt es auch beim Golf vier wichtige Turniere: US Masters, US Open, PGA Championship und British Open.

***Melatonin** (S. 149)*

***Meßstein** (S. 62)*
Die Grundlage für eine exakte Entfernungsangabe vom Abschlag bis zum Grünanfang.

***Mulligan** (S. 189)*
Praxis bei Privatrunden, am ersten Abschlag einen zweiten Ball straflos zu spielen. Die Idee hatte der Ire Fergus O'Shaugnessy Mulligan. Beim Floating Mulligan kann der Spieler entscheiden, an welchem Tee oder an welcher Stelle auf der Runde er ihn einsetzt.

Multi-Layer-Prinzip
(S. 30)
Kombination von Zweischalenball und revolutionärem Kern. Er soll die Vorzüge eines Zwei- und Dreischalenballs vereinigen.

Nearest to the pin
Sonderwertung bei Turnieren wie Longest Drive. Wer nach dem Turnier am vorher festgelegten Par-3-Loch mit dem ersten Schlag am nächsten an der Fahne landet, der gewinnt einen Sonderpreis.

19. Loch
Scherzhafte Bezeichnung für Clubhaus oder Clubhaus-Bar.

Never up, never in
(S. 106)
Jargon-Ausdruck von Golfern. Der Ball darf ab einer persönlich bestimmten Distanz auf keinen Fall zu kurz bleiben.

No return
Vorzeitiges Beenden einer Wettspielrunde. Wer keine schwerwiegenden Gründe (zum Beispiel eine Verletzung) hat, sollte – auch wenn er noch so schlecht spielt – nie die Runde abbrechen und seine Score-Karte wegwerfen.

***Offset-Stellung** (S. 35)*
Eine nach hinten zurückversetzte Schlagflächenstellung. Sie hilft Spielern mit Slice-Tendenzen, die Hände eher vor den Ball zu bringen, ihn zu schlagen anstatt zu löffeln oder zu hacken.

Oversize
Hölzer, Eisen und Putter, die einen extra großen Schlägerkopf mit verzeihender Treff-Fläche haben, sind gut geeignet für Einsteiger und Wochenendgolfer mit mittlerem Handicap.

***Overspin** (S. 68)*
Vorwärtsdrall des Balls, der nach der Landung um einiges weiter rollt.

***Par** (S. 34)*
Kommt vom lateinischen »pari« (gleich) und sagt dem Golfer, wie viele Schläge ideal für ein Loch oder eine Runde sind. Es gibt drei offiziell vorgegebene Schlagzahlen für ein Loch: Par 3 (Herren bis 229 Meter, Damen bis 183 Meter), Par 4 (Herren 201 bis 457 Meter, Damen 171 bis 381 Meter), Par 5 (Herren ab 402 Meter,

Damen ab 342 Meter). Außer der Länge des Lochs hängt die Par-Einteilung auch vom Spielschwierigkeitsgrad (Steigung, Gefälle etc.) ab. Die Summe aller achtzehn Pars ergibt das Par des Platzes. Die klassische Einteilung eines Par-72-Platzes weist vier Par-3-, zehn Par-4- und vier Par-5-Löcher auf.

Perfektes Timing *(S. 27)*
Aufeinander abgestimmte Bewegungen der verschiedenen Körperteile, die rhythmisch im Einklang sind, so daß der Ball mit Schlaggenauigkeit getroffen wird.

Perimeter Weighting
Konstruktionsverfahren, bei dem das Gewicht des Schlägerkopfs überwiegend in die Außenbereiche des Schlägerblatts verteilt wird. Dadurch entsteht ein größerer Sweetspot auf dem Schlägerblatt, ideal für Anfänger. Eine andere Bezeichnung für Perimeter Weighting ist Cavity-back-Schläger.

Pin *(S. 115)*
Englischer Begriff für Flaggenstock. Pin high ist ein Schlag auf oder neben das Grün, der seitlich genau auf Fahnenhöhe liegt.

Pin-Position *(S. 152)*
Auch Fahnenposition genannt. Bei großen Turnieren erhalten die Teilnehmer vor der Runde ein Blatt, auf dem die 18 Grüns maßstabgetreu abgebildet und die exakten Fahnenpositionen mit Entfernungsangaben vermerkt sind.

Pitch *(S. 56)*
Hoher und kurzer Annäherungsschlag zum Flaggenstock, wird normalerweise mit einem Wedge ausgeführt. Der Ball fliegt im hohen Bogen und rollt nach dem Aufprall wenig aus.

Pitching-Green
Übungsgrün, um das Pitchen zu trainieren oder sich vor der Runde warm zu spielen.

Pitching-Wedge *(S. 58)*
Der wohl am häufigsten eingesetzte Schläger ums Grün eignet sich universell für hohe und etwas flachere Bogenschüsse.

Pitch-Marke *(S. 110)*
Das Einschlagloch, beispielsweise von einem Pitch-Schlag, ist eine Beschädigung des Grüns. Aus Etikettegründen und damit das Grün schnell wieder einwandfrei gepflegt erscheint, beseitigen wir Ballspuren vor dem Putten mit einer Pitch-Gabel oder notfalls mit einem Tee. Die Pitch-Marke wird auch Ball Mark genannt.

Platzerlaubnis (PE) *(S. 211)*
Auch Platzreife genannt. Der Golflehrer erteilt sie einem Neugolfer, der theoretisch und praktisch die Grundkenntnisse des Sports beherrscht.

Platz-Handicap *(S. 160)*
Alle Löcher werden nach Schwierigkeitsgrad eingestuft. Das schwerste Loch hat Platz-Handicap 1, das einfachste 18.

Platzregeln
Englisch Local-Rules genannt. Golfplatz-Sonderregeln, die aufgrund von besonderen Umständen nach den Grundsätzen der Golfregeln zeitweilig oder ständig vom Club erlassen werden. Sie stehen meist auf der Rückseite der Score-Karte.

Platzstandard
Ergibt sich aus der Länge aller Spielbahnen und liegt üblicherweise zwischen 68 und 74. Der Platzstandard wird durch ein Course-Rating festgelegt und muß nicht unbedingt mit dem Par eines Platzes identisch sein.

Platzzustand
Hinweis, ob die Grüns gesandet (Putts werden schlecht berechenbar) und die Fairways gemäht sind oder eine Spielbahn wegen Umbauarbeiten übersprungen werden muß. In gut geführten Clubs erhalten die Spieler vor dem ersten Abschlag detaillierte Informationen über den Platzzustand. ▼

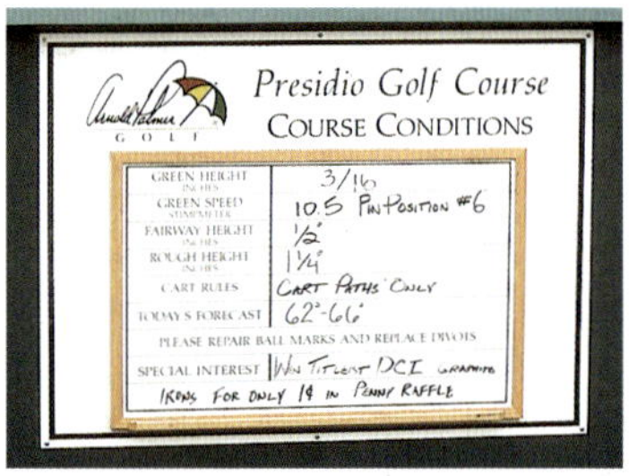

Pot-Bunker *(S. 200)*
Kleines, tiefes, rundes Sandhindernis, aus dem schwer zu spielen ist. Kommt meist auf Dünenplätzen vor.

Pressen *(S. 189)*
Begriff aus der Zockersprache. Ein Spieler oder ein Team, das im Rückstand ist (meistens zwei Punkte oder Einheiten), kann pressen. Von diesem Moment an wird der Spieleinsatz verdoppelt. Je nach Absprache gilt diese Verdoppelung für das nächste Loch oder für den Rest der Runde. Bereits verdoppelte Einsätze können beliebig oft erneut gepreßt werden.

PRO-AM *(S. 194)*

Proette
Weiblicher Professional, siehe Professional.

Professional *(S. 80)*
Um in den amerikanischen oder europäischen Spieler-Circuit zu gelangen, sind lange Qualifikationen nötig. Wer die Tour-Karte hat und in der offiziellen Preisrangliste im vorderen Feld mitgolft, ist automatisch im nächsten Jahr dabei.

Profi-Linie *(S. 107)*
Siehe auch Break-Punkt.

Pros *(S. 10)*
Kurzform für Professionals, Golflehrer (Teaching-Pros) oder Berufsspieler (Playing- oder Tour-Pros).

Pro-Shop
Golfartikelgeschäft auf dem Golfplatz, in dem man vom Schläger bis zur Kleidung alles kaufen kann, was mit Golf zusammenhängt. In vielen Clubs führt der Head-Pro den Laden.

Provisorischer Ball *(S. 165)*
Sind wir nicht sicher, daß wir den Ball finden, spielen wir unverzüglich einen weiteren, auch Provisional-Ball genannt, nach. Finden wir den ersten Ball nicht innerhalb von fünf Minuten, wird der nachgeschlagene zum Ball im Spiel.

Pull *(S. 25)*
Mißglückter Schlag, dessen gerade Flugbahn weit links vom Ziel startet und endet. Entsteht durch die Schwungbahn von außen nach innen, obwohl die Schlagfläche square zur Schwungrichtung steht.

Punch *(S. 145)*
Geeigneter Schlag bei Gegenwind, weil er niedrig fliegt. Der Ball wird vom rechten Fuß gespielt, das Gewicht liegt mehr auf der linken Seite. Dient auch als Befreiungsschlag aus einer Divot-Mulde.

Push *(S. 25)*
Mißglückter Schlag, dessen gerade Flugbahn weit rechts vom Ziel startet und endet. Entsteht durch die Schwungbahn von innen nach außen, dabei zeigt die Schlagfläche square zur Schlagrichtung.

Putt *(S. 10)*
Ein Schlag zum Loch auf dem Grün, einer auffällig kurz geschnittenen Rasenfläche. Das passiert mit einem besonderen Schläger, dem Putter.

Putting-Green *(S. 100)*
Übungsfläche zum Putten. Viele Löcher in verschiedenen Distanzen und Lagen, die gleichzeitig von mehreren Golfern auf dem Übungsgrün genutzt werden können.

R & A
Der Royal & Ancient Golf Club of St. Andrews in Schottland legt mit der United States Golf Association die weltweit gültigen Regeln fest.

Rabbit *(S. 174)*
Englisch für Kaninchen. Ausdruck für einen Anfänger, der noch kein Handicap erreicht hat.

Recovery-Shot *(S. 137)*
Erfolgreicher Risikoschlag aus Hindernislage, der das Ergebnis nicht verschlechtert.

Regeln *(S. 196)*
Das komplexe und zum Teil komplizierte Regelwerk wird alle vier Jahre von der Regelkommission im Royal & Ancient Golf Club of St. Andrews und der United States Golf Association überarbeitet und festgelegt. Zudem gibt es jährlich die Decisions of the Rules of Golf, einen 500-Seiten-Band über die offizielle Auslegung der 34 Hauptregeln mit zahllosen Unterpunkten.

Release *(S. 53)*
Das natürliche Drehen der Handgelenke im Durchschwung, damit das Schlägerblatt im Treffmoment auf der Ziellinie ist.

Rote Markierung *(S. 170)*
Seitlich vom Loch liegende Hindernisse sind mit roten Pfählen markiert. Der Ball kann direkt (ohne Schläger-Boden-Kontakt) gespielt oder mit einem Strafschlag regelgerecht neben dem Hindernis gedroppt und gespielt werden.

Rough *(S. 31 und 132)*
Bezeichnung für naturbelassene, rauhe Flächen auf dem Golfgelände, die nie oder selten gepflegt werden. Meist mit hohem Gras, Büschen und Gestrüpp.

Routine *(S. 37)*
Immer wiederkehrende Vorbereitung zum Schlag. Werden Routiniers im Ablauf dabei gestört, unterbrechen sie das Set-up und beginnen es von vorn.

Rückschwung *(S. 18)*
Der Rückschwung, auch Aufschwung genannt, beginnt mit der Ausholbewegung des Schlägers vom Ball weg nach hinten bis zum Wendepunkt, bevor der Schläger zum Ball runter schwingt.

Sand *(S. 82)*
Jede Sandmischung verlangt eine andere Vorgehensweise, um den Ball erfolgreich aus dem

Bunker zu schlagen. Bei grobem Sand liegt der Treffpunkt näher zum Ball als bei feinem, trockenem. Der verlangt dafür mehr Schlagkraft als nasser und grober Sand.

***Sandie** (S. 186)*
Wettspielform. Einen Bonus erhält, wer aus dem Sandhindernis am Grün das Par rettet. Gelingt das Par aus dem Fairway-Bunker, gibt es auch Extrapunkte.

Sand-Wedge
Für Amateure oft schwer spielbarer Spezialschläger, der überwiegend den Ball aus dem Sand befördern soll.

***Schaftflex** (S. 24)*
Schaftflexibilität. Es gibt fünf übliche Flex-Stärken: L (Ladies) = Damen, A (Average) = Senioren, R (Regular) = Herren medium, S (Stiff) oder F (Firm) = Herren steif, XS (Extra Stiff) = Herren extra steif. Die Federung wird in Grad gemessen. Weiche Schäfte biegen sich stärker und erhöhen die Schlägerkopfgeschwindigkeit, vermindern aber die Ballkontrolle. Zu harte Schäfte erfordern große Schlägerkopfgeschwindigkeit, sonst gewinnt der Ball nicht an Höhe und Länge.

***Schlägerkopfgeschwindigkeit** (S. 41)*
(englisch: Head-Speed) Das durchschnittliche Schwungtempo bei Profis liegt bei 170 km/h. Clubspieler beschleunigen durchschnittlich im Schwung um die 130 km/h und Clubspielerinnen um die 100 km/h.

***Schwacher Griff** (S. 11)*
Dieser Griff verhindert einen einwandfreien Ballkontakt während des Schwungs. Die Hände drehen auf dem Schaft zu sehr nach links.

Schwunggewicht
Maß der Gewichtsverteilung im Schläger. Sie wird von dem Punkt aus gemessen, an dem der Schläger sich im Gleichgewicht befindet.

***Score** (S. 204)*
Als Score wird das Schlagergebnis an einem Loch und die Summe aller Schläge auf allen Bahnen eines Golfkurses bezeichnet.

Scratch-Spieler
So werden Amateure mit Handicap 0 genannt.

***Semi-Rough** (S. 132)*
Abgeschwächte Art des Roughs, denn auf gemähtem und gepflegtem Semi-Rough läßt sich leichter weiterspielen.

***Set-up** (S. 15)*
Die Standausrichtung eines Spielers zu Ziel und Ball, bevor er mit dem Schwung startet.

***Sidespin** (S. 68)*

***Slice** (S. 17)*
Meist ein ungewollter Fehlschlag. Der Ball fliegt angeschnitten zunächst etwas nach links, dreht dann jedoch scharf nach rechts ab. Schuld ist oft eine offene Schlagfläche im Treffmoment.

***Smiler** (S. 114)*
Ein Ball, der nach einem getoppten Schlag einen Schnitt in der Außenschale hat.

***Socket** (S. 75)*
Auch Shank genannt. Fehlschlag, der Ball wird mit dem Verbindungsstück (Hosel oder Tülle genannt) von Schaft und Ferse des Schlägerblatts getroffen und schießt fast im rechten Winkel davon. Das gleiche passiert, wenn der Ball mit dem äußersten Ende des Schlägerkopfs getroffen wird. Gefährlich für Mitspieler, die gern vorauseilen.

***Spiegelei** (S. 120)*
(englisch: Fried Egg) Ausdruck für einen halb im Sandbunker eingebetteten Ball, der äußerst schwierig aus dem Hindernis zu spielen ist. Die Veranstalter von großen Golfturnieren versuchen übrigens, mit der Bauart der Bunker und der Sandmischung sicherzustellen, daß solche Ball-Lagen eine Seltenheit bleiben.

***Spikes-Schäden** (S. 110)*
Stahlspikes an Golfschuhen hinterlassen auf dem empfindlichen Grün oft häßliche Spuren. Vor dem Putt dürfen Spikes-Schäden, die sich meist nah am Loch befinden und den Ballverlauf erheblich verändern können, nicht durch Niederdrücken beseitigt werden.

***Spin** (S. 68)*
Ein Golfball kann Rückwärts-, Vorwärts- und seitlichen Drall bekommen. Beim Backspin rollt der Ball nach dem Aufschlag zurück. Overspin bewirkt beim Auftreffen ein Weiterrollen, und Sidespin hat Auswirkung auf alle Flugkurven.

***Splash** (S. 84)*
Der Schlägerkopf des Spezialeisens gleitet, ohne den Ball zu berühren, unter ihm durch den Sand. Wichtig: übertriebenen Handgelenkeinsatz vermeiden.

***Square** (S. 11)*
Fußspitzen und Schultern richten sich parallel zur

Ziellinie aus. Die Schlagfläche steht im rechten Winkel zum Ball auf der Ziellinie.

SSS
Abkürzung für Standard Scratch Score, steht auf manchen Score-Karten und ist Grundlage für die Vorgabenberechnung auf dem Platz.

***Stableford** (S. 154)*
Eine beliebte Wettspielform in Clubs. Falls man an einem Loch keinen Punkt schaffte, erhält man einen Strich.

***Starker Griff** (S. 11)*
Die präzise Position der Hände ist ausschlaggebend für einen erfolgreichen Schlag. Beide Hände drehen am Schaft mehr nach rechts.

***Steckschuß** (S. 85)*
Fällt der Ball im hohen Bogen statt aufs Grün tief in den Sand, steht der Spieler vor einer der schwersten Aufgaben. Der eingebohrte Ball gleicht im trockenen Sand einem Spiegelei, bei nassem Sand einem Steckschuß, und sollte steil und schwungvoll aus dem Hindernis befreit werden.

***Stimpmeter** (S. 111)*
Genannt nach Edward Stimpson aus Massachusetts, USA, der 1935 die heute noch von der USGA empfohlene Meßvorrichtung zur Schnelligkeit der Grüns erfand. Die einfache Rutsche mißt zuverlässig und wiederholbar die Ball-Laufgeschwindigkeit auf dem Grün. Mit drei gleichen Bällen und drei Tees sowie einem Maßband (mindestens vier Meter) werden die Rolldaten nach dem Hochheben der 36 Inch langen, V-förmigen Schiene, die sich am Ende verjüngt, um ein Springen des Balls zu verhindern, erfaßt. Oben befindet sich eine Startgrube in der Rinne, die von der Horizontalen aus nach einem Neigungswinkel von rund 20 Grad den Ball losrollen läßt. Jeder ruhende Ball der Serie (A) wird mit einem Tee markiert. Alle drei müssen nach 20 Zentimetern zum Halten gekommen sein. Wenn nicht, wird die Laufserie wiederholt. Danach erfolgt in Gegenrichtung vom Tee aus eine erneute Meßserie (B). Die Durchschnittswerte von A und B addiert und durch zwei geteilt, ergeben die Geschwindigkeit.

***Stock** (S. 36)*
Die Fahne, auch Stock genannt, steckt in einem Loch, um das die Rasenfläche drei bis fünf Millimeter kurz gemäht wurde.

***Surlyn** (S. 69)*
Strapazierfähige und zähe Kunststoffschale. Ein gewickelter Surlyn-Ball ist bis zu fünf Jahre haltbar und wird oft als Kompromiß statt der kostspieligen gewickelten Dreischalen-Balata-Bälle genommen. Ein Zweischalen-Surlyn-Ball kann noch länger gelagert werden.

Sweetspot
Idealer Auftreffpunkt des Schlägerblatts auf den Ball. Treffer im Sweetspot erzielen optimale Flugbahnen und Weiten.

***Sweetspot-Fläche** (S. 35)*
Balltreffpunkt in der Mitte des Schlägerblatts: für wiederholbare Weiten.

***Swing-Key** (S. 202)*
Eine nützliche Eselsbrücke, um beim Schwingen nichts zu vergessen. Maximal drei Schwunggedanken sollten es sein. Man notiert sie beispielsweise auf der Rückseite einer Visitenkarte. Im Laufe eines Golferlebens verändern sich die Schlüsselgedanken.

***Takeaway** (S. 40)*
Der Schwungbeginn, die Anfangsphase des Rückschwungs.

***Tee** (S. 23)*
Kleiner Holz- oder Plastikstift, auf den der Ball beim Abschlag gesetzt wird. Tee heißt auch der Bereich, auf dem der Abschlag erfolgt.

Tee-Marker
Abschlagmarkierungen.

***Tee-Time** (S. 22)*
Abschlagzeit: Uhrzeit, zu der die Spieler am 1. Abschlag beginnen.

***Texas-Wedge** (S. 121)*
Amerikanische Bezeichnung für einen Putter, der außerhalb des Grüns benutzt wird, zum Beispiel im Sandbunker.

***Tiger-Line** (S. 161)*
Direkte Linie zum Loch. Meist ein riskanter Schlag über Wasser und Hindernisse bei Doglegs.▼

***Timing** (S. 202)*
Ganz harmonische Schwungbewegung durch die einzelnen Körperteile, bei der Tempo und Rhythmus mit optimaler Geschwindigkeit des Schlägerkopf den Ball gut treffen.

***Toppen** (S. 26)*
Geköpfter, auch dünner (englisch: thin) Schlag genannt, weil der Schläger-

kopf den Ball mit der Unterkante auf die obere (englisch: top) Hälfte des Balls trifft. Dadurch niedrigere Flugbahn als normal. In Amerika auch Snake- oder Rabbit-Killer genannt.

Torque
Die Verwindung des Schafts während des Schwungs. Sie wird in Grad gemessen. Graphit liegt üblicherweise bei vier bis fünf Grad, Stahl bei drei Grad und Titanium bei zwei Grad. Der Torque-Wert hängt mit dem Schlägerflex zusammen.

Touch (S. 98)
Gefühl beim Schlag, besonders beim Putten.

Tour
Mit hohen Preisgeldern ausgestattete, meist jährliche Turnierserien in Europa, den USA, Australien und zum Teil in Afrika und Asien. Teilnehmen dürfen nur Pros, die bestimmte hohe Spielqualifikationen haben.

Trollies (S. 194)
Golfwagen, auch Caddie-Cart oder Karren genannt, auf denen die Golftaschen über den Platz gezogen werden.

Unbewegliches Hemmnis (S. 171)
Alles von Menschenhand Geschaffene auf dem Platz – wie künstliche Oberflächen, Begrenzungen von Wegen und Straßen sowie Sprinklerdeckel, egal ob beweglich oder unbeweglich. Es darf straflos unter Regelbeachtung weitergespielt werden. Markierungen, die das Aus anzeigen (weiße Pfosten, Mauern, Zäune etc.), gelten nicht als Hemmnis.

Unterschlagen (S. 142)
Mißglückter Schlag, bei dem der Ball aufgeteet von einem Holzschläger im oberen Bereich seiner Schlagfläche getroffen (unterschlagen) wurde. Der Ball fliegt unverhältnismäßig hoch und bleibt viel kürzer als beabsichtigt.

Up
Anzahl der Löcher oder Einsätze, die ein Spieler beim Lochspiel oder Wetten vorn ist.

USGA
United States Golf Association, amerikanischer Golfverband in Far Hills, New Jersey, der mit dem Royal & Ancient Golf Club of St. Andrews in Schottland alle vier Jahre die weltweit gültigen Regeln festlegt.

Utility-Woods
Hölzer mit sehr viel Loft helfen Spielern, die Probleme mit langen Eisen haben. Sie erreichen eine höhere Flugbahn mit den Schlägern, die auch Trouble-Woods heißen.

Waggle (S. 24)
Kurze Pendelbewegungen des Schlägerkopfs vor dem eigentlichen Schwung.

Wasserhindernis (S. 168)
Je nach Position ist ein Wasserhindernis gelb oder rot markiert. Innerhalb der Markierung darf der Schläger im Hindernis den Boden weder beim Ansprechen des Balls noch beim Probeschwung berühren. Besteht keine Chance, den Ball direkt herauszuspielen, erhalten wir unter Anwendung der Regel einen Strafschlag.

Wedge
Schläger mit extrem geneigter Schlagfläche für hohe und kurze Flugbahnen.

Wellengrün
Durch Wellenform auf dem Grün sind die Breaks und die Rollgeschwindigkeit für den optimalen Putt-Verlauf schwierig vorauszusehen. ►

Wind prüfen (S. 141)
Das beliebte Gras-Werfen verrät zum Teil, wie stark der Wind aus welcher Richtung weht. Bei mittleren und kurzen Eisen fliegt der Ball über die Baumspitzen hinaus, dort verändert der Windeinfluß die Flugbahn stärker. Schon ein Blick in die Baumkronen kann das bestätigen. Erfahrungsgemäß dreht der Wind selten, viel eher bläst er stundenlang konstant aus einer Ecke.

Wintergrüns
Um die Grüns zu schonen, werden in den kalten Klimagebieten gegen Saisonende auf den Fairways Wintergrüns angelegt.

Winterregeln
Englisch Winter-Rules genannt. Wegen des Wetters und der Jahreszeit wird mit Besserlegen gespielt. Die vorübergehende Regelung erlaubt es, den Ball zu markieren, sauber zu machen und innerhalb einer Zählspiel-Karte in eine bessere Lage aufs Fairway zu legen.

Yard
Gebräuchliche Maßeinheit im englischsprachigen Raum für Entfernungsangaben oft zum Grünanfang. 1 Yard = 0,9144 Meter. ▼

***Yips** (S. 102)*
Rätselhaftes, nervöses Zittern oder Muskelzucken der Hände, vor allem bei kurzen Putts. Oft langanhaltendes Leiden. Zum Teil kontrollierbar durch neue Grifftechnik und Putter.

***Zählwettspiel** (S. 185)*
Englisch Strokeplay genannt. Bei dieser Wettspielart wird an jedem Loch die Schlagzahl in die Score-Karte eingetragen. Die Summe aller gespielten Löcher ergibt das Bruttoergebnis im Zählspiel. Beim Nettoergebnis wird das Bruttoergebnis um das Handicap des Spielers bereinigt. Das Nettoergebnis errechnet sich durch Abzug des Handicaps vom Bruttoergebnis (Gesamtschlagzahl). Weitere Zählspielformen: Einzel nach Stableford, Flaggenwettspiel, Bindfadenwettspiel.

***Zocken** (S. 182)*
Umgangssprachlich für das Wetten um Geld oder andere Einsätze beim leidenschaftlichen Golfspielen. Viele begehen diese weltweit verbreitete Sünde regelmäßig.

Seit Beginn der neunziger Jahre bekommt der Spieler hier per High-Tech auf dem kleinen Bildschirm an der Windschutzscheibe genaue Hinweise für den nächsten Schlag. Wie der auch ausfällt, immer Sand-Samen-Gemisch aus der Plastikflasche (links hinten) aufs Divot streuen, so »heilt« die »Platzwunde« schneller und nachfolgende Golfer finden ihren Ball nicht in unfairer Lage.

Links at Spanish Bay, Pebble Beach, Kalifornien

Stichwortverzeichnis

Danksagung

Mein Dank für zehn Jahre Geduld, Verständnis, Liebe und die vielen entgangenen Stunden gilt meiner Frau Ruža-Maria

Das Buch widme ich ihr, unserem kleinen Sohn Mario-Raphael und meiner großen Tochter Janine, die als Caddie vor Jahren Zeuge war, als mir eine Scratch-Runde im Turnier gelang

Für ihre großartige Unterstützung von A–Z danke ich meiner Lektorin Heidemarie Hoeker

Beata Laufersweiler-Haag, die dem Buch seine Form und Farbe gegeben hat

Halina Heitz für ihre Geduld und ihr Verständnis

Hilfreiche Informationen

Hermann Freudenstein, Head-Greenkeeper, Golf Resort Bad Griesbach
Jens-Peter Koriath, Golf-Professional, Golf Club Beuerberg
Peter Lindner, Schläger-Doktor, Starnberg
Urs Zondler, Zocker-Professor und Regelbuch-Autor, Beuerberg

Unterstützung

HUGO BOSS AG, Metzingen
Deutsche Lufthansa AG, Frankfurt
Spalding International GmbH, Starnberg
adidas AG, Herzogenaurach

Bildnachweis

Alle Fotos von Bernd H. Litti, Wolfratshausen, außer
Fotostudio Thomas Bauer, Karlsruhe: Golfball auf Umschlag und in Illustrationen und Bildern
Klaus Schmitt, Ibiza, Balearen: Porträt auf Umschlag und Spezialfotos: 12/13, 14, 23, 24, 35, 37, 41, 51, 56, 58 l.,60, 85 l., 92, 94, 103, 116 l., 117 l., 133, 136 r., 137 r., 152 r., 165, 179, 214, 217, 218, 221 u.r.
Ruža-Maria Litti, Wolfratshausen: 76, 119, 137, 167
Bildstelle Lufthansa, Köln: 149

Der Mosaik Verlag ist ein Unternehmen der Verlagsgruppe Bertelsmann

Projektleitung: Bernd. H. Litti, Wolfratshausen
Redaktion: Heidemarie Hoeker, München
Bildredaktion: Udo Bonk, Poing bei München
Illustrationen, Umschlaggestaltung, Layout, DTP und Herstellung: Beata Laufersweiler-Haag, Karlsruhe
Druck: Kastner & Callwey, Forstinning
Bindung: Großbuchbinderei Monheim GmbH, Monheim
Printed in Germany
ISBN 3-576-11037-2

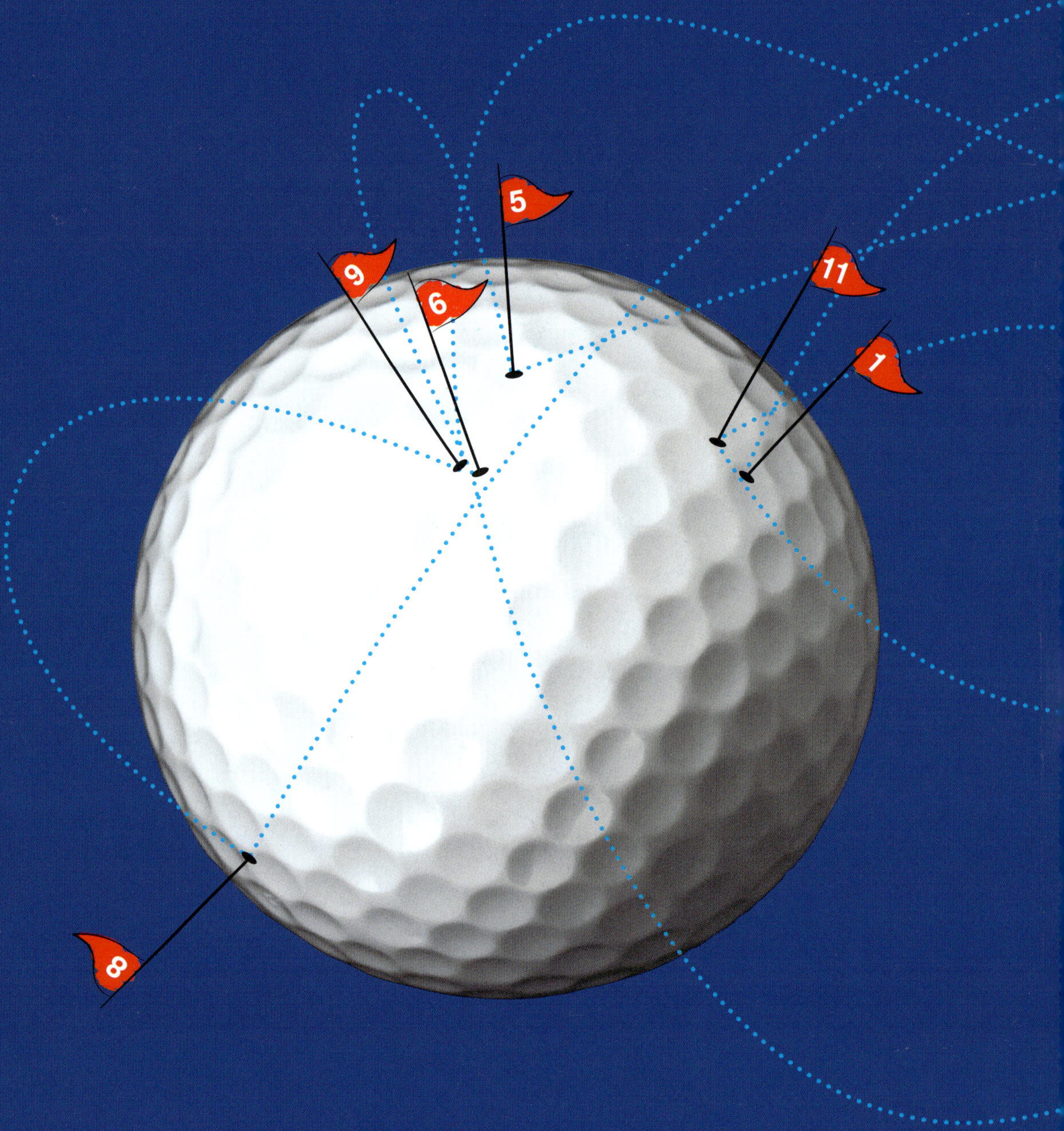
5
9
6
11
1
8